Die römische Reichsgrenze von der Mosel bis zur Nordseeküste

Die römische Reichsgrenze von der Mosel bis zur Nordseeküste

Herausgegeben von Tilmann Bechert und Willem J.H. Willems

Mit Beiträgen von
Tilmann Bechert, Raymond Brulet, Saskia G. van Dockum, Harry van Enckevort,
Michael Gechter, Wilfried A.M. Hessing, Christoph Reichmann, Willem J.H. Willems

Theiss

DIE DEUTSCHE BIBLIOTHEK – CIP-EINHEITSAUFNAHME

**Die römische Reichsgrenze zwischen Mosel und Nord-
seeküste** / hrsg. von Tilmann Bechert und Willem J.H. Willems. Mit Beitr. von Tilmann Bechert ... – Stuttgart: Theiss
1995
ISBN 3-8062-1189-2
NE: Bechert, Tilmann [Hrsg.]

Umschlaggestaltung: Jürgen Reichert, Stuttgart
Umschlagbild: Der Niederrhein bei Vynen (Luftbild 21/91/23
vom 23. 7. 1991. Rheinisches Amt für Bodendenkmalpflege/
Zantopp, R.)
Buchgestaltung: Rob van den Elzen bNO, Culemborg

Redaktion: Gabriele Süsskind, Stuttgart

© Konrad Theiss Verlag GmbH & Co., Stuttgart 1995
Alle Rechte vorbehalten
Gesamtherstellung: Druckerei Giethoorn/NND, Meppel

ISBN 3-8062-1189-2

Printed in the Netherlands

Inhalt

7 Vorwort

9 Der Niedergermanische Limes – Geschichte und Gestalt einer Grenze
von Tilmann Bechert mit Beiträgen von Willem J.H. Willems

29 Vom Vinxtbach bis Köln
von Tilmann Bechert mit Beiträgen von Michael Gechter

37 Zwischen Köln und Xanten
von Tilmann Bechert mit Beiträgen von Michael Gechter und Christoph Reichmann

53 Entlang der Lippe
von Tilmann Bechert

63 Von der Lippe zur Waal
von Tilmann Bechert – Harry van Enckevort – Willem J.H. Willems

77 Das niederländische Flußgebiet
von Saskia G. van Dockum

89 Das niederländische Küstengebiet
von Wilfried A.M. Hessing

103 Das spätrömische Verteidigungssystem zwischen Mosel und Nordseeküste
von Raymond Brulet

Vorwort

1. Praetorium Agrippinae/ Valkenburg ZH, Kohortenkastell. Ausgrabung 1962 mit Überresten von Innenbauten in Holzfachwerkbauweise. Vgl. S. 94 ff.

Die Limesstrecke zwischen dem Vinxtbach südlich der Ahr und der Nordseeküste bei Katwijk ist zuletzt vor gut zwei Jahrzehnten zusammenfassend behandelt worden. In der Zwischenzeit haben niederländische und deutsche Archäologinnen und Archäologen durch neue Ausgrabungen eine Fülle neuer Ergebnisse erzielt, die eine erneute Gesamtdarstellung rechtfertigen. Diese wendet sich bewußt nicht nur an den Fachgelehrten, sondern ist in Text und Ausstattung auf alle diejenigen zugeschnitten, für die Archäologie ein Gegenstand besonderen Interesses ist und die teilhaben möchten an den Erkenntnissen und Fortschritten dieser Wissenschaft.

Anders als der »Limes in Bayern« oder der »Odenwaldlimes« war der »Niedergermanische Limes« keine Befestigung mit Graben, Wall oder Mauer, sondern ein typischer Flußlimes, wie ihn die Römer auch an der Donau und am Euphrat errichtet haben. Das entscheidende Grenzelement bildete der Fluß. Ihn begleitete auf der römischen Seite eine Straße, die Lager und Kastelle untereinander verband und über Anschlußstrecken schnelle Verbindungen ins Innere der Provinz und des Reiches ermöglichte.

Sicherung und Ausbau der Rheingrenze zwischen Vinxtbach und Meeresküste begannen unter *Augustus* um 15 v. Chr. und waren gegen Ende des 1. Jahrhunderts im wesentlichen abgeschlossen. Diese Befestigungslinie hielt bis zur Mitte des 3. Jahrhunderts, als die Völkerwanderung auch für diesen Grenzabschnitt spürbar wurde, und germanische Angreifer den Limes wiederholt durchbrachen. Tatkräftigen Kaisern gelang es immer wieder, insbesondere die Franken zurückzudrängen, so daß zumindest Teilstrecken des Rheinlimes intakt blieben. Erst zu Beginn des 5. Jahrhunderts wurden die letzten Garnisonen verlassen.

Es ist ein gutes Zeichen, daß sich deutsche und niederländische Fachleute zusammengetan haben, um die Archäologie und Geschichte dieses Limesabschnitts im Lichte neuester Forschungen gemeinsam zu betrachten und darzustellen. Sie haben sich dabei um ein hohes Maß an Aktualität bemüht, um auch ihre Fachkollegen zufriedenzustellen, andererseits Daten, Fakten und Vermutungen so in einen Zusammenhang zu stellen, daß auch der interessierte Laie einen Gewinn davon hat. Wenn dies so ist, hat sich Mühe von Verlag, Herausgebern und Autoren gelohnt.

Willem J. H. Willems / Harald Koschik
Amersfoort / Bonn
Im Mai 1995

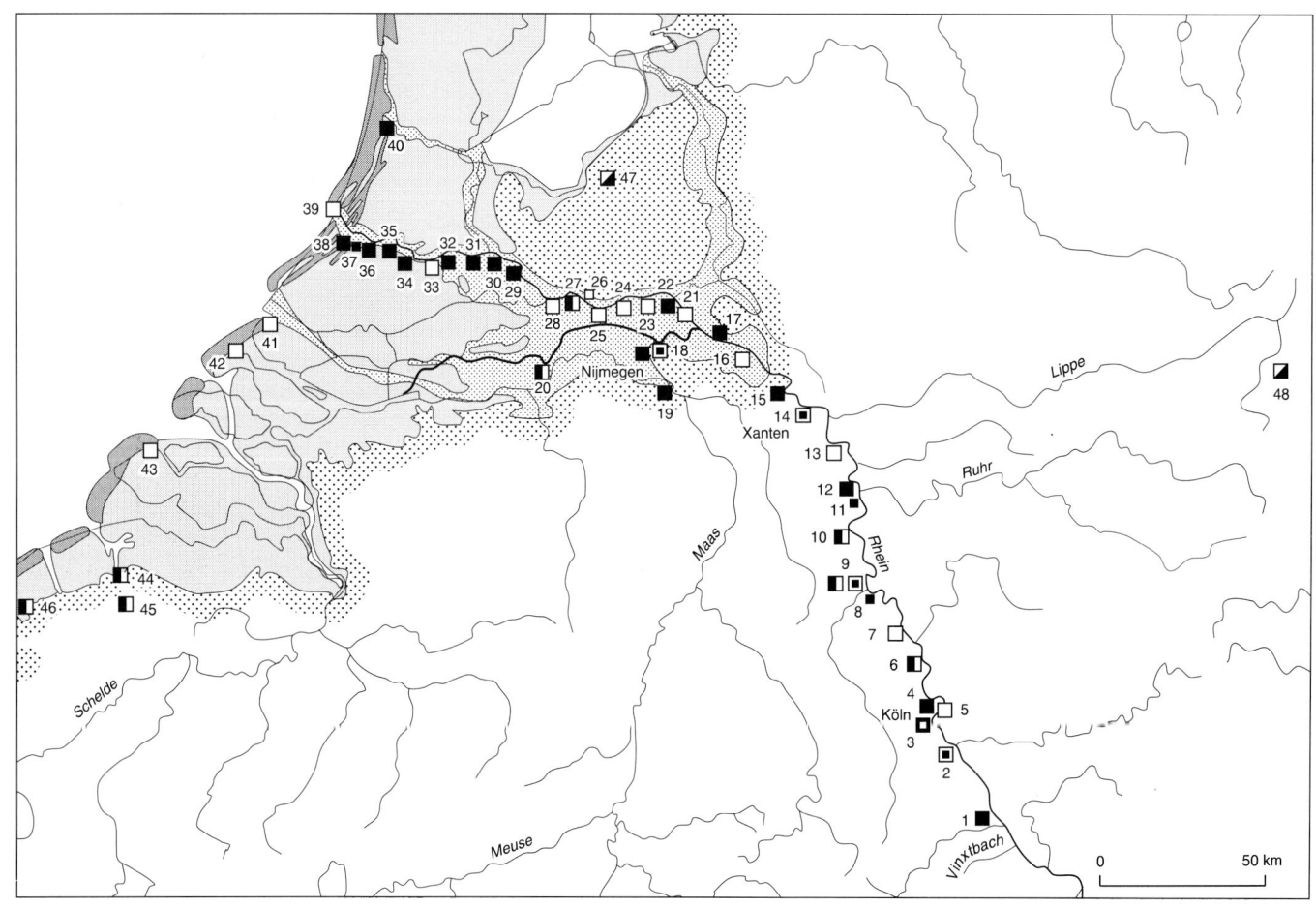

2. Der Niedergermanische Limes in der Zeit zwischen der Regierung des Tiberius (14-37) und dem Ende des Gallischen Sonderreiches (274). Die Karte enthält auch einige Marschlager und die Kastelle im Nordseeküstenbereich.

1 Remagen (Rigomagus); 2 Bonn (Bonna); 3 Köln (apud aram Ubiorum); 4 Köln-Alteburg; 5 Köln-Deutz (Divitia); 6 Dormagen (Durnomagus); 7 Burungum; 8 Reckberg; 9 Neuss (Novaesium); 10 Krefeld-Gellep (Gelduba); 11 Werthausen; 12 Moers-Asberg (Asciburgium); 13 Calo; 14 Xanten (Vetera); 15 Altkalkar (Burginatium); 16 Rindern (Harenatium); 17 Herwen-De-Bijland (Carvivum); 18 Nijmegen (Noviomagus); 19 Cuijk (Ceuclum); 20 Rossum (Grinnes); 21 Loowaard; 22 Arnhem-Meinerswijk (Castra Herculis); 23 Driel; 24 Randwijk; 25 Kesteren (Carvo); 26 Amerongen; 27 Maurik (Mannaricium); 28 Rijswijk (Levefanum); 29 Vechten (Fectio); 30 Utrecht (Traiectum); 31 Vleuten-De Meern; 32 Woerden (Lavrum); 33 Bodegraven; 34 Zwammerdam (Nigrum-Pullum); 35 Alphen a/d Rijn (Albaniana) 36 Leiden-Roomburg (Matilo); 37 Valkenburg-Marktveld; 38 Valkenburg (Praetorium Agrippinae); 39 Katwijk-Brittenburg (Lugdunum); 40 Velsen (Flevum); 41 Oostvoorne (Helinio?); 42 Goedereede-Oude Wereld; 43 Walcheren-De Roompot; 44 Aardenburg; 45 Maldegem; 46 Oudenburg; 47 Ermelo; 48 Kneblinghausen.

TILMANN BECHERT MIT BEITRÄGEN VON WILLEM J. H. WILLEMS

Der Niedergermanische Limes – Geschichte und Gestalt einer Grenze

Der römische Geschichtsschreiber P. Cornelius Tacitus ist den schriftlichen Quellen nach der erste gewesen, der die bis dahin gängigen Bezeichnungen *finis* oder *terminus* für »Grenze« durch das Wort *limes* ersetzte. Der ursprüngliche Wortsinn war »Pfad, Rain, Steig« und bezeichnete einen Feldweg oder eine Furche zwischen zwei Grundstücken ebenso wie eine Straße, die römische Ingenieure im Grenzbereich anlegten, um mehrere Militärstandorte miteinander zu verbinden und Truppeneinheiten möglichst schnell von einem Platz zum anderen verlegen zu können. Der Bedeutungswandel des Wortes *limes* im Sinne von »Grenzwall« vollzog sich, als sich die Zahl der Militärlager und Wachtposten verdichtete und einzelne Grenzabschnitte wie der zwischen Bad Hönningen-Rheinbrohl und Eining (Donau) zusätzlich mit Graben, Wall und Palisade oder Mauer gesichert wurden.

Name und Charakter

Was wir heute in Anlehnung an den Sprachgebrauch der Spätantike, in der man vom *limes ad Germaniam inferiorem* sprach, als »Niedergermanischen Limes« bezeichnen, war zu Beginn der römischen Epoche kurz vor Christi Geburt kaum mehr als eine notdürftig befestigte Wegtrasse, die auf der hochwasserfreien Kante der Niederterrasse links des Rheines nordwärts führte und auf diesem Wege eine Vielzahl von Stromschlingen rechts liegen ließ. Seinen Namen erhielt er nach der Provinz, deren Ost- und Nordgrenze er bildete und die als ehemaliger Militärgrenzbezirk Galliens und späterer Standort des *exercitus Germanicus inferior* etwa seit 83/84 die Bezeichnung *Germania inferior* (»Niedergermanien«) trug.

Ihrem Charakter nach war die Grenze zwischen dem Vinxtbach (»Grenzbach«, abgeleitet vom lat. *finis*) gegenüber von Bad-Hönningen-Rheinbrohl und der Nordseeküste bei Katwijk (NL) ein typischer Flußlimes, bei dessen Anlage und Ausbau auf besondere Schutzvorrichtungen wie Gräben, Wälle oder Mauern verzichtet werden konnte. Seine wesentlichen Elemente waren die Straße und der Fluß, der nördlich seines Durchbruchs durch das Rheinische Schiefergebirge als stark mäandrierendes Gewässer, durch keinerlei natürliche Barrieren eingeengt, ein breites und verästeltes Strombett beanspruchte und mit zahlreichen Nebenarmen und Altwassern ein einzigartiges Annäherungshindernis bildete. *Limites* entlang großer Flüsse galten den Römern lange als die sicherste Möglichkeit der Grenzbefestigung, zumal der Bau von Schiffen, anders als bei den Stämmen, die im Delta und an der Küste zu Hause waren, keine besondere Domäne der rechtsrheinischen Germanen war. Es konnte – wie ein von *Caesar* wiedergegebener Bericht verdeutlicht – Wochen dauern, bis Germanen in einem größeren Verband einen Strom wie den Rhein »auf Flößen und zusammengekoppelten Kähnen« überquert hatten (bell. Gall. I 12 f.).

Der Ausbau der linksrheinischen Wegeroute zur *via militaris* und späteren Limesstraße geht wahrscheinlich bereits auf die Initiative des M. Agrippa zurück, der 20/19 v. Chr. zum zweitenmal Statthalter in Gallien war. Allerdings stammen die ersten Meilensteine erst aus claudischer Zeit, als die Straße zwischen *Confluentes*/Koblenz und *Batavodurum*/Nijmegen (NL) wohl erstmals eine feste Decke erhielt (CIL XII 9145). Ein nahezu exaktes Baudatum hat neuerdings ein dendrochronologischer Befund erbracht, wonach die in Val-

DER NIEDERGERMANISCHE LIMES

3. Luftansicht der Bislicher Insel südöstlich von Xanten mit mittelalterlichem Rheinarm. Vgl. S. 49 ff.

kenburg-Marktveld (NL) nachgewiesene Straße in das Frühjahr 40 datiert werden kann (vgl. auch S. 24). Dort, wo es wie in *Asciburgium*/Moers-Asberg gelang, den Aufbau der römischen Straßendeckung zu studieren, zeigte sich ein leicht gewölbter Straßenkörper aus Kiesschotter mit mehreren Packlagen übereinander und seitlichen Faschinen aus Eichenholz. Da die Limesstraße kontinuierlich durch Kiesschüttungen aufgehöht wurde, wirkte sie schließlich in der flachen niederrheinischen Landschaft wie ein Damm und hieß deshalb bis zum Beginn der Neuzeit »Hochstraße« oder »Hohe Straße von Cöln nach Cleve«.

Naturraum und Landschaftsbild

Auf seinem Weg zwischen dem Rheinischen Schiefergebirge und der holländischen Nordseeküste durchfließt der Rhein bis heute sehr verschiedenartige Landschaften. Gehört das heutige Remagen noch zum Mittelrheintal, das für größere Siedlungen nur wenig Platz bot, so öffnet sich noch vor Bonn auf der Höhe des Drachenfelsens die Niederrheinische Bucht, die sich nach Westen hin bis zum Fuß der Eifel ausdehnt und nördlich von Erft und Ruhr in das Niederrheinische Tiefland übergeht. Dieses gliedert sich in die mittlere Niederrheinebene, die bis Xanten reicht, und die untere Rheinniederung, die das Gebiet bis Nijmegen umfaßt. Den Siedlungsschwerpunkt der Provinz *Germania inferior* bildete die Niederrheinische Bucht, an

4. *Asciburgium*/Moers-Asberg. Querschnitt durch die römische Limesstraße. Ausgrabung 1975. Vgl. S. 47 ff.

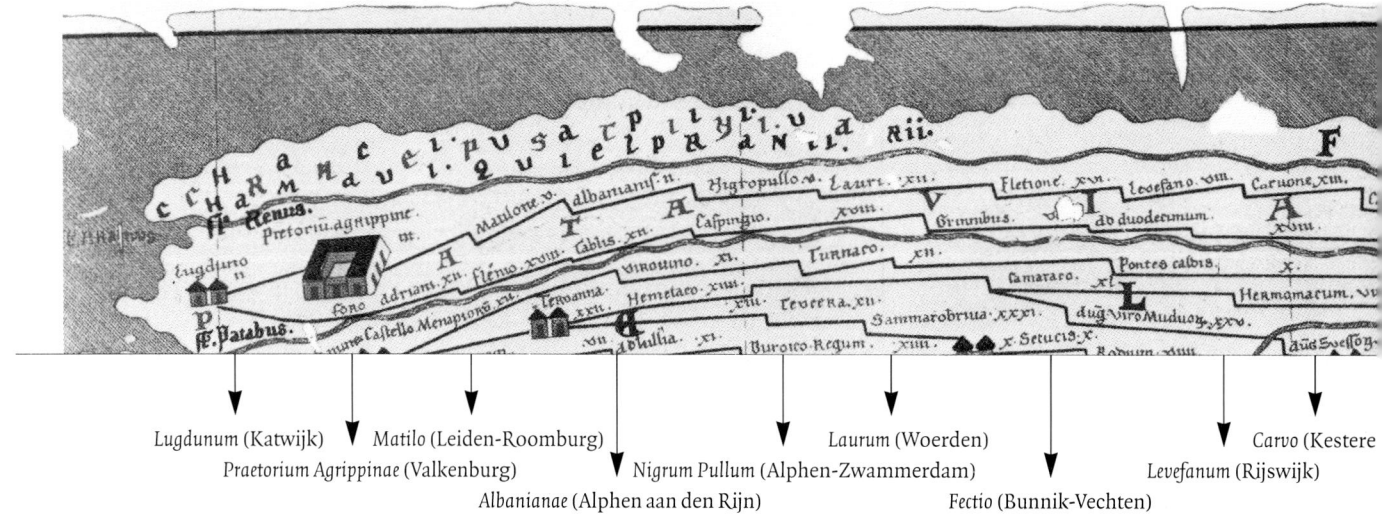

Lugdunum (Katwijk)
Praetorium Agrippinae (Valkenburg)
Matilo (Leiden-Roomburg)
Albanianae (Alphen aan den Rijn)
Nigrum Pullum (Alphen-Zwammerdam)
Laurum (Woerden)
Fectio (Bunnik-Vechten)
Levefanum (Rijswijk)
Carvo (Kestere

deren Ostrand die Provinzhauptstadt *Agrippina*/Köln lag und deren fruchtbare Lößböden reiche Kornernten hervorbrachten. Dagegen waren die meist sandigen Böden des Niederrheinischen Tieflands für den Ackerbau weniger geschaffen. Große Flächen des Landes waren überdies bewaldet; der Reichswald bei Kleve gibt hiervon heute noch eine Vorstellung.

Westlich von Nijmegen erstreckt sich die Rhein-Maas-Marsch mit dem weitverzweigten Rhein-Maas-Delta. In diesem Gebiet haben sich seit römischer Zeit die größten Landschaftsveränderungen vollzogen. Drastisch schildert C. Plinius – offenbar aus eigener Anschauung – die Auswirkungen der Gezeiten, die in regelmäßiger Wiederkehr »mit unermeßlichen Wellen in das Land« eindringen und es mit ihren salzigen Fluten bedecken, so daß man zweifeln könne »ob denn der Boden zur Erde oder zum Wasser gehöre« (*nat. hist.* XVI 2 f.). Könnte man aus dieser sicher sehr summarischen *Plinius*-Nachricht die Vorstellung von ausgesprochen ungünstigen Siedlungsverhältnissen gewinnen, so stehen dem die Erkenntnisse der niederländischen Archäologie im sog. Rivierengebiet ge-

genüber, die deutlich machen, wie gut die Menschen jener Zeit mit den Unbilden der Natur fertig wurden und das Rhein-Maas-Delta besiedelten.

Einen gewissen Schutz boten die Dünenlandschaften entlang der Nordseeküste, die jedoch dort, wo *Scaldis*/Schelde, *Vahalis*/Waal, *Mosa*/Maas und *Rhenus*/Rhein mündeten, breite Öffnungen hatten. Römische Autoren überliefern, daß es wahrscheinlich drei Mündungsarme des Rheins gegeben hat. Über den mittleren, der die Grenze zu Germanien bildete, heißt es bei Tacitus: »Der (Mündungsarm) auf der germanischen Seite behält den Namen *Rhenus* und auch die starke Strömung, bis er sich in den Ozean ergießt« (*ann.* II 6). Der Fluß ist in nachrömischer Zeit seinem natürlichen Gefälle gefolgt und mündet heute über Waal und Lek in die Nordsee. Doch hat sich der alte Hauptlauf zwischen Loowaard und Katwijk als »Neder Rijn«, »Kromme Rijn« und »Oude Rijn« erhalten. Zwischen dem damaligen Rheinlauf und der Waal lag die *insula Batavorum*, das Stammland der Bataver, an das der heutige Landschaftsname »Betuwe« erinnert.

5. Legionslager und Kastelle des Niedergermanischen Limes auf der sog. Tabula Peutingeriana (Segment II). Die obere Wellenlinie markiert den fl(uvius) R(h)enus, die gezackte Linie darunter die Limesstraße zwischen Rigomagus/Remagen und Lugdunum/Katwijk-De Brittenburg.

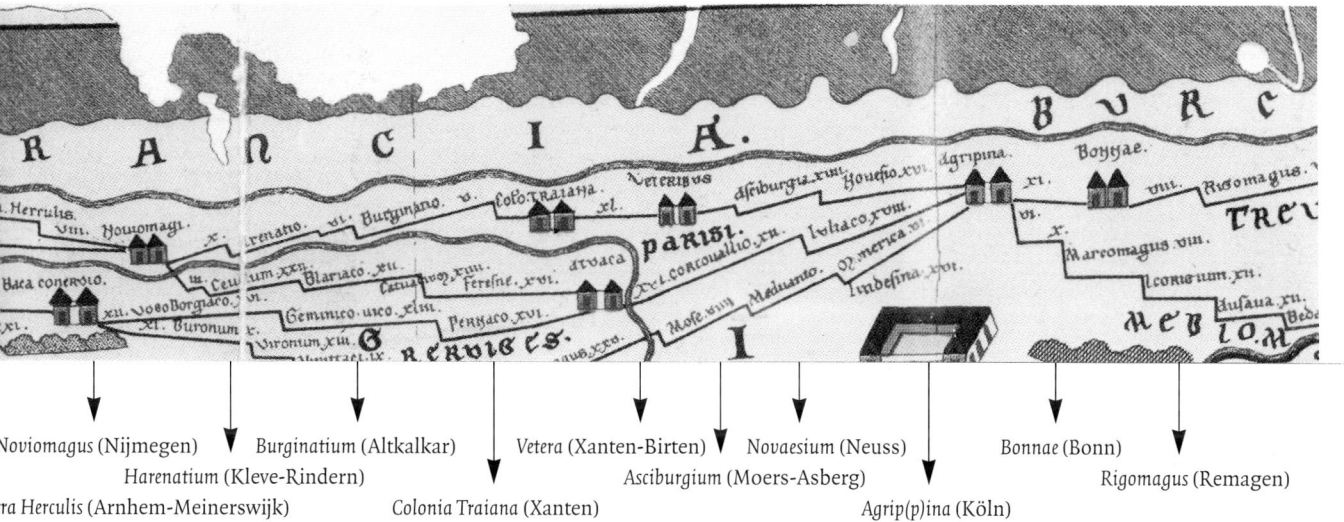

Noviomagus (Nijmegen) — Burginatium (Altkalkar) — Vetera (Xanten-Birten) — Novaesium (Neuss) — Bonnae (Bonn)
Harenatium (Kleve-Rindern) — Asciburgium (Moers-Asberg) — Rigomagus (Remagen)
ra Herculis (Arnhem-Meinerswijk) — Colonia Traiana (Xanten) — Agrip(p)ina (Köln)

Archäologische Untersuchungen

Das wissenschaftliche Interesse an der Erforschung des Niedergermanischen Limes hat auf deutschem Boden in größerem Umfang eigentlich erst zu Beginn der fünfziger Jahre eingesetzt. Bis dahin hatte man sich mit gezielten archäologischen Untersuchungen auf wenige Plätze wie *Novaesium*/ Neuss (C. Koenen, 1887-1900) und *Vetera*, das Doppellegionslager auf dem Fürstenberg in Xanten-Birten, beschränkt (H. Lehner, 1905-1914, 1925-1929). Eine neue Entwicklung leitete hier erst H. v. Petrikovits als Direktor des Rheinischen Landesmuseums Bonn ein, der den Niedergermanischen Limes erstmals als zusammenhängendes und vielfältig in sich gegliedertes Grenzsystem darstellte und seine systematische Erforschung in den Vordergrund der rheinischen Archäologie rückte.

Diese Initiative betraf vor allem die Auxiliarkastelle an diesem Grenzabschnitt, die zwar vom Namen und ihrer ungefähren Lage her bekannt waren, jedoch bis dahin nicht exakt im Gelände lokalisiert werden konnten. Dies gelang für *Burginatium*/Altkalkar bereits zu Beginn der sechziger Jahre (H. Hinz). Es folgten *Gelduba*/Krefeld-Gellep im Sommer 1970 (I. Paar/C. B. Rüger) und ein Jahr später *Asciburgium*/Moers-Asberg (T. Bechert), dann 1977 *Durnomagus*/Zons-Dormagen (G. Müller) und schließlich 1983 das Auxiliarlager in Bonn (M. Gechter). Als Großgrabung besonderen Rangs gelten die Untersuchungen der frührömischen Militärlager von *Novaesium*, die H. v. Petrikovits begann und von G. Müller fortgesetzt wurden. In jüngster Zeit fanden bzw. finden Kastellgrabungen in *Gelduba* (Ch. Reichmann), *Durnomagus* und im Legionslager *Bonna* statt (beide M. Gechter). Entscheidende Fortschritte brachte schließlich die Erforschung der spätrömischen Zeit. Hier sind in erster Linie die jüngsten Untersuchungen in Haus Bürgel bei Monheim (M. Gechter, Th. Fischer) zu nennen sowie die neuesten Grabungen in *Bonna* und *Gelduba*.

In den Niederlanden wurde die erste Generation der Limesforscher durch J. H. Holwerda geprägt, der seine 1905 in Haltern erworbenen Kenntnisse für seine Untersuchungen in Nijmegen und Vechten nutzen konnte, sowie etwas später durch A. E. van Giffen, der als Vater der modernen Limesforschung in den Niederlanden gelten kann, mit seinen Grabungen in Valkenburg und Utrecht. Seine 1941 in Valkenburg begonnenen Ausgrabungen wurden später von W. Glasbergen fortgesetzt. Er und J. E. Bogaers haben im weiteren die Erforschung des römischen Grenzsystems im Rhein-Maas-Delta gestaltet, gemeinsam mit H. Brunsting, der ab 1946 die Grabungen in Nijmegen führte, die später J. H. F. Bloemers übernahm. Dabei war kennzeichnend, daß sich die niederländische Limesforschung verstärkt den Problemen der Beziehungen zwischen dem römischen Heer und der einheimischen Bevölkerung zuwandte und sich nicht ausschließlich auf militärische Aspekte beschränkte. Beispiele hierfür bilden die großflächigen Ausgrabungen in der nächsten Umgebung der Militärstützpunkte in Nijmegen und Valkenburg sowie größere Forschungsprojekte im zentralen und östlichen sog. »Rivierengebiet«.

In den letzten Jahrzehnten haben sich aber auch unsere Kenntnisse über verschiedene Auxiliarkastelle beträchtlich vermehrt. In den sechziger Jahren wurde z. B. das Kastell in *Ceuclum*/Cuijk näher bekannt (J. E. Bogaers). Außerdem begannen Forschungen an verschiedenen anderen Plätzen, wobei jedoch bis jetzt nicht immer das eigentliche Kastell gefunden wurde, weil es ein Opfer des Flusses geworden war. Einen bedeutsamen Erfolg gab es 1968 in *Nigrum Pullum*/Alphen-Zwammerdam (W. Glasbergen/J. K. Haalebos), wo einige Jahre später im zugeschwemmten Rheinbett mehrere Schiffe ausgegraben werden konnten (M. D. de Weerd). Von größter Wichtigkeit waren die Forschungen in *Flevum*/Velsen, wo ab 1972 ein frührömischer Militärhafen freigelegt wurde (W. Glasbergen/J. Morel). Eine der letzten Entdeckungen war 1979 die Lokalisierung eines Kastells in Arnhem-Meinerswijk, das vermutlich mit dem lange gesuchten *Castra Herculis* identisch ist.

6. Prof. Dr. A. E. van Giffen (Mitte) im Gespräch mit seinen Mitarbeitern. Diskutiert wird über die umgestürzte Westmauer der principia des Kohortenkastells Traiectum/Utrecht. Vgl. S. 83 ff. m. Abb. 88.

Militärterritorium und Zivilland

Als erobertes Land war das Gebiet des späteren Niedergermanien zum *ager publicus populi Romani* geworden, das die kaiserliche Administration nach ihrem Gutdünken gliedern und verwalten konnte. Auch wenn dies durch entsprechende Zeugnisse nur für wenige Grenzabschnitte gesichert werden kann, ist davon auszugehen, daß der gesamte Grenzbereich – mit Ausnahme der Stadtterritorien von *Agrippina*/Köln, *Traiana*/Xanten und *Noviomagus*/Nijmegen – reines Militärland war, in dem sich die einzelnen Territorien von Legionslagern und Auxiliarkastellen aneinanderreihten. Diese waren, wie man aus anderen Provinzen weiß, in ihrer Ausdehnung durch Grenzsteine (*cippi*) markiert. Wo diese wie auf niedergermanischem Boden fehlen, hat man versucht, mit Hilfe der Kartierung militärischer Ziegelstempel auf die Eingrenzung bestimmter Militärterritorien zu schließen; allerdings ist diese Methode nicht unwidersprochen geblieben. Dabei ist in jedem Falle davon auszugehen, daß die Auxilien und auch die Rheinflotte ihr Land nicht selbst verwalteten, sondern den Legionen unterstellt waren, die im Namen des römischen Volkes das Besitzrecht ausübten.

Der lateinische Begriff für das Nutzland einer militärischen Einheit, das auch zivilen Bewohnern als *domicilium* offen stand – allerdings ohne die Möglichkeit, dort Grundbesitz zu erwerben – war *prata* (»Weiden«). Diese Territorien dienten mit ihren Siedlungen, Bauernhöfen und Gewerbebetrieben vor allem der Eigenversorgung der Truppe. Diese hat Inschriften nach zumindest einen größeren Teil ihres Nutzlandes selbst bewirtschaftet, während man Handel und Kleingewerbe, die der Bedarfsdeckung der Truppe dienten, offenbar den *canabenses* oder *castrenses* überließ, die ihre Steuern als Unterworfene in Naturalien oder Dienstleistungen entrichteten.

Zu den *prata* der Legionen gehörte auch ein breiter Landstreifen auf dem rechten Rheinufer, der – wie es bei *Tacitus* heißt – »unbewohnt und für den Gebrauch der Soldaten ausgesondert war« (*ann.* XIII 54 f.). In dieser Zone konnten aber auch Steinbrüche und Ziegeleien wie die *tegularia transrhenana* liegen, deren Standort immer noch unbekannt ist. Allerdings mehren sich die archäologischen Hinweise, daß im rechtsrheinischen Limesvorland seit Beginn des 2. Jahrhunderts gesiedelt werden durfte, sofern die Gewähr bestand, daß sich die germanischen Neuansiedler als romtreu erwiesen. Wie tief militärisches Nutzland nach Germanien hineinreichen konnte, zeigt der Fundort eines Grenzsteins der *legio I Minervia* aus *Bonna*/Bonn, der mehr als 3 km vom rechten Rheinufer entfernt liegt.

Bauten des Militärs

Erst der Bau von Legionslagern, Auxiliarkastellen, Kleinkastellen und Wachttürmen machte aus der militärischen Bereitstellungslinie der Okkupationszeit unter *Augustus* eine feste Verteidigungslinie, die etwa seit der Mitte des 1. Jahrhunderts mit Recht als *limes* bezeichnet werden konnte.

Das militärische Rückgrat bildeten die Garnisonen der Legionen, von denen es in der frühen Zeit zumindest vier gab, die ihre Standorte zuerst *ad aram Ubiorum*/ Köln, dann in *Bonna*/Bonn, in *Novaesium*/Neuss, *Vetera*/Xanten-Birten und *Batavodurum*/Nijmegen hatten, das später *Noviomagus* hieß. Diese *castra* waren regelrechte Festungen von etwa 18-25 ha Größe, die einer Legion von maximal 6400 Mann ausreichend Platz boten, wobei grundsätzlich davon auszugehen ist, daß niemals alle Abteilungen einer Legion gleichzeitig im Lager waren. Sie lagen an strategisch wichtigen Plätzen, die zu Lande und zu Wasser gut erreichbar waren, und hatten mit ihren Gebäuden und Einrichtungen eine ähnlich gut ausgebaute Infrastruktur wie die Städte der Zivilbevölkerung.

So kontrollierte das Lager *Bonna* das Mündungsgebiet der Sieg, *Novaesium* die Ebene im Vorfeld des Bergischen Landes (überdies war hier der Endpunkt der ältesten Straßenverbindungen zwischen Gallien und dem Niederrhein), *Vetera* lag gegenüber der Lippemündung, die als bevorzugtes Einfallstor von Osten her galt, während das flavische *Batavodurum* vor allem die taktische Aufgabe hatte, eine Wiederholung des Bataveraufstandes (69/70) zu verhindern.

Nach denselben Kriterien sind auch die etwa 25 Auxiliarkastelle am Niedergermanischen Limes angelegt worden, die bislang archäologisch, z. T. aber auch nur namentlich oder durch Streufunde, nachgewiesen werden konnten. Je nachdem, ob sie einer *ala* oder *cohors* als Standort dienten, waren sie zwischen 1,2 ha (*Nigrum Pullum*/Alphen-Zwammerdam) und etwa 3,5 ha (*Gelduba*/Krefeld-Gellep) groß und glichen in stark verkleinertem Format den Standlagern der Le-

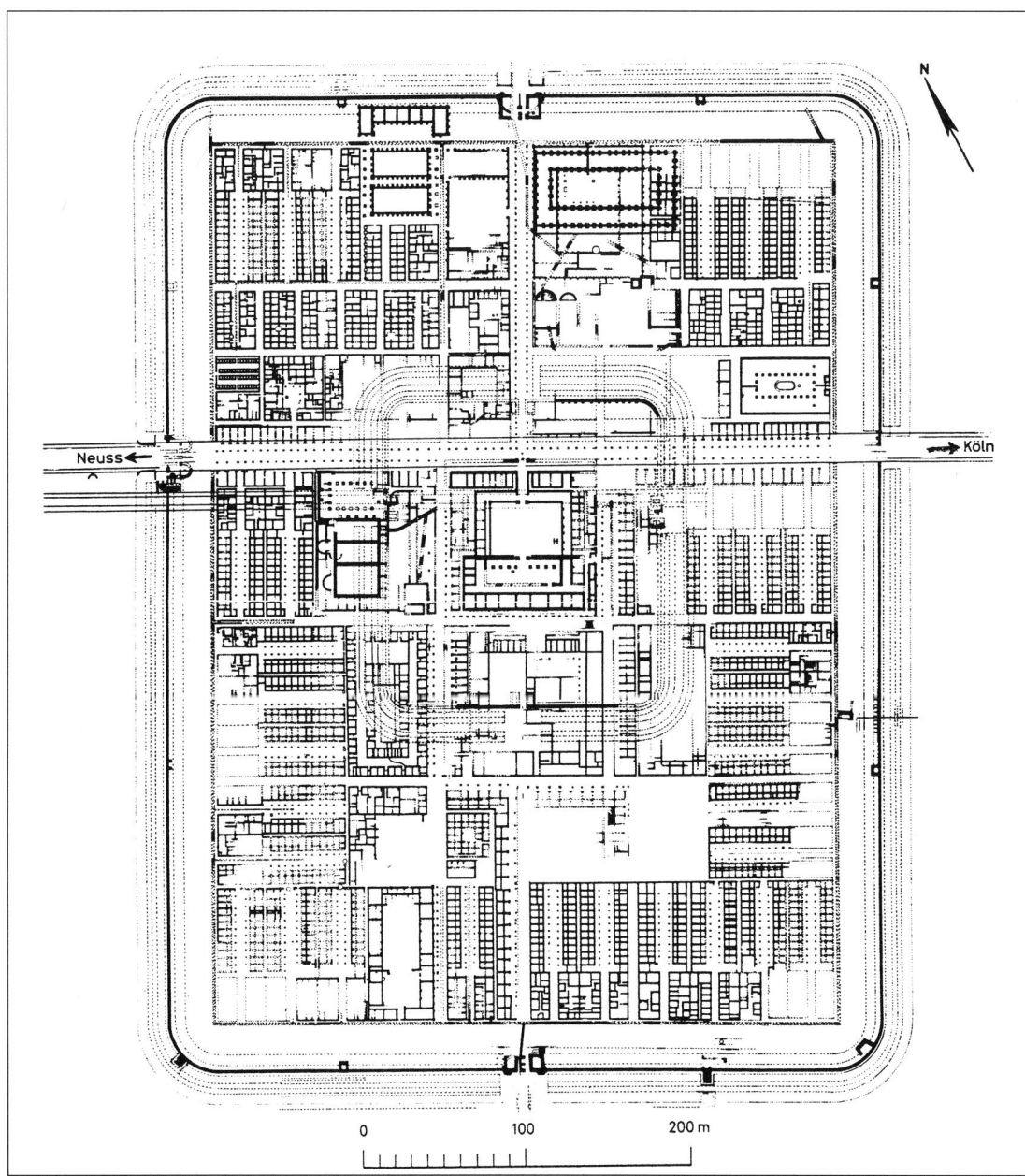

7. Novaesium/Neuss. Plan des Legionslagers K (sog. Koenen-Lager). Vgl. S. 42.

8. Batavodurum/Nijmegen. Fundament- und Ausbruchsspuren von Mannschaftskasernen des flavischen Legionslagers auf dem Hunerberg. Vgl. S. 67 ff.

gionen. Mit Vorliebe wählte man Plätze an Seitenarmen oder Altwassern des Rheins, die eine günstigere Hafensituation boten als der offene Fluß, der mehr noch als die Limesstraße die eigentliche Verkehrsader der Provinz bildete. Gleichzeitig waren die Standorte der castella so ausgesucht, daß sie nur selten – wie etwa Gelduba oder das Flottenkastell Köln-Alteburg – als imposita Rheno angelegt waren (Plinius, nat. hist. XIX 90), sondern meist unmittelbar auf der niedrigsten Stufe des Rheintals standen, die hochwasserfrei war.

Archäologisch am besten bekannt sind die Legionslager von Novaesium, Vetera und Batavodurum, die in der ergrabenen Form unter Nero (54-68) und Vespasianus (69-79) gebaut wurden. Es handelt sich um streng rechteckige Anlagen mit Abrundungen an den Ecken, denen als Grundraster ein Achsenkreuz zugrunde liegt, dessen Fluchten den Hauptstraßen des Lagers, der via principalis und via praetoria bzw. via decumana, entsprachen. Parallel dazu verliefen weitere Straßen, die den voll ausgebauten Innenraum in Blocks und Streifen teilten. Im Zentrum der Lager, die vollständig aus Stein errichtet waren, befand sich das Hauptquartier (principia), das alle wichtigen Funktionen als Sitz der Verwaltung, Befehlszentrale, Rechtsprechung, Götterverehrung und Freizeitgestaltung für höhere Offiziere in sich vereinigte. Weitere Großbauten dienten als Wohn- und Dienstgebäude des Legionslegaten (praetorium), Lazarett (valetudinarium), Werkstätten (fabricae), Magazine und Speicher (horrea). Dazu kamen in aller Regel noch Spezialgebäude wie ein Pferdelazarett (veterinarium), eine Stellmacherei mit Wagenremise oder das Lagergefängnis (carcer). Bei den Wohnbauten und Unterkünften unterschied man die Häuser der sechs Militärtribunen, die städtischen Wohnbauten nachgebildet waren und meist an der via principalis lagen, die Wohnungen der Hauptleute (centuriones), die den Kopfbau der Mannschaftsbaracken bildeten, sowie die langgestreckten Kasernenbauten, in denen sich jeweils zwei centuriae gegenüber lagen. Jeweils acht Mann, die ein contubernium bildeten, bewohnten zwei ineinandergehende Räume, die in den Legionslagern selten größer als 20 m² waren.

Die Standardisierung der Lagergrundrisse hat sich erst um die Mitte des 1. Jahrhunderts allmählich durchgesetzt. Bis dahin herrschten rundliche, z. T. auch polygonale Lagerformen vor, die ihre Vorbilder in den Marschlagern der republikanischen Zeit hatten und im Ernstfall leichter einem schwierigen Gelände angepaßt werden konnten. Beispiele für diese Bauweise bieten die augustuszeitlichen Lager im Lippetal (S. 53 ff.), in Neuss-Gnadenthal, wo sich die Bodenspuren von insgesamt neun Lagern mit unregelmäßigen Umrissen fanden, die nacheinander in der Zeit zwischen ca. 16 v. Chr. und 35 n. Chr. an diesem Platz angelegt worden waren (S. 41 ff.) sowie auf dem Kops Plateau in Nijmegen, wo seit 1986 bedeutende Ausgrabungen des ROB im Gange sind (S. 66 ff.). Ganz ähnlich verlief die Entwicklung auch bei den Auxiliarkastellen. Als Beispiele der frührömischen Zeit ist hier das Flottenkastell von Köln-Alteburg zu nennen, dessen erste Anlage in tiberische Zeit zurückgeht, der Flottenstützpunkt *Flevum*/Velsen unweit der Nordseeküste (S 99 ff.) sowie das Auxiliarlager von *Asciburgium*/Moers-Asberg, dessen älteste Bauphase in die Zeit der Drususfeldzüge fällt (12-9 v. Chr.) und von dessen fünf Bauperioden bis zu seiner Aufgabe um 83/85 allein vier eine rundliche Grundrißform hatten (S. 47 ff.).

Die Lücken, die zwischen Legionslagern und Auxiliarkastellen blieben, wurden im Laufe der mittleren Kaiserzeit durch den Bau von Kleinkastellen und Wachttürmen geschlossen. Von beiden Bautypen sind bisher am Niedergermanischen Limes nur wenige Beispiele bekannt. Einen Wachtturm, von dem aus optische Signale weitergeleitet werden konnten, hat es z. B. in Neuss-Grimlinghausen gegeben; sicherlich war ihre Zahl an der gesamten Limeslinie ursprünglich wesentlich höher. Zur Gruppe der Klein- oder Zwischenkastelle, die eine Grundfläche von durchschnittlich 0,15 ha hatten und einer Besatzung von maximal zwei Zenturien Platz boten, gehörte das Mauergeviert, das schon C. Koenen auf dem zweiten Reckberg in Neuss-Grimlinghausen freilegte, sowie das Kleinkastell Werthausen in Duisburg-Rheinhausen, über das C. Koenen als erster berichtete (1892) und das 1924/25 von H. Lehner und J. Hagen untersucht wurde (S. 49). Neuerdings ist eine Anlage dieses Typs auch in Valkenburg-Marktveld entdeckt worden, zu deren Umfeld auch ein Wachtturm gehörte (S. 95). Daneben sind an verschiedenen Plätzen des Niedergermanischen Limes die Überreste von Marsch- und Übungslagern – teils nur durch Luftaufnahmen, teils auch durch Grabungen – nachgewiesen worden. Besonders eindrucksvoll waren die Ergebnisse der Luftbildarchäologie im Gebiet der Menzeler Heide südlich der Legionsfestung *Vetera*, wo sich das Übungs- und

9. Alpen-Veen. Römische Übungslager südlich von Vetera/Xanten-Birten.

Schanzgelände der Soldaten befand und durch Luftaufnahmen die Grabenspuren von über 60 römischen Lagern entdeckt worden sind.

Die schlimmen Erfahrungen aus der Zeit der ersten Frankeneinfälle unter *Gallienus* (253-268) ließen deutlich werden, daß der linear konzipierte Grenzschutz am Mittel- und Niederrhein nicht ausreiche, um das dahinterliegende Reichsland wirkungsvoll zu schützen. Die staatliche Reaktion hierauf war eine doppelte. Zum einen wurden die Befestigungen entlang der Grenze verstärkt oder neue Wehranlagen errichtet, zum anderen ging man dazu über, auch die Hauptverkehrswege, die eingedrungenen Germanen als Vormarschstraßen dienen konnten, durch Militärposten zu sichern. Festungen neuen Typs mit wesentlich massiveren Mauern und breiten Gräben von beträchtlicher Tiefe baute man z. B. gegenüber der Provinzhauptstadt *Agrippina*/Köln in *Divitia*/Köln-Deutz als rechtsrheinischen Schutz der Brücke, die *Constantinus I.* (312-337) über den Rhein schlagen ließ, mit deren Bau jedoch – dendrochronologischen Daten zufolge – offenbar erst gegen Ende seiner Regierungszeit begonnen worden ist. Ein weiteres Beispiel ist die Kleinfestung Haus Bürgel gegenüber dem heutigen Zons, die ursprünglich linksrheinisch lag und erst durch eine Rheinverlagerung auf die rechte Flußseite geriet. Ihr Name leitet sich wahrscheinlich von der römischen Bezeichnung *burgus* her, mit der vor allem in spätrömischer Zeit jede Art von Kleinfestungen charakterisiert wurde, insbesondere aber solche, die im Kern aus einem massiv gebauten Turm bestanden, der von Mauer und Graben umgeben war. Spätrömische Wehrbauten dieser Art fanden sich an der Rheingrenze ebenso wie vor allem im Hinterland. Ihre Funktion scheint eine zweifache gewesen zu sein. Einerseits dienten sie dem Schutzbedürfnis der Zivilbevölkerung auf den Landgütern, andererseits waren sie Sammelpunkte und Depots für die *annona militaris*, eine Naturalsteuer, die der Provinzbevölkerung seit *Septimius Severus* (193-211) auferlegt war, um die Versorgung des Militärs und der Staatsbeamten sicherzustellen.

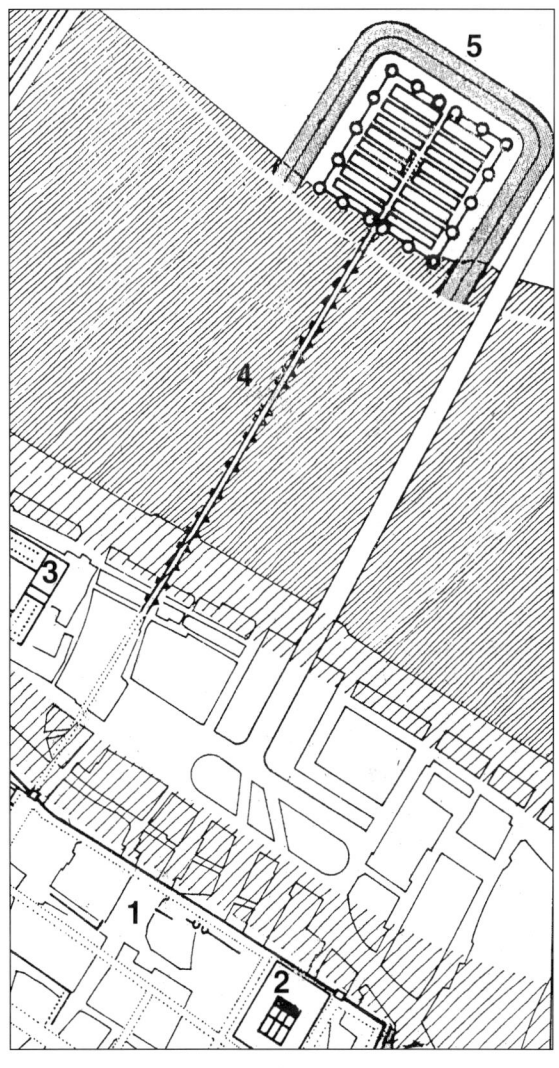

10. Agrippina und Divitia. Plan der römischen Stadt und der konstantinischen Festung (Ausschnitt). Nach G. Precht - H. Hellenkemper.

1 Stadtmauer; 2 Kapitol; 3 horrea auf der Rheininsel; 4 Konstantinische Rheinbrücke (um 336); 5 Konstantinische Festung.

Exercitus Germanicus inferior

Das niedergermanische Heer bestand aus Legionen, Auxilien, *numeri* und der *classis Germanica*, die ihre Hauptstützpunkte in Köln-Alteburg und der Umgebung des *Corbulo*-Kanals hatte. Solange der Rhein während der Okkupationszeit als »militärischer Rückhalt und logistische Basis« (H. v. Petrikovits) diente, gehörten bis zu sechs Legionen zum »unteren Heer am Ufer des Rheines«, von denen insbesondere die *legiones XVII, XVIII* und *XIX* bekannt sind, die im *bellum Varianum* untergingen und später nicht mehr aufgestellt wurden.

Seit der Abberufung des *Germanicus* (16/17) bildeten vier Legionen das »untere germanische Heer«. Es waren dies die *legiones I* (später *Germanica* genannt) *V Alaudae, XX Valeria victrix* und *XXI rapax*, die ihre Lager laut Tacitus im Jahre 14 in *apud aram Ubiorum*/Köln und *Vetera*/Xanten-Birten hatten (*ann.* I 37). Frühestens gegen Ende der Regierung des *Tiberius* (14-37), vielleicht aber auch erst unter *Caligula* (37-41) oder in den ersten Regierungsjahren des *Claudius* (41-54), wurde das Kölner Legionslager zugunsten der Standorte *Bonna*/Bonn und *Novaesium*/Neuss aufgelöst. Mit dem Britannienfeldzug des *Claudius* (43) verließ die *legio XX Valeria victrix* das untere Rheinheer. An ihre Stelle trat die im Jahr 39 von *Caligula* aufgestellte *legio XV Primigenia*. Als Reaktion auf den Bataveraufstand (69/70) wurde das letzte Doppellegionslager in *Vetera* aufgelöst und durch das Einlegionslager *Vetera II* auf der heutigen Bislicher Insel ersetzt. Dort stand zunächst die *legio XXII Primigenia* (bis 92/93), dann die *legio VI victrix* (bis 118/119) und schließlich die *legio XXX Ulpia victrix*, die dort zumindest bis zum Ende des 3. Jahrhunderts nachweisbar ist und dem spätrömischen Xanten den Namen *Tricensimae* gab. In dem neu errichteten Lager von *Batavodurum*/Nijmegen, wo schon unter Augustus zeitweise Legionstruppen stationiert waren, stand seit 70/71 die *legio X gemina*. Die *legio I* (*Germanica*), deren Standlager *Bonna* war, wurde dagegen aus disziplinarischen Gründen aufgelöst. Ersetzt wurde sie zunächst durch die *legio XXI rapax*, ehe diesen Platz in frühdomitianischer Zeit (83) die neu aufgestellte *legio I Minervia* einnahm, deren Spuren dort bis an das Ende des 3. Jahrhunderts reichen. Auch die zuletzt im Neusser Lager stationierte *legio XVI Gallica* wurde aufgrund der Vorkommnisse während des Bataveraufstandes von *Vespasianus* (69-79) aufgelöst, desgleichen die *legio XV Primigenia*. Bis 92/93 stand in *Novaesium* die *legio VI victrix*, die anschließend erst nach *Vetera* und dann nach Britannien ging. Mit der Aufgabe des Neusser Legionslagers, das durch ein Auxiliarkastell an gleicher Stelle ersetzt wurde, reduzierte sich die Zahl der niedergermanischen Legionen auf drei. Schließlich gab man auch das Legionslager von *Batavodurum* auf, wo zuletzt für etwa ein Jahrzehnt die *legio IX Hispana* gestanden hatte. Seitdem standen nur noch zwei Legionen in Niedergermanien.

Die Legionen der römischen Kaiserzeit waren nach *cohortes, manipuli* und *centuriae* gegliedert. Ihre Sollstärke betrug ca. 6400 Mann, von denen gut 4900 Mann,

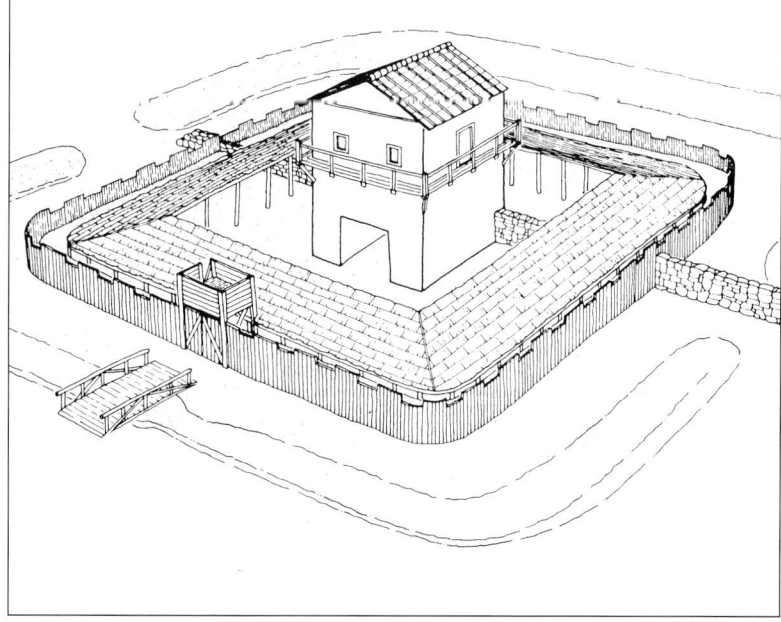

11. Froitzheim, Kr. Düren. Rekonstruktion eines *burgus*, der gleichzeitig den Eingang einer *villa rustica* bildete, die von einer Mauer umgeben war. Nach U. Heimberg. Vgl. S. 114 f.

kastellen zwischen Rigomagus/Remagen und Lugdunum/Katwijk bezeugt sind. Meist trugen sie die Namen von Stämmen oder Völkerschaften, auf deren Gebiet die erste Aushebung stattgefunden hatte. Dabei entsprach es der gängigen Praxis, frisch ausgehobene Auxiliartruppen kurz nach der »Befriedung« nicht in ihrer Heimatprovinz einzusetzen, sondern sie bewußt an entfernte Grenzabschnitte zu verlegen. Nach dieser Maxime hat man im Bereich des unteren Rheinheeres allerdings erst nach dem Bataveraufstand gehandelt, nachdem die dortigen Hilfstruppen, von denen die

12. EX(ercitus) GER(manicus) INF(erior), d. h. »unteres germanisches Heer«. Stempel eines Leistenziegels aus Nijmegen. Provinciaal Museum Kam Nijmegen.

13. Apud aram Ubiorum/Köln. Terrasigillata-Scherbe augusteischer Zeit mit dem Graffito PRIN(ceps) LEG(ionis) XIX, gefunden 1969 bei den Ausgrabungen vor der Westseite des Doms. Die principes legionis gehörten zur Gruppe der centuriones.

zu denen auch die equites legionis zählten, als reine Kampftruppe anzusprechen sind. Jede cohors bestand aus sechs centuriae bzw. drei manipuli. Insgesamt gab es 59 centuriae, da der centurio primipili wahrscheinlich zwei Zenturien und damit ein Manipel führte. Befehligt wurde die Legion von einem senatorischen legatus legionis, dem sechs tribuni militum beigegeben waren – fünf ritterliche Stabsoffiziere (tribuni angusticlavii) und ein senatorischer (tribunus laticlavius), der dem Legionskommandeur im Rang folgte. Der höchste Wirtschaftsoffizier der Legion war der praefectus castrorum, dem die etwa 400 fabri sowie das Personal des valetudinarium und des veterinarium unterstanden. Zu jeder Legionskohorte gehörte ein Stab von ca. 25 Mann. Weitere etwa 400 Mann waren innerhalb, manchmal auch außerhalb der Provinz in verschiedenen officia beschäftigt, außerdem wurden mehrere hundert Mann als Personal in zahlreichen Straßen-, Zoll- und Steuerposten benötigt. Offenbar sind alle diese Legionschargen in den Mannschaftslisten der Legion geführt worden – wahrscheinlich in den Listen der cohors I, die gegenüber den übrigen die doppelte Mannschaftsstärke hatte.

Boten schon die zahlreichen Legionen, die einander während des 1. Jahrhunderts abwechselten oder durch neue ersetzt wurden, in ihrer ethnischen Zusammensetzung ein recht buntes Bild, so galt dies um so mehr für die mindestens 20 alae und etwa 35 cohortes, die zu verschiedenen Zeiten in den Auxiliar-

meisten germanischen und keltisch-gallischen Ursprungs waren, mit den Xantener Legionen gemeinsame Sache gemacht und sich auf die Seite des Iulius Civilis geschlagen hatten. Praktisch ist unter Vespasianus fast das gesamte Heer am Mittel- und Niederrhein bis hinauf zur Nordseeküste ausgetauscht worden. So kennen wir lediglich zwei Auxiliareinheiten mit Namen, die bereits vor 69 dem unteren Rheinheer an-

14. Bonna/Bonn. Grabstein des Auxiliarreiters Vellaunus, der dem Bilde nach signifer seiner Schwadron war. Mitte des 1. Jahrhunderts. Die Übersetzung lautet: »Vellaunus, Sohn des Nonnus, (Gallier vom Stamm der) Biturger, Reiter der Longinianischen Ala, in der Schwadron des Lucius Iulius Regulus, 38 Jahre alt, 18 Dienstjahre, liegt hier begraben. Für die Durchführung der Bestimmungen seines Testaments sorgten Lucius Iulius Regulus, der Führer der Schwadron, und Macer, der Sohn des Aspadus, von derselben Schwadron.« Rheinisches Landesmuseum Bonn.

gehörten, während die Legionen sämtlich ausgetauscht oder ersetzt wurden.

Bei den römischen Auxiliareinheiten unterschied man *alae*, die vollständig beritten waren, *cohortes* als reine Fußtruppen bzw. *cohortes equitatae*, die als Fußtruppe über ein bestimmtes Kontingent an Reitern verfügten, sowie *numeri*, die erst seit Beginn des 3. Jahrhunderts am Niedergermanischen Limes nachweisbar sind, aus der Provinzbevölkerung rekrutiert wurden und offenbar in erster Linie als *exploratores* eingesetzt waren. Grundsätzlich dienten in diesen Hilfstruppen nur *peregrini*, d. h. Reichsbewohner ohne Bürgerrecht, das sie jedoch – mit Ausnahme der Mannschaften in den *numeri* – durch Ableistung ihres Militärdienstes erlangen konnten, der 25 Jahre oder länger dauerte. Alen und Kohorten wurden von *praefecti* kommandiert, die aus dem Ritterstand kamen und ihre Laufbahn mit den *tres militiae* begannen. Diese führten vom Kommando einer Auxiliarkohorte über das Militärtribunat einer Legion zur Präfektur einer Ala, die im Rang am höchsten stand. Generell zählten Alen und Kohorten je 500 Mann (*ala* bzw. *cohors quingenaria*), mitunter aber auch 1000 Mann (*ala* bzw. *cohors milliaria*). Auxiliareinheiten der gängigen Mannschaftsstärke waren bei den Reitern in 16 *turmae* zu 32 Mann, bei den Fußtruppen in sechs *centuriae* zu 80 Mann untergliedert. Ihre Offiziere nannten sich *decuriones* und *centuriones*, dazu kamen als Unteroffiziere die *principales* und die Gefreiten (*immunes*). Der einfache Auxiliarsoldat war ein *eques*, *miles* oder *gregalis* (lat. *grex* »Herde«). Die *numeri* waren dagegen kleiner. Sie bestanden aus etwa 150 Mann und gliederten sich in vier *centuriae* zu je 30 Mann. Geführt wurden sie von Legionszenturionen, deren Amtsbezeichnung *praepositus numeri* war.

Insgesamt rechnet man für die Zeit des *Tiberius* (14-37) beim unteren Rheinheer mit einem Hilfstruppenaufgebot von etwa acht Alen und 30 Kohorten, die gemeinsam mit den vier Legionen eine Kampftruppe von ca. 38 000 Mann bildeten. Rein statistisch wurde damit – bei einer Gesamtlänge von etwa 320 km – jeder

15. *Novaesium/Neuss. Grabstein des Standartenträgers Tiberius Iulius Pancuius. 1. Jahrhundert. Die Inschrift lautet übersetzt: »Hier liegt Tiberius Iulius Pancuius, Soldat der Kohorte der Lusitanier, 55 Jahre alt, 28 Dienstjahre.« Clemens-Sels-Museum Neuss.*

Grenzkilometer von knapp 120 Mann bewacht. Während des 2. Jahrhunderts sank die Zahl – entsprechend der Verringerung der Legionen – auf sechs Alen und etwa 13 Kohorten ab. Sie stieg jedoch zu Beginn des 3. Jahrhunderts mit sieben Alen und 15 Kohorten wieder leicht an, so daß zu dieser Zeit bei einer Provinzarmee von 21000 Mann – einschließlich der zwei Legionen – etwa 65 Mann ausreichten, um einen Grenzkilometer zu sichern.

Eine wichtige Rolle spielte auch die *classis Germanica*. Ihre Flottenbasis war das Kastell Köln-Alteburg; weitere Stützpunkte sind in *Matilo*/Leiden-Roomburg und *Lugdunum*/Katwijk-Brittenburg, wahrscheinlich auch in *Forum Hadriani*/Voorburg-Arentsburg, südlich des Corbulo-Kanals (S. 93 f.), nachweisbar. Operativ gesehen hatte die Flotte die Aufgabe, den Rhein zwischen der Provinzgrenze am Vinxtbach und der Nordseeküste als Schiffahrtsweg und Lebensader der Provinz frei zu halten, die rechtsrheinisch einmündenden Flußtäler zu überwachen und für den reibungslosen Verkehr auf dem Strom zu sorgen. Hinzu kam in den langen Friedenszeiten ihre Rolle als größtes Transportunternehmen in der Provinz, zumal es laut M. Porcius Cato viermal teurer war, seine Güter auf dem Landweg zu transportieren als auf dem Wasser (*de re rust.* XXII 3). Hafenanlagen wie am Fuße des Drachenfelsens bei Königswinter sowie inschriftliche Zeugnisse machen deutlich, daß die Rheinflotte u. a. für die Steintransporte aus dem Brohltal und den Brüchen des Siebengebirges zuständig war, in denen Tuff, Grauwacke, Basalt und Trachyt in großen Mengen gebrochen wurden (vgl. CIL XIII 8036).

Standen für solche Transporte Lastflöße und Großkähne einheimischer Bauart zur Verfügung, die – nach Schiffsfunden aus Alphen-Zwammerdam und anderen Fundplätzen in den Niederlanden und am Niederrhein (Xanten) – mehr als 30 m lang sein konnten, wurden als Kriegsschiffe auf dem Rhein *biremes* eingesetzt, die man illyrischen Seeräubern abgeschaut hatte und nach der dalmatinischen Heimat dieser Leute *liburnae* nannte. Diese »Zweiruderer« waren schnell

16. Fectio/Bunnik-Vechten. Ritzzeichnung einer römischen Flußliburne mit Rammsporn, Riemen und Steuerbordruder. 1. Jahrhundert. Vgl. S. 81 ff. Centraalmuseum Utrecht.

und sehr wendig. Gefahren wurden sie von Mannschaften, die zumeist Freigelassene waren und größtenteils aus dem Osten des Reiches stammten. Die Bedeutung des nautischen Wissens, das sie mitbrachten, kommt vor allem darin zum Ausdruck, daß die Bezeichnung der nautischen Dienstgrade an Bord fast sämtlich dem Griechischen entlehnt sind. Wahrscheinlich geht man deshalb nicht fehl in der Annahme, daß auch die nautischen Kommandos auf den Schiffen der römischen Rheinflotte griechisch waren.

Historische Entwicklung

Der *limes ad Germaniam inferiorem* ist aus der Aufmarschbasis und Bereitstellungslinie für die im Innern Germaniens operierenden Heere der Okkupationszeit unter *Augustus* entstanden. Aus dieser frühen Zeit stammen die Legionslager von *Batavodurum*/Nijmegen, *Vetera*/Xanten-Birten, *Novaesium*/Neuss und *apud aram Ubiorum*/Köln, dazu mehrere kleinere Lager in *Bonna*/Bonn, *Asciburgium*/Moers-Asberg, *Castra Herculis* (?)/Arnhem-Meinerswijk, vielleicht auch Driel sowie in *Fectio*/Bunnik-Vechten und *Flevum*/Velsen. Sie waren von Legionsabteilungen besetzt (*Asciburgium*), überwachten strategische Punkte wie die Mündung der *fossa Drusiana* (*Castra Herculis*) oder dienten der Rheinflotte als Stützpunkte (*Flevum* und vielleicht *Fectio*). An der Lippe, der wichtigsten Nachschublinie während der Germanenkriege, entstanden nacheinander die Lager in Bergkamen-Oberaden (11-9/8 v. Chr.), Haltern (um 5/1 v. Chr.-9 n. Chr.) und Delbrück-Anreppen (1. Jahrzehnt n. Chr.), kurzzeitig auch ein Lager in Dorsten-Holsterhausen, das sich nicht exakt datieren läßt; doch sind alle diese Anlagen mit der Varusniederlage im Jahre 9 aufgegeben und verlassen worden.

Der Entschluß des *Tiberius*, seinen Neffen und Stiefsohn *Germanicus* im Jahre 16/17 aus Germanien abzuberufen und die rechtsrheinischen Germanen ihren eigenen Zwistigkeiten zu überlassen, ließ den Rhein zwischen *Mogontiacum*/Mainz und der Nordseeküste zur Grenze werden. Man hat diesen Zeitpunkt als »Geburtsstunde« des späteren Niedergermanischen Limes bezeichnet. Doch hat wohl erst *Claudius* (41-54) im Rahmen der Vorbereitungen seines Britannienfeldzuges (42/43) in größerem Stil damit begonnen, die Rheinlinie auszubauen und neue Militärlager zu errichten. Geht der Bau der Kastelle von Köln-Alteburg und *Burginatium*/Altkalkar sehr wahrscheinlich noch in tiberische Zeit zurück, so entstanden spätestens unter *Claudius* (41-54) außer den neuen Legionslagern in *Bonna*/Bonn und *Novaesium*/Neuss die Kastelle von *Rigomagus*/ Remagen, *Carvium*/Herwen en Aerdt, Duiven-Loowaard, *Traiectum*/Utrecht, De Meern, *Laurum*/ Woerden, *Nigrum Pullum*/Alphen-Zwammerdam, *Albaniana*/Alphen a. d. R. und *Matilo*/Leiden-Roomburg. Dagegen scheint das neueste dendrochronologische Datum von der römischen Straße in Valkenburg-Marktveld die Auffassung zu bestätigen, wonach das erste Lager in Valkenburg bereits unter *Caligula* (37-41) entstanden ist. Die in frühtiberischer Zeit im Gebiet der Friesen angelegte und wohl um 39 erneuerte Flottenstation in *Flevum*/Velsen wurde jetzt geräumt und L. *Domitius Corbulo*, der in diesem Gebiet operierte, von *Claudius* angewiesen, sich auf die Rheinlinie zurückzuziehen, die fortan die Grenze war. Der endgültige Ausbau zum befestigten Limes erfolgte bis zum Ende des 1. Jahrhunderts. Vor allem die Zerstörungen des Bataveraufstandes (69/70) machten zahlreiche Wiederaufbauten notwendig. Gleichzeitig nutzte man die

Möglichkeit, die letzten Lücken zwischen einzelnen Lagern und Kastellen zu schließen bzw. die Abstände zwischen ihnen zu verringern. Neue Kastelle entstanden in *Durnomagus*/Zons-Dormagen, *Gelduba*/Krefeld-Gellep, *Harenatium*/Kleve-Rindern, *Carvo*/Kesteren, *Mannaricium*/Maurik, *Levefanum*/Rijswijk und *Lugdunum*/Katwijk-Brittenburg. In *Novaesium*/Neuss, *Vetera*/Xanten-Birten und *Batavodurum*/Nijmegen wurden neue Legionslager gebaut. Auch an der Maas, wo in rückwärtiger Position schon in claudischer Zeit in *Ceuclum*/Cuijk ein Kastell angelegt worden war, entstand nunmehr ein zweites in *Grinnes*/Rossum. Das Kastell *Asciburgium*/Moers-Asberg wurde durch ein Kleinkastell in Duisburg-Rheinhausen ersetzt; ein ganz ähnlicher Posten ist durch Ausgrabungen auch von dem sog. zweiten Reckberg in Neuss-Grimlinghausen bekannt.

Insgesamt gab es damit gegen Ende des 1. Jahrhunderts 30 Lager und Kastelle am Niedergermanischen Limes. Diese Zahl ist auch späterhin nicht mehr nennenswert überschritten worden. Allerdings kennen wir mit *Calo* und *Burungum* die Namen zweier weiterer, bisher nicht identifizierter Kastelle, während aufgrund von Funden auch in Köln-Wesseling ein Militärlager vermutet wird. Den Angaben des *Itinerarium Antonini* vom Anfang des 3. Jahrhunderts läßt sich entnehmen, daß *Calo* auf halbem Weg zwischen *Gelduba* und *Vetera* lag, d. h. etwa südlich von Rheinberg. Dagegen ist *Burungum* aufgrund der Angaben des Antoninischen Itinerars etwa auf halber Strecke zwischen *Durnomagus*/Zons-Dormagen und *Novaesium*/Neuss zu

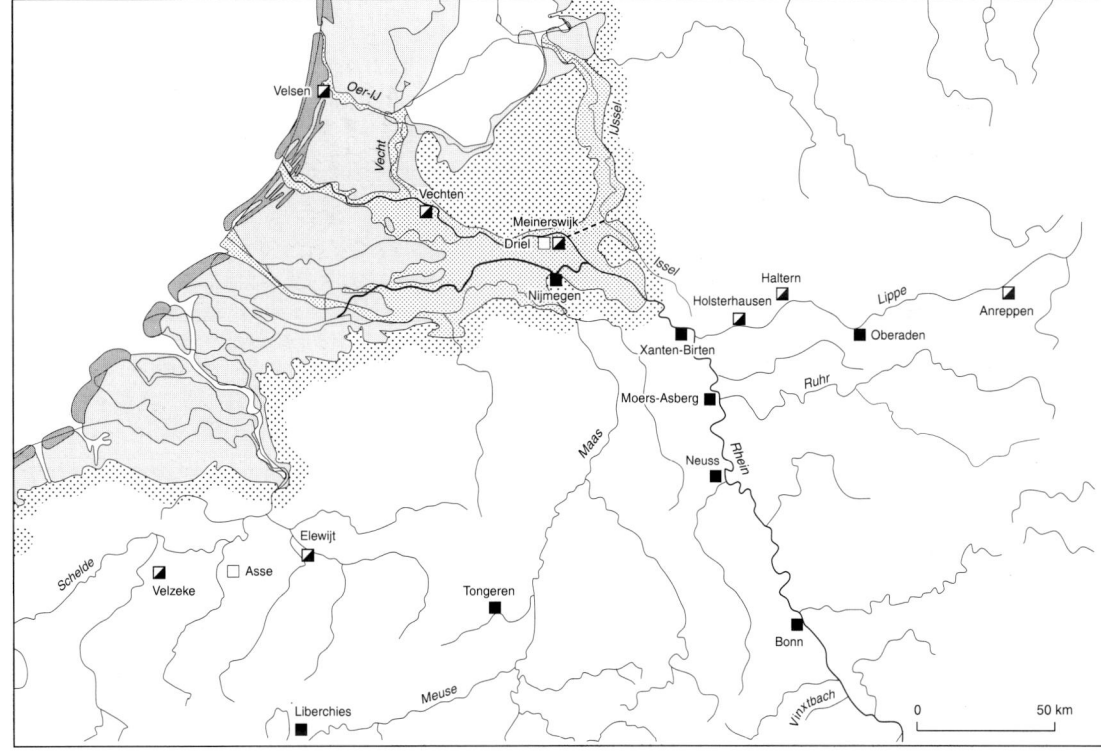

17. Römische Lager zur Zeit des Augustus und Tiberius (bis 16/17).

suchen, wo der Verlauf der Limesstraße bislang strittig ist (S. 41 f.).

Früher wurde angenommen, daß mit der Zeit der Frankeneinfälle nach der Mitte des 3. Jahrhunderts ein Teil der Kastelle am Niedergermanischen Limes, insbesondere westlich von Nijmegen, zerstört und aufgelassen wurden. Inzwischen muß dies differenzierter gesehen werden. Grundsätzlich scheint es zu stimmen, daß die Lager am alten Rheinlauf zwischen der Abzweigung der Waal und der Küste spätestens mit der Auflösung des Gallischen Sonderreiches (274) und dem Frankeneinfall um 275 verlassen worden sind. Andererseits mehren sich in auffälliger Weise die Anzeichen, daß zumindest ein Teil dieser Militärplätze wie z. B. Valkenburg im 4. Jahrhundert neu genutzt worden ist.

Schon *Diocletianus* (284-305) hat sich um die Reorganisation des Rheinlimes gekümmert, wie es die Ausgrabungen in *Gelduba* verdeutlichen. Archäologisch in größerem Umfang nachweisbar ist jedoch erst die militärische Bautätigkeit unter *Constantinus I.* (306-337). In diesen Zusammenhang gehören die neuerbauten Festungen von *Divitia*/Köln-Deutz und Haus Bürgel ebenso wie die Kernfestung *Trice(n)sima(e)*/Xanten oder der Kastellneubau in *Ceuclum*/ Cuijk, wo an einem wichtigen Maasübergang eine steinerne Brücke entstand, deren Fundamentpfähle sich in die Jahre um 339 datieren lassen. Generell scheint in dieser Zeit wohl in allen noch bestehenden Militäranlagen entlang des Rheinlimes rege Bautätigkeit geherrscht zu haben. Aufgrund neuester Forschungen und Funde läßt sich dies sicher für *Bonna*/Bonn, *Durnomagus*/Zons-Dormagen und *Gelduba*/Krefeld-Gellep belegen.

Der letzte Kaiser der Spätantike, dessen umfassende Bautätigkeit sichtbare Spuren auch am Limes der Provinz *Germania II* hinterließ, war *Valentinianus I.* (364-375). Auf ihn und seine Administration gehen nicht nur zahlreiche Verstärkungen und andere fortifikatorische Verbesserungen an den bestehenden Festungen zurück, sondern auch der Neubau einer großen Anzahl von *burgi* entlang der Rhein-Donau-Linie sowie an

18. *Batavodurum/Nijmegen*. Reliefblöcke eines Siegespfeilers mit der Darstellung von TIB(e)R(ius) C(aesar), der von Victoria bekränzt wird. Wahrscheinlich aus der Zeit der Feldzüge des Germanicus (14-16). Provinciaal Museum Kam Nijmegen.

den Straßen im grenznahen Bereich. Hierzu gehören sicher die in Goch-Asperden und Moers-Asberg ausgegrabenen Turmfestungen. Deutliche Hinweise auf ähnliche Anlagen gibt es aber auch in Lith-Kessel, Malden-Heumensoord und Rossum, westlich und südlich von Nijmegen; doch lassen die bisher aufgedeckten Spuren und Funde noch keine endgültigen Schlüsse zu. Sicher ist dagegen die Bautätigkeit der valentinianischen Zeit wiederum in Cuijk nachweisbar, wo nicht nur das Kastell neue Türme erhielt, sondern 368/69 auch die Maasbrücke repariert worden ist.

Das endgültige Ende des *limes ad Germaniam inferiorem* verliert sich im Dunkel der Geschichte. Das hierfür gern angeführte Datum von 402, als Stilicho zahlreiche Einheiten aus Gallien abzog, um in Italien gegen die Westgoten Alarichs anzutreten, dürfte der Anfang vom Ende gewesen sein. Spätestens um die Mitte des 5. Jahrhunderts, nachdem Köln endgültig fränkisch geworden war, wahrscheinlich aber schon früher, werden Lager und Kastelle am Rhein von den letzten Truppen geräumt worden sein. Immerhin boten ihre Mauern auch danach noch so viel Schutz, daß sie von der verbliebenen Bevölkerung als halbwegs sichere Wohnsitze angenommen wurden.

Literatur

G. ALFÖLDI, Die Legionslegaten der römischen Rheinarmeen, Epigraphische Studien 3 (1967). – DERS., Die Hilfstruppen in der römischen Provinz Germania inferior, ebd. 6 (1968). – R. ASSKAMP/S. BERKE (Red.), Die römische Okkupation nördlich der Alpen zur Zeit des Augustus (1991). – T. BECHERT, Römisches Germanien zwischen Rhein und Maas. Die Provinz Germania inferior (1982) bes. 65 ff. Dazu die niederländische Fassung: De Romeinen tussen Rijn en Maas (1983). – DERS., Zu den Anfängen der Rheinschiffahrt, in: Kat. Duisburg und der Rhein (1992) 23-46. – J. E. BOGAERS/C. B. RÜGER, Der Niedergermanische Limes. Materialien zu seiner Geschichte, Führer des Rheinischen Landesmuseums Bonn 50 (1974) (zit. BOGAERS/RÜGER). – J. H. F. BLOEMERS/L. P. LOUWE KOOIMANS/H. SARFATIJ, Verleden Land. Archeologische opgravingen in Nederland (1981). – S. G. VAN DOCKUM/E. J. VAN GINKEL, Romeins Nederland. Archeologie en geschiedenis van een grensgebied (1993). – O. DOPPELFELD/H. HELD, Der Rhein und die Römer, 2. Aufl. (1976). – W. A. VAN ES, De Romeinen in Nederland, 3. Aufl. (1981). – DERS./W. A. M. HESTING (Red.), Romeinen, Friezen en Franken in het hart van Nederland (1994). Führer zu vor- und frühgeschichtlichen Denkmälern. Bd. 14: Linker Niederrhein (1969). Bd. 20: Paderborner Hochfläche (1971). Bd. 25-26: Nordöstliches Eifelvorland (1974). Bd. 37-39: Köln (1980). Bd. 45-46: Münster, westliches Münsterland, Tecklenburg (1980/81). Führer zu archäologischen Denkmälern in Deutschland. Bd. 21: Duisburg und der untere Niederrhein (1990). – M. GECHTER, Die Anfänge des Niedergermanischen Limes, Bonner Jahrb. 179, 1979, 1-138. – DERS., Das römische Heer in der Provinz Niedergermanien, in: H. G. HORN (Hrsg.), Die Römer in Nordrhein-Westfalen (1987) 110-138. – J. K. HAALEBOS, Zwammerdam-Nigrum Pullum. Ein Auxiliarkastell am Niedergermanischen

19. Gelduba/Krefeld-Gellep. Opfer des ersten großen Frankeneinfalls um 256/257, aufgedeckt 1981 bei Ausgrabungen südwestlich des Kastells. Vgl. S. 45 ff.

Limes, Cingula 3 (1977) 282-292. – J. HAGEN, Römerstraßen der Rheinprovinz, 2. Aufl. (1931). – W. HILGERS, Deutsche Frühzeit. Geschichte des römischen Germanien (1976). – KAT. Römer am Rhein, 3. Aufl. (1967). – KAT. Das neue Bild der alten Welt. Archäologische Bodendenkmalpflege und archäologische Ausgrabungen in der Bundesrepublik Deutschland 1945-75, Kölner Römer-Illustrierte 2 (1975). – KAT. 2000 Jahre Römer in Westfalen (1989). – J. KUNOW, Die Militärgeschichte Niedergermaniens, in: H. G. HORN (Hrsg.), Die Römer in Nordrhein-Westfalen (1987) 27-109. – H. VON PETRIKOVITS, Das römische Rheinland. Archäologische Forschungen seit 1945 (1960). – DERS., Die römischen Streitkräfte am Niederrhein, Führer des Rheinischen Landesmuseums Bonn 13 (1967). – DERS., Die Innenbauten römischer Legionslager während der Prinzipatszeit (1975). – DERS., Beiträge zur römischen Geschichte und Archäologie 1931-74, Beihefte der Bonner Jahrbücher 36 (1976). – DERS., Rheinische Geschichte Bd. 1,1: Altertum (1978). – H. POLENZ, Römer und Germanen in Westfalen. Einführung in die Vor- und Frühgeschichte Westfalens 5 (1985). – C. B. RÜGER, Germania inferior. Untersuchungen zur Territorial- und Verwaltungsgeschichte Niedergermaniens in der Prinzipatszeit, Beihefte der Bonner Jahrbücher 30 (1968). – S. VON SCHNURBEIN, Untersuchungen zur Geschichte der römischen Militärlager an der Lippe, Bericht der Römisch-Germanischen Kommission 62, 1981, 5-101. – H. SCHÖNBERGER, Die römischen Truppenlager der frühen und mittleren Kaiserzeit zwischen Nordsee und Inn, ebd. 66, 1985, 321-497. – W. SÖLTER (Hrsg.), Das römische Germanien aus der Luft (1981). – W. J. H. WILLEMS, Romans and Batavians. A Regional Study in the Dutch Eastern River Area (1986).

TILMANN BECHERT MIT BEITRÄGEN VON MICHAEL GECHTER

Vom Vinxtbach bis Köln

Nicht die Ahr, sondern der unscheinbare Vinxtbach, der 7 km weiter südlich in den Rhein mündet, bildete die Grenze zwischen den Provinzen *Germania inferior* und *superior**. An diesem Punkt, der *ad fines* hieß und genau jener Stelle gegenüberlag, an der der Obergermanische Limes ansetzte, überquerte die Limestalstraße den Bach durch eine Furt. Der Platz war zu beiden Seiten durch Benefiziarierstationen gesichert, die vor allem durch Inschriften bezeugt sind, deren Widmungen u. a. *finibus et genio loci* lauten (CIL XIII 7731.7732). Von hier aus führte die Straße am Fuß des Rheinischen Schiefergebirges entlang, überschritt nördlich von Sinzig die Ahr und erreichte am Ende einer Talweitung, die an ihrem Ende zusätzlich durch einen Wachtturm gesichert war, den Rhein beim heutigen **Remagen**, wo sich das Flußtal merklich verengt und die Berghänge bis an den Strom heranrücken.

An diesem strategisch wichtigen Platz ist – bisherigen Funden zufolge – sicher erst unter *Claudius* (41-54) ein erstes Auxiliarkastell errichtet worden. Sein Name dürfte damals schon *Rigomagus* gewesen sein, auch wenn dieser erst durch spätere Quellen bezeugt ist. Das Lagerareal ist heute vollständig überbaut. Dennoch gelang es in der mehr als 100jährigen Forschungsgeschichte, die Topographie des Platzes und seine Geschichte in römischer Zeit zumindest in Umrissen zu klären. Danach bestand unmittelbar am Rhein seit claudischer Zeit ein Holz-Erde-Kastell, dessen SW- und SO-Seite durch Grabungen nachgewiesen werden konnten. Entsprechend seiner Lage, eingezwängt zwischen Fluß und Berghang, kann dieses erste Kastell, das wohl von der *cohors VIII Breucorum* besetzt war, nicht viel größer als 1,2 ha gewesen sein.

Weitaus besser bekannt sind die Überreste des nachfolgenden Steinkastells, dessen SW-Seite bis zu 30 m gegen den Berghang vorgeschoben wurde und das ein Areal von etwa 1,6 ha umfaßte. Ergraben wur-

20. *Rigomagus/Remagen. Lage des Auxiliarkastells und eines Wachtturms südöstlich davon.*

*Diese Grenzziehung erwies sich später als so dauerhaft, daß sie bis zum Ende des 18. Jahrhunderts die beiden Erzbistümer Köln und Trier voneinander trennte.

21. Rigomagus/Remagen. Kästchenbeschlag mit Darstellung eines Auxiliarreiters. 2. Jahrhundert. Römisches Museum Remagen.

Allerdings wurde die Mauer, von der sich Überreste erhalten haben, erheblich verstärkt und an der W-Ecke ein Rundturm eingefügt. Von den Innenbauten der spätrömischen Anlage ist nur wenig gefunden worden. Geringe Mauerreste sind wahrscheinlich in der katholischen Pfarrkirche erhalten. Das Kastell *Rigomagus* – von Ammianus Marcellinus zum Jahre 356 ausdrücklich als »unzerstört« bezeichnet (XVI 3,1) – war Ziegelstempeln der *milites Martenses* bzw. *Menapii* zufolge noch in valentinianischer Zeit besetzt. Wie eine starke Zerstörungsschicht gezeigt hat, die die spätrömischen von den frühmittelalterlichen Schichten trennt, ist die Aufgabe der Festung wohl um die Wende zum 5. Jahrhundert erfolgt.

Die Limesstraße nach Bonn passierte zunächst den Unkelstein, wo sich in römischer Zeit ein Basaltsteinbruch befand, und folgte bis zum Rolandseck dem tiefeingeschnittenen Flußtal, um dann leicht erhöht in geringer Entfernung zum Fluß ihren Weg durch die Bad Godesberger Ortsteile Rüngsdorf und Plittersdorf nach **Bonn** zu nehmen, wo sie weitgehend mit der heu-

22. Rigomagus/Remagen. Plan des Auxiliarlagers. Gesamtbefund nach D. Haupt.

Erdkastell / aarden castellum
Steinkastell / stenen castellum
Spätröm. Kastell / laat-Rom. cast.

den drei Seiten dieser Anlage, deren rheinseitige Front wahrscheinlich im frühen Mittelalter durch die erodierende Wirkung des Flusses zerstört worden ist. Neben der Kastellbefestigung, bestehend aus Mauer, angeschüttetem Erdwall und Spitzgraben, sind im mittleren *scamnum* des Lagers entlang der *via principalis* – der heutigen Straße »Am Hof« – umfangreiche Überreste größerer Innenbauten freigelegt worden, die sich aufgrund ihrer Lage möglicherweise als *principia* und *praetorium* des mittelkaiserzeitlichen Lagers ansprechen lassen. Als Truppen sind für die Zeit nach dem Bataveraufstand (69/70) die *cohors II Varcianorum equitata civium Romanorum* und die *cohors I Flavia Hispanorum equitata pia fidelis* bezeugt, von denen die letztere inschriftlich bis zur Mitte des 3. Jahrhunderts in *Rigomagus* nachweisbar ist.

Das Kastell ist beim Frankeneinfall um 275 zerstört worden. Hierauf deutet wohl ein umfangreicher Schatzfund barbarisierter Antoniniane, geprägt 270-280 als eine Art Notgeld, der 1965 in unmittelbarer Nähe des SO-Tores ans Tageslicht kam. Beim Wiederaufbau wurden die alten Abmessungen beibehalten.

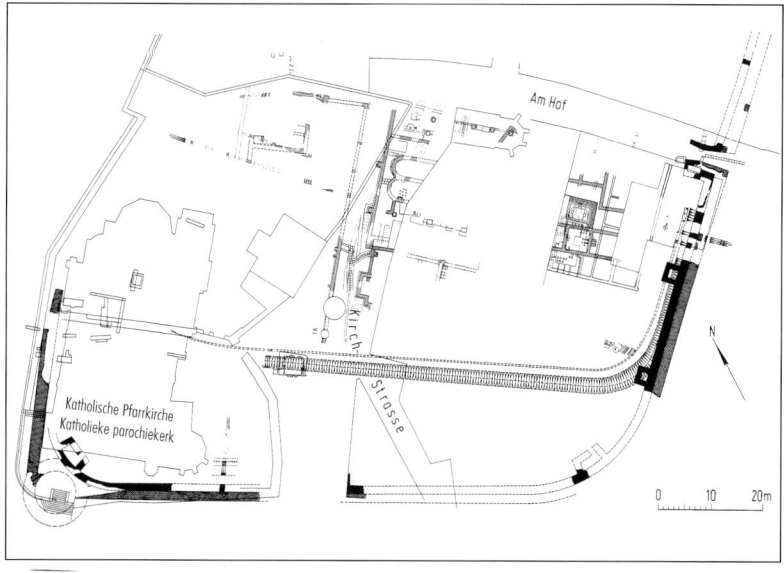

Dafür kennen wir für die tiberische Zeit gleich mehrere Einheiten. Belegt sind für diese frühe Zeit die *cohors Silaucensium* (Bakker-Galsterer Nr. 155), *cohors I Thracum* (CIL XIII 8099), *ala Frontoniana* (AE 1963, 49), die jedoch das Lager nicht alle gleichzeitig innegehabt haben können. Hinzu kam seit spätaugusteischer Zeit eine zweite militärische Anlage im Bereich Adenauerallee/Stocketorstraße, in der Abteilungen der *legio XXI rapax*, vielleicht aber auch schon der *legio I* lagen. So viel scheint sicher, daß mit der Verlegung der *legio I* (*Germanica*) von Köln nach Bonn das Auxiliarlager aufgelöst und einplaniert worden ist.

Legionslager Bonna (M. Gechter)

Das Bonner Legionslager bot Platz für eine Legion mit 6000 Mann und zwei Hilfstruppen von jeweils 500 Mann. Das in den Jahren von 70 bis 79 durch die *legio XXI rapax* errichtete Steinlager gliederte sich wie folgt:

Hinter der Steinmauer von 1,5 m Breite war ein Erdwall angeschüttet, der den Wehrgang trug. Es gab keine Mauertürme, nur die Tore hatten Doppeltürme. Im ersten *scamnum* der *praetentura* lagen von rechts nach links die Kasernen der 5. und 3. Kohorte, zwei große Getreidespeicher und Magazinbauten, die *via praetoria*, zwei Getreidespeicher, ein Wirtschaftsgebäude vom Basartyp, anschließend die Kasernen der 2. und der 4. Kohorte. Im zweiten *scamnum* kennen wir nur eine *fabrica*, das Bad und zur *via praetoria* vorgelagerte *tabernae* bzw. eine *fabrica*. Aus dem dritten *scamnum tribunorum* kennen wir nur einen Bau mit vorgelagerten *tabernae* gegenüber den *principia*. Im zweiten *scamnum* werden die Reiterkasernen einer *ala* vermutet.

Aus der *retentura* sind die Unterkünfte der 1. Kohorte nur in kümmerlichen Resten bekannt. Vom *praetorium* des Legionslegaten ist nur der hintere Teil ausgegraben. Die *principia* gliedern sich in einen großen Innenhof mit Umgängen und dahinterliegenden Kammern sowie einer quergestellten *basilica* mit anschließendem Fahnenheiligtum.

Neben den *principia* befand sich das große *valetudi-*

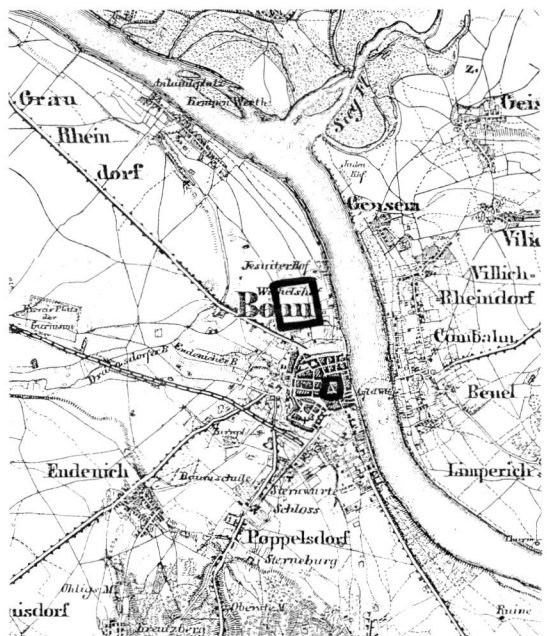

23. Bonna/Bonn. Lage von Legionslager und Auxiliarkastell. Entgegen früherer Annahmen haben die beiden Militäranlagen nicht gleichzeitig nebeneinander bestanden.

tigen Adenauerallee (B 9) identisch ist. Der Platz für eine militärische Anlage an dieser Stelle war klug gewählt, denn er lag auf einer Halbinsel zwischen dem Rhein und dem Altwasserbereich der sog. Gummen, der in Teilen versumpft war und ein natürliches Annäherungshindernis bot. Seit der ersten Statthalterschaft von *Marcus Agrippa* (38 v. Chr.) scheinen hier Ubier gesiedelt zu haben, deren Niederlassung wahrscheinlich schon den Namen *Bonna* o. ä. trug. Archäologisch sind seit 1983 im Gebiet vor dem Bonner Theater Reste einer Ansiedlung der Zeit um 30/20 v. Chr. bekannt, die noch keinen militärischen Charakter hatte.

In dieser Siedlung sind offenbar in der Drususzeit (16/15-12 v. Chr.) die ersten römischen Soldaten stationiert worden. Allerdings datieren die Spuren des ersten Bonner Lagers erst aus der Zeit um Christi Geburt. Wahrscheinlich war dieser Platz gegenüber der Siegmündung zu Beginn von ein oder zwei Auxiliareinheiten besetzt, die namentlich nicht bekannt sind.

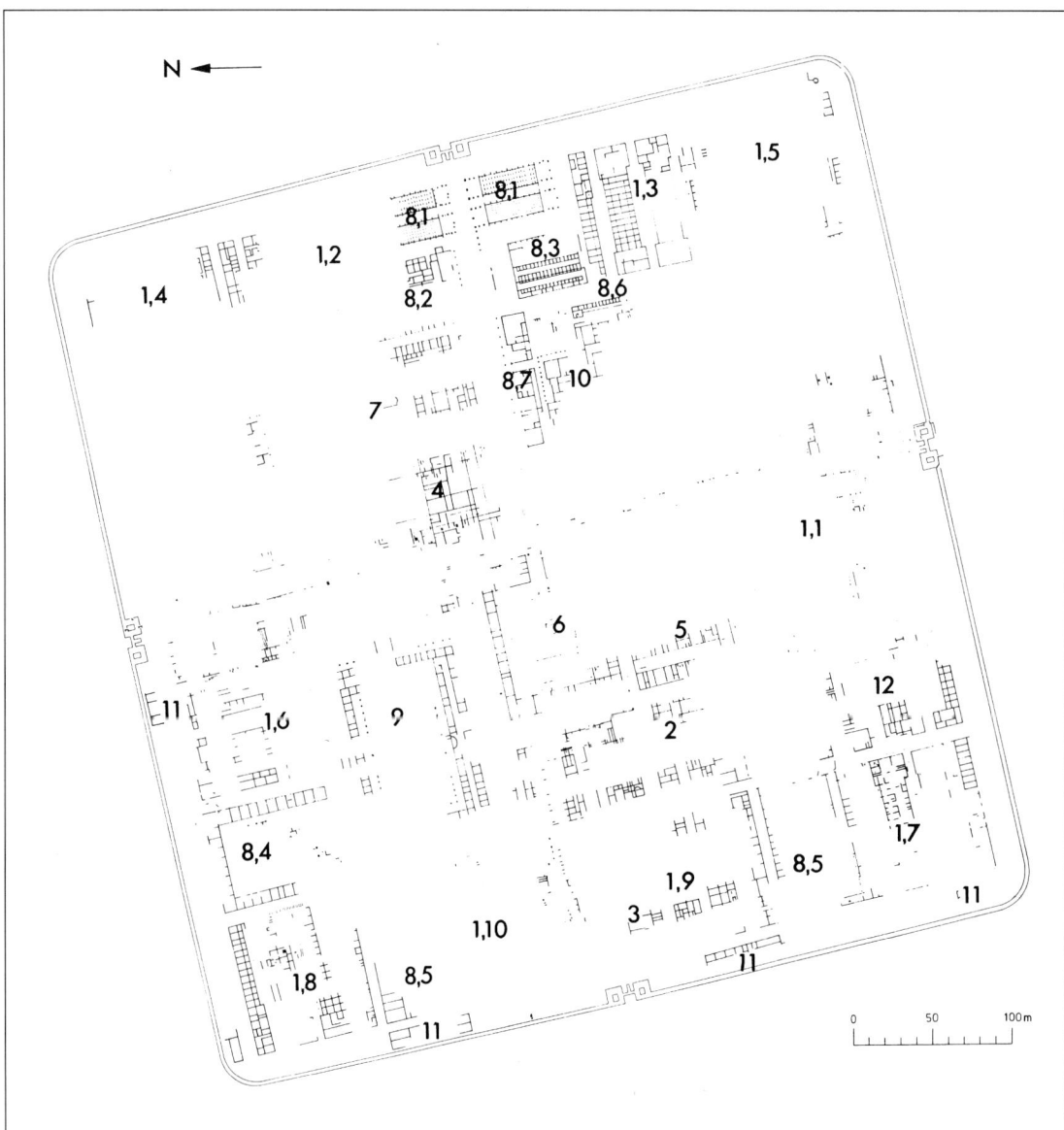

24. Bonna/Bonn. Plan des Legionslagers. Gesamtbefund nach M. Gechter.
1,1-1,10 Kasernen des 1.-10. Kohorte;
2 Immunesunterkünfte;
3 Quartiere des Legionsreiterei;
4 Tribunenunterkünfte;
5 Dienst- und Wohngebäude des Legionskommandeurs; 6 principia;
7 Versammlungsraum (schola) des 1. Kohorte;
8 Wirtschaftsgebäude;
9 Lazarett; 10 Bad;
11 Latrinen; 12 Kasernen des Auxiliar-kohorte.

narium, das sich über zwei *scamna* erstreckte. Zur *via principalis* waren *tabernae* vorgelagert. Abschließend zum Wall folgten die Unterkünfte der 6. Kohorte. Im zweiten *scamnum* der *retentura* lagen die Unterkünfte einer Auxiliarkohorte, dann die der *immunes*, der hintere Teil des Lazaretts und ein Wirtschaftsbau vom Hoftyp. Im dritten *scamnum* lagen die Unterkünfte der 7. Kohorte, ein Wirtschaftsgebäude vom Hoftyp sowie die Kasernen der 9. Kohorte mit zur *via decumana* vorgelagerten *tabernae*, evtl. Unterkünfte der Legionsreiterei. Es folgen die Unterkünfte der 10. und 8. Kohorte, zwischen denen sich wiederum ein Wirtschaftsbau vom Hoftyp befindet. Vor dem Lager wurde im Rhein eine große Molenanlage über die ganze Lagerbreite errichtet, wo die Versorgungsschiffe anlegen konnten.

Das Bonner Steinlager wurde erst beim Frankeneinfall 351/353 zerstört. Auf dieses Ereignis deuten ein Schatzfund und der Fund von 14 Skeletten, die in einem Brunnen entdeckt wurden. Unter *Iulianus* wurde das Lager wieder aufgebaut. Die neu errichtete Mauer war nur 1,5 m dick und wies alle 3-3,5 m Mauerzungen auf, die den Wehrgang trugen. Alle 50 m befanden sich jetzt innenliegende Türme. Vorgelagert war ein Doppelgrabensystem. Die einzelnen Gräben sind ca. 10 m breit und 4 m tief. Zur Hafenseite hin befand sich nur ein Graben. Es sieht so aus, als ob nur der linke Teil der *praetentura* militärisch besetzt war. Hierauf deutet der Neubau einer Kaserne(?) hin. Die übrige Fläche war wohl von Zivilisten besiedelt, die gleichzeitig hier auch Gartenbau betrieben, worauf die Humusschicht direkt über der letzten Zerstörungsschicht hindeutet. Im Bereich der 7. Kohorte wurde jetzt auch eine Kirche erbaut, die *Petrus* geweiht war.

Die Anlage des Bonner Legionslagers, das aus Platzgründen weiter nördlich entstand, erfolgte – den ältesten Funden zufolge – wohl erst in frühclaudischer Zeit. Noch heute läßt die Straßenführung zwischen Graurheindorfer Straße, Augustusring, Leinpfad und Rosental den annähernd quadratischen Umriß des Lagers erkennen (528 x 524 m = 27,7 ha). Seit 1818 ist auf diesem Areal, das bis zum Ende des 19. Jahrhunderts weitgehend unbebaut blieb, ausgegraben worden. Danach folgte auf eine erste Anlage der *legio I* in Holz-Erde-Technik, die einer Bauinschrift zufolge um 52-54 erneuert wurde, der Ausbau des Lagers in Stein, der offenbar 79 beendet war (CIL XIII 8064). Von dieser Anlage sind große Teile rekonstruierbar. Erbaut wurde dieses Lager von der *legio XXI rapax*. Diese wurde um 83 von der neuaufgestellten *legio I Minervia* abgelöst, die zumindest bis in diokletianische Zeit in Bonn nachweisbar ist. Inschriften zufolge waren schon seit claudischer Zeit bis zu zwei Hilfsformationen im Lager untergebracht.

Von den Zerstörungen des Frankensturms um 275 war das Bonner Legionslager offenbar nicht betroffen. Wie zahlreiche *Magnentius*-Münzen aus einer Zerstö-

25. Bonna/Bonn. Sog. Dietkirche mit den Grundrissen römischer Kasernenbauten in der Südwestecke des Legionslagers.

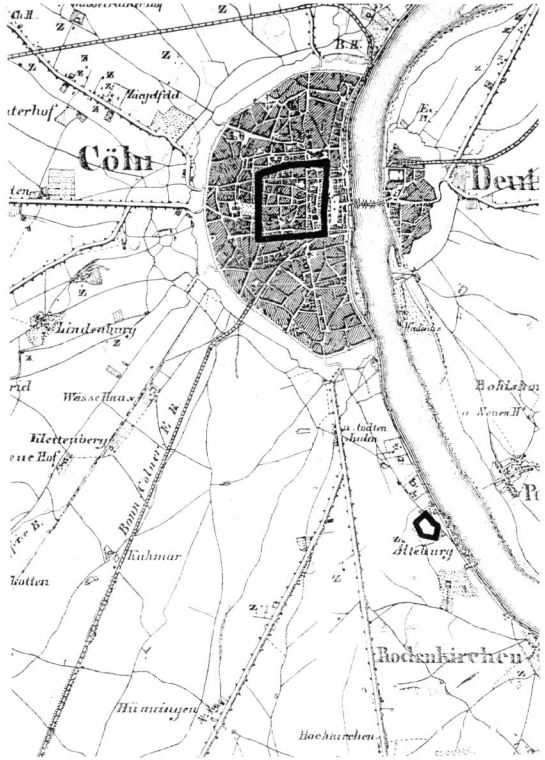

Hersel und Widdig, um dann schnurgerade auf **Wesseling** zuzulaufen, wo schon seit langem ein römisches Kastell vermutet wird. Für diese Tatsache könnten verschiedene Grabenspuren sprechen. Andererseits herrscht die Meinung vor, es handle sich hier bestenfalls um die Überreste von Marsch- oder Übungslagern. Endgültige Klarheit darüber, ob an dieser Stelle für das 2.-3. Jahrhundert ein weiteres Auxiliarkastell anzunehmen ist, können nur gezielte Grabungen erbringen.

Von Wesseling aus führte die Straße über das heutige Godorf in direkter Linie auf Köln zu. Nördlich von Godorf zweigte eine Nebenstraße ab, die beim heutigen Rodenkirchen den Rhein und wenig später das Flottenkastell **Alteburg** erreichte, dessen lateinischen Namen wir nicht kennen. Vielleicht lautete er einfach *classis* oder *ad classem*. Das Kastell, etwa 18 m über dem Strom auf einem Prallhang gelegen, besaß eine ähnlich exponierte Lage wie *Gelduba*, die von *Plinius* (nat. hist. XIX 90) als *Rheno impositum* charakterisiert wird. Seit dem 14. Jahrhundert als *supra antiquum castrum* bekannt, waren das Lager und sein Umfeld schon früh ein begehrter Platz für Raubgräber und Schatzsucher, die viel zerstörten. Hinzu kamen meterhohe Abtragungen im N-Teil des Lagers, als 1899 der Bayenthalgürtel angelegt wurde.

Eingehendere Untersuchungen in den Jahren 1905 (H. Lehner), 1926/27 (F. Fremersdorf) und zuletzt 1983/84 (M. Oschmann) ergaben eine fünfeckige Anlage mit den Überresten eines Holz-Erde-Kastells, das frühestens in spättiberischer Zeit (um 30/35) errichtet wurde. Ihm folgte in flavischer Zeit – Bauinschriften nennen das Jahr 85 (CIL XIII 8258.8259) – der Bau eines Steinkastells, das den Funden zufolge bis zum Frankeneinfall um 275 bestand und mehr als eine Bauphase aufwies. Inschriften und Ziegelstempel weisen die ca. 3,7 ha große Anlage eindeutig der *classis (Augusta) Germanica* zu, die hier ihren Hauptstützpunkt hatte. Welche Funktion das Lager im 4. Jahrhundert hatte, aus dem ebenfalls Funde vorliegen, ist bisher nicht bekannt.

26. Köln. Lage der Flottenbasis Köln-Alteburg und des Legionslagers *apud aram Ubiorum*.

rungsschicht zeigen, ist *Bonna* vielmehr wie fast alle anderen Festungen am Rhein erst zu diesem Zeitpunkt gestürmt und zerstört worden. Neueste Forschungen haben ergeben, daß durch *Iulianus* nach 359 nur der O-Teil des Lagers erneuert wurde, während die westliche Hälfte weitgehend frei blieb, um der Zivilbevölkerung ausreichenden Schutz zu geben (s. S. 33). Daß die Mauern des Lagers noch lange aufrecht gestanden haben, zeigt der heute wieder sichtbar gemachte Saalbau der sog. Dietkirche in der SW-Ecke des Lagers, der wohl schon im 4. Jahrhundert in den ehemaligen Kopfbau einer Doppelkaserne eingepaßt wurde.

Die Limesstraße verließ *Bonna* durch das N-Tor des Legionslagers. Von dort aus nahm sie den Weg nach Graurheindorf, passierte die heutigen Ortschaften

VOM VINXTBACH BIS KÖLN

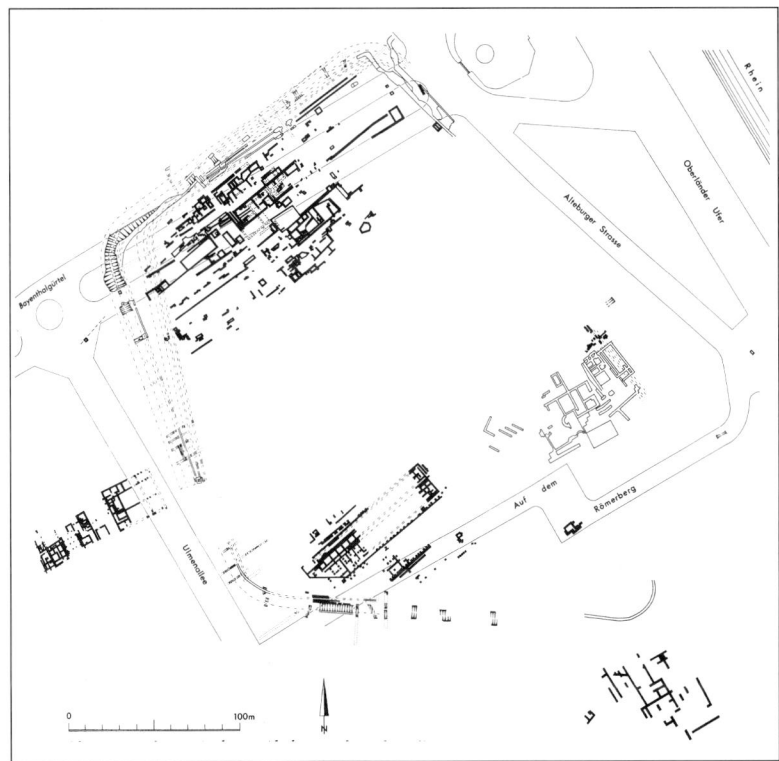

27. Köln-Alteburg. Plan des Flottenkastells. Gesamtbefund.

28. Divitia/Köln-Deutz. Rundturm an der Nordseite. Blick nach Westen.

sind die *legio XIX* (Abb. 14), später dann die *legiones I (Germanica)* und *XX Valeria victrix* belegt, die nach vorherrschender Auffassung spätestens in den dreißiger Jahren nach *Novaesium* und *Bonna* verlegt wurden. Denkbar wäre allerdings auch, daß die Aufgabe des Kölner Legionslagers erst unter *Claudius* (41-54) erfolgte und damit zeitlich näher an das Gründungsdatum der *CCAA* (50) heranzurücken ist.

Um in der Spätantike einen wirksameren Schutz der Provinzhauptstadt zu gewährleisten, ist mit dem Bau der ersten steinernen Brücke über den Rhein unter *Constantinus I* (306-337) in **Köln-Deutz** die Festung *Divitia* erbaut worden. Zwei 12 bzw. 14 m breite Gräben, die zum Rheinufer hin ausliefen, sicherten das *castellum Divitia*, dessen bis zu 3,4 m starke Mauern mit 18 Rundtürmen bewehrt waren. Hinzu kamen zwei doppeltürmige Toranlagen an der W- und O-Seite, deren Grundrisse hufeisenförmig waren. Der ca. 1,8 ha große Innenraum bot Platz für 16 kasernenartige

Von der »Alteburg« im Kölner Stadtteil Marienburg waren es nur zwei Meilen bis zum Südtor von *Agrippina**.

Bevor das heutige **Köln** zur Stadt wurde, lag hier das Doppellegionslager *apud aram Ubiorum*, das *Tacitus* für das Jahr 14 bezeugt (*Ann.* I 37). Es scheint – bisherigen Befunden zufolge – mit der späteren *Colonia* weitgehend identisch gewesen zu sein. Gleiches gilt offenbar auch für die spätere Straßenführung. Als Besatzungen

---

* Eine römische Meile (mp) = 1478 m. – Der offizielle Name der Stadt lautete *C(olonia) C(laudia) A(ra) A(grippinensium)*. Im Umgangslatein hieß sie jedoch *Agrippina* und ihre Bewohner *Agrippinenses*.

Langbauten, die sicher nicht nur der Unterbringung von Offizieren und Soldaten, sondern auch anderen Zwecken gedient haben werden. Über die Truppe, die hier zuletzt stationiert war und neuerdings in ihrer Gesamtstärke auf 500-600 Mann geschätzt wird, weiß man seit kurzem mehr; charakteristische Funde sprechen dafür, daß es fränkische *foederati* waren. Das Kastell scheint seine Sperrfunktion offenbar unzerstört bis zum Abzug des römischen Militärs zu Beginn des 5. Jahrhunderts erfüllt zu haben. Entsprechende Funde machen es wahrscheinlich, daß die Festung von den Franken als Königssitz genutzt wurde. In ottonischer Zeit schließlich entstand in Deutz ein Benediktinerkloster, ehe die Mauern von *Divitia* 1242 geschleift wurden.

Literatur

Allgemein: BOGAERS/RÜGER 160-169 (Köln). 183-185 (Wesseling). 196-199 (Bonn). 208-213 (Remagen). – M. GECHTER, Die Anfänge des Niedergermanischen Limes, Bonner Jahrb. 179, 1979, 87-97.
Remagen: H.H. WEGNER in: H. CÜPPERS (Hrsg.), Die Römer in Rheinland-Pfalz (1990) 529-531).
Bonn: U. HEIMBERG, in: Das römische Germanien aus der Luft (1981) 226-227. – W. SÖLTER ebd. 229. – M. GECHTER in: Die Römer in Nordrhein-Westfalen (1987) 364-379. – DERS., Castra Bonnensia. Das römische Bonn (1989).
Wesseling: H. G. HORN in: Die Römer in Nordrhein-Westfalen (1987) 617-618.
Köln-Alteburg: P. LA BAUME, Römisches Flottenkastell Alteburg in: Führer zu vor- und frühgeschichtlichen Denkmälern Bd. 3 (1980) 119-120. – M. OSCHMANN in: Die Römer in Nordrhein-Westfalen (1987) 516-519.
Köln: PH. FILTZINGER, Der westliche Umfassungsgraben und das rückwärtige Lagertor (porta decumana) des Zweilegionenlagers der 1. und 20. Legion »apud aram Ubiorum« in der Richmodstraße in Köln, Kölner Jahrb. 17, 1980, 59-75. – DERS., Die Funde aus dem römischen Graben in der Richmodstraße, ebd. 22, 1989, 533-705. – Eine andere Auffassung vertreten S. SCHÜTTE/M. CAROLL-SPILLECKE, Das »oppidum Ubiorum« – Neue Ansätze zur Erforschung, in: Archäologie in Köln I (1992) 20.
Köln-Deutz: H. HELLENKEMPER in: Das römische Germanien aus der Luft (1981) 218-220. – G. PRECHT in: Führer zu vor- und frühgeschichtlichen Denkmälern Bd. 3 (1980) 184-190. – DERS. in: Die Römer in Nordrhein-Westfalen (1987) 513-516. – M. CAROLL-SPILLECKE, Das römische Militärlager Divitia in Köln-Deutz, Kölner Jahrb. 26, 1993, 341-444.

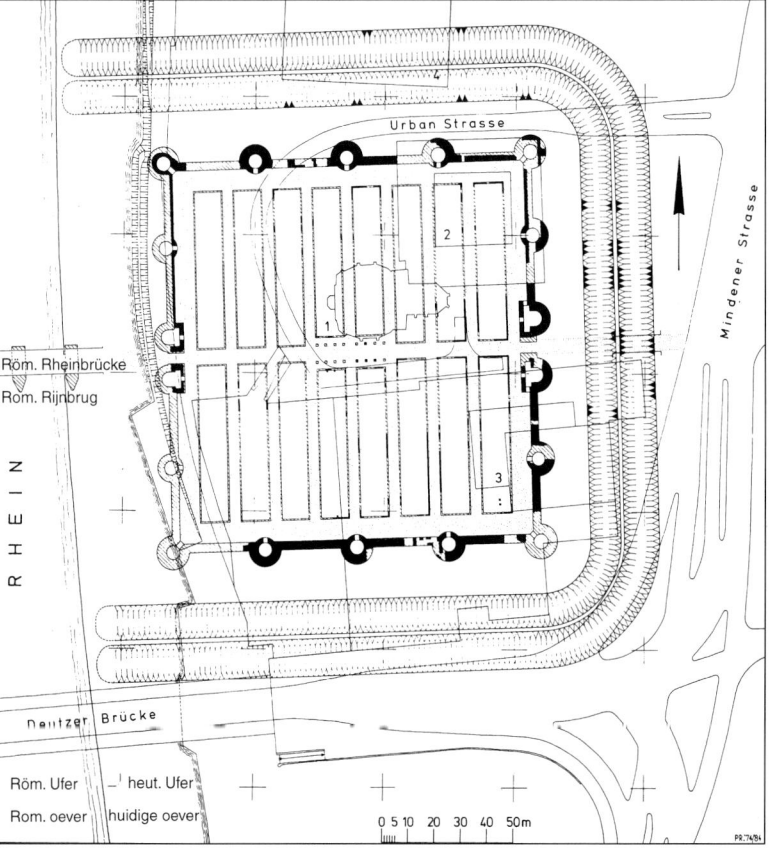

29. Divitia/Köln-Deutz. Konstantinische Festung. Gesamtbefund nach G. Precht. Vgl. Abb. 9.

TILMANN BECHERT MIT BEITRÄGEN VON MICHAEL GECHTER UND CHRISTOPH REICHMANN

Zwischen Köln und Xanten

Die Limesstraße, die *Agrippina* durch das Nordtor der Stadt verließ, führte zunächst in nördlicher Richtung durch ausgedehnte Gräberfelder und Gewerbegebiete, ehe sie im Ortsteil Merkenich deutlich nach Nordwesten abbog, um wenige Meilen später das heutige **Worringen** zu erreichen. Ob sich an diesem Platz ein Kastell namens *Burungum* befand, wird zwar seit langem vermutet, ist jedoch nach wie vor ungewiß und wegen der unmittelbaren Nähe des Kastells *Durnomagus*, das, wenn auch mit Unterbrechungen, bis zum Ende des 4. Jahrhunderts militärisch besetzt war, auch wenig wahrscheinlich, um so weniger, als das Antoninische Itinerar *Burungum* fünf Leugen (= 11,1 km) nördlich von *Durnomagus* aufführt. Manches spricht dafür, daß das bisher nicht lokalisierte *Burungum* im 3. Jahrhundert *Durnomagus* ersetzte. Was Wesseling betrifft, bezeugen inschriftliche und andere Funde, darunter der Goldring eines Offiziers der *legio I Minervia*, eine gewisse Bedeutung dieses Platzes. Sollte ein dem Kaiserhaus und der *dea Regina* von den *vicani Segorigienses* geweihter Altar tatsächlich unmittelbar südwestlich von Worringen gefunden worden sein, hätte der Name dieses Platzes wahrscheinlich *Segorigium* gelautet (CIL XIII 8518).

Reiterkastell Durnomagus (M. Gechter)

Um 100 wurde das Kavallerielager **Dormagen** in Holz-Erde-Technik erbaut. Der Umfang scheint derselbe wie der des um 150 errichteten Steinkastells gewesen zu sein (201 × 164 m = 3,3 ha). Bis jetzt ist die *retentura* noch am besten erforscht. Auf der rechten Seite der *principia* lagen Ställe. Diese gliederten sich in relativ kleinteilige Boxen mit einem zusätzlichen Schlafraum für den Stallburschen. Diese Räume waren unbeheizt, die Ställe selbst mit Reet oder Stroh eingedeckt. Links der *principia* befanden sich weitere Ställe und zwei Kasernenbauten mit Wohntrakten für Dekurionen. Alle Kammern waren mit einer Feuerstelle versehen, die Kasernen mit Ziegeln gedeckt.

Die *principia* scheinen nach dem jetzigen Ausgrabungsbefund von vornherein gleich aus Stein errichtet worden zu sein. Vor dem Fahnenheiligtum und der davor gelagerten Basilika lag der übliche offene Hof mit zwei Kammerreihen rechts und links. Beiderseits der

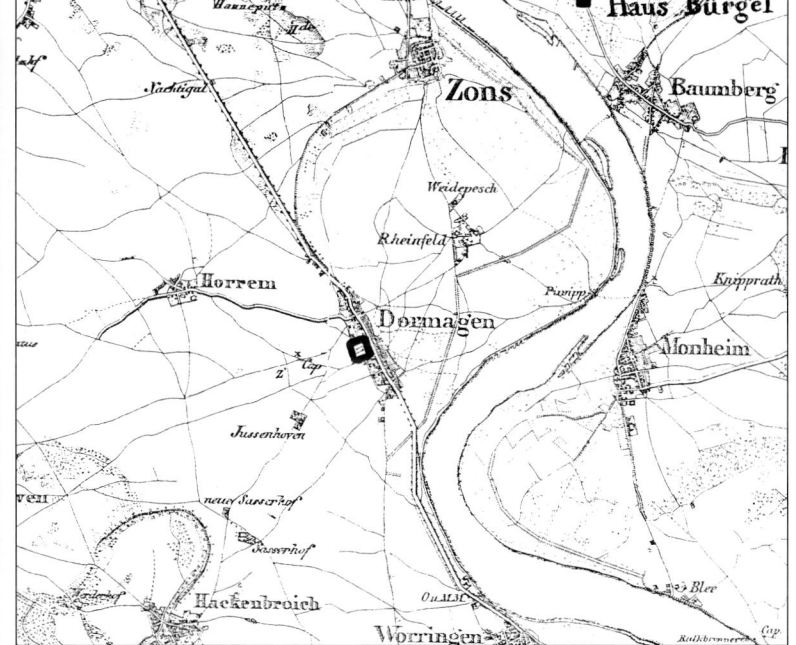

30. *Durnomagus/ Dormagen. Lage des Auxiliarkastells.*

Ältere Karten vermitteln ein gutes Bild von der einstigen Lage der Militärsiedlung *Durnomagus* im Ortskern des heutigen Dormagen. Kastell und Vicus lagen hochwasserfrei auf der Kante der Niederterrasse. Dort, wo sich heute eine Niederung nach Osten hin öffnet, beschrieb der Rhein in römischer Zeit einen weiten Bogen nach Westen, ehe er sich südlich des heutigen Zons wieder nach Osten wandte. Damit wird deutlich, daß auch die spätantike Kleinfestung Haus Bürgel nördlich von Baumberg ursprünglich linksrheinisch war und erst mit einer Rheinverlagerung im Jahre 1374 auf die rechte Rheinseite geriet.

Bevor in domitianischer Zeit das erste Kastell in Holz-Erde-Technik errichtet wurde, unterhielt die Bonner *legio I (Germanica)* in *Durnomagus* eine Ziegelei, die 1963 ausgegraben wurde und aus mindestens fünf Brennöfen und einem Trockenschuppen bestand. Ein Jahr später begannen die Untersuchungen auf dem Areal des Kastells, die bis heute andauern. Sie haben zwischen Römerstraße, Nettergasse und Kölner Straße ein etwa 3,3 ha großes Lager ergeben, das unter

33. [Seite 39] Durnomagus/Dormagen. Vorläufiger Plan des Auxiliarkastells. Gesamtbefund nach M. Gechter. Stand Februar 1995.

31. Durnomagus/Dormagen. Weihestein des L(ucius) Secund.... Ianuarius für Fortuna conservatrix. Neufund 1994.

32. Durnomagus/Dormagen. Freilegung des südlichen Flügels der principia des Auxiliarkastells. Ausgrabung Anfang 1995.

groma befanden sich zum Hof hin Altarfundamente. In der *praetentura* konnten Reste von Kasernen sowie Teile eines größeren Gebäudes mit Fußbodenheizung und eine *fabrica* in Fachwerkbauweise mit drei Muffelöfen ergraben werden.

Die Lagerumwehrung bestand in der zweiten Bauphase aus einer ca. 1 m starken Steinmauer mit Mauerzungen im Abstand von 3 m, auf denen der Wehrgang lag.

Das Lager brannte infolge eines Schadfeuers um 200 ab und wurde nicht wieder aufgebaut. Wahrscheinlich wurde das Lagerareal während des Frankeneinfalls von 275 kurzfristig noch einmal besetzt, worauf die Verstärkung der *porta principalis dextra* hindeutet.

In der Spätantike wurde in der NO-Ecke des Kastells eine Befestigungsanlage von 57 x ca. 52 m errichtet. Wie lange dieses Kleinkastell in das 5. Jahrhundert hinein Bestand hatte, läßt sich noch nicht sagen.

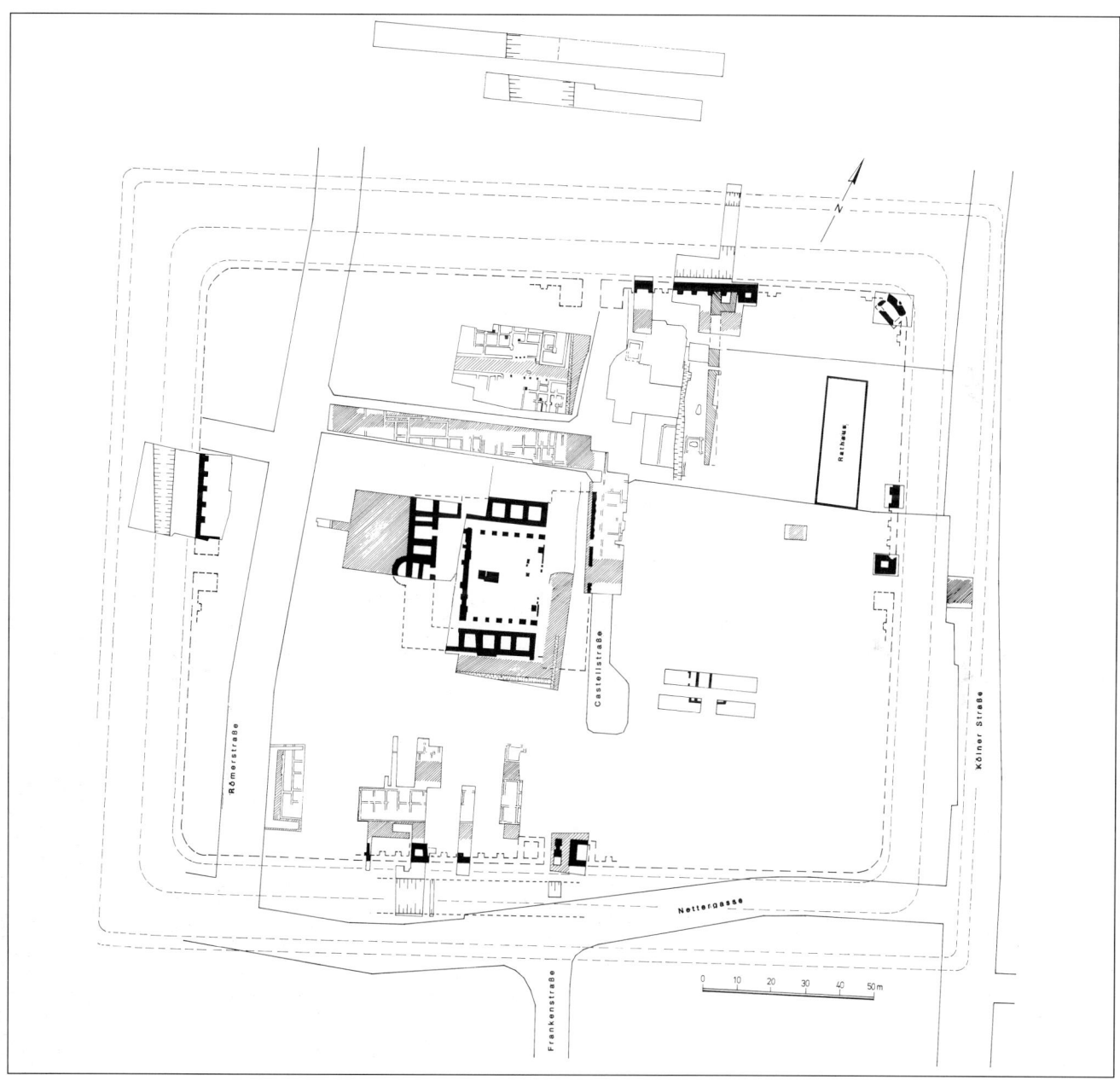

Traianus (98-117) als Holz-Erde-Anlage erbaut wurde, um die Mitte des 2. Jahrhunderts einen Umbau in Stein erfuhr und einer *ala* als Garnison diente. Hierauf deuten nicht nur Inschriften, die als offenbar langjährige Besatzung des Kastells die *ala Noricorum* nennen (CIL XIII 8523.8524), sondern vor allem auch die Überreste mehrerer Reiterkasernen. Neueste Untersuchungen haben ergeben, daß das Kastell im 3. Jahrhundert nur ganz sporadisch genutzt wurde und erst im 4. Jahrhundert seinen Charakter als Grenzbefestigung zurückerhielt. Daß *Durnomagus* zumindest wohl bis zum Abzug der letzten römischen Truppen aus der Rheinzone zu Beginn des 5. Jahrhunderts besetzt blieb, bestätigen die Fundmünzen von dort, die mit einer Prägung von *Theodosius I.* (379-395) enden.

Die heutige Substanz römischer Militärarchitektur ist, je weiter man nach Norden kommt, nicht besonders augenfällig. Dafür haben im Mittelalter sowohl der Mangel als auch der Bedarf an brauchbarem Steinmaterial gesorgt. Wenn einzelne Bauwerke dennoch stehen geblieben sind und ihre Mauern wie im Falle des *castrum Burgele* (so in einer Urkunde des Jahres 1147) im Kern bis zu 4 m erhalten blieben, so kann dies nur ein glücklicher Umstand bewirkt haben. Die spätantike Kleinfestung **Haus Bürgel** verdankt deshalb auch ihren guten Erhaltungszustand der Einbeziehung ihrer Mauern in einen mittelalterlichen Adelssitz und der späteren Umwandlung in einen Gutsbetrieb.

Untersuchungen des heutigen Baubestandes in den fünfziger Jahren hatten eine Kleinfestung von annähernd quadratischem Grundriß ergeben. Ihre mehr als 2 m starken Mauern bestanden aus Gußmauerwerk, das mit (heute fehlenden) Tuffquadern verblendet und durch Horizontallagen von Ziegeln gegliedert war. Mit guten Gründen nahm man schon damals an, daß die Festung mit vier Rundtürmen an den Ecken sowie acht Rundtürmen entlang der Kurtinen bewehrt war. Damit entsprach Haus Bürgel dem Festungstyp von *Divitia*/Köln-Deutz, wenn auch in deutlich verkleinertem Maßstab (0,41:1,8 ha). Ziegelstempel und Münzen belegen, daß auch das *castrum Burgele* unter

Constantinus I. (306-337) erbaut worden ist, als zu Beginn seiner Regierung die Rheingrenze neu gesichert wurde.

34. Monheim-Haus Bürgel. Konstantinische Kleinfestung. Heutiger Zustand.

Kleinfestung Haus Bürgel (M. Gechter)

Zusammen mit der Universität Köln wurden in den Jahren 1993/94 im Bereich von Haus Bürgel Ausgrabungen durchgeführt. Die Untersuchung ergab, daß das spätrömische Kastell nur zwei Tore – im Osten und Westen – aufwies. Im Osten konnte der 7,2 m breite rechteckige Einzeltorturm nachgewiesen werden. Im Frühmittelalter war dieser Turm bis auf den Pfahlrost hinab abgebrochen worden. Vor dem Turm befand sich eine Erdbrücke zwischen den Doppelgräben, die zwischen 22 und 44 m vor der antiken Mauer lagen. Die Straße, die aus dem Kastell hinausführte, konnte noch in einzelnen Kieslagen nachgewiesen werden.

Am Nordrand der Erdbrücke, kurz vor dem inneren Grabenkopf, lag eine Getreidedarre, die wahrscheinlich in der Spätantike in Benutzung gewesen war. An der Südostinnenseite konnten Reste des Kastellbades freigelegt werden. Durch Kleinfunde und Ziegelstempel RVFIAC(...) kann die Anlage in das 4. und 5. Jahrhundert datiert werden (Bestimmung durch Th. Fischer).

Das Kastell weist einen Umfang von fast 64 × 64 m auf mit acht halbrunden Mauer-, vier runden Eck- und zwei Tortürmen. Die bisher als römisch angesprochenen Schlupfpforten sind wohl mittelalterlicher Zeitstellung. Als Vorgänger muß eine mittelkaiserzeitliche Anlage angenommen werden, auf die Streufunde und ein Gräberfeld hinweisen.

Der weitere Verlauf der Limesstraße ausgangs von Dormagen ist strittig. Manches spricht dafür, daß die alte Trasse in großen Teilen der heutigen B 9 entsprach. Ältere Autoren gehen allerdings davon aus, daß die Straße weiter östlich verlief und durch den sich nach Westen verlagernden Rhein weitgehend zerstört worden ist. Ihrer Auffassung nach ist die Limesstraße erst im Bereich der Ortschaft Machenscheid wieder faßbar, von wo aus sie – vorbei am heutigen Grimlinghausen – die Erft auf einer Brücke passierte, deren Überreste noch im 16. Jahrhundert sichtbar waren, um wenig später die Legionsgarnison von *Novaesium* südöstlich des heutigen **Neuss** zu erreichen.

Für diese Führung könnte sprechen, daß das gegen Ende des 19. Jahrhunderts von C. Koenen entdeckte Reckberg-Kastell auf einer Düne östlich von Grimlinghausen (34,5 × 33 m = 0,11 ha) sowie ein benachbarter Wachtturm von ca. 4,9 m Seitenlänge an dieser Straße standen. Andererseits lehrt etwa die Lage des Zwischenkastells von Werthausen oder des Wachtturms auf dem Dachsberg in Duisburg-Baerl (S. 49), daß Militärposten nicht unbedingt an einer Durchgangsstraße gelegen haben müssen, für ihre Positionierung vielmehr oft andere strategische Gründe ausschlaggebend waren.

Nach allem, was wir bisher wissen, war *Novaesium* neben *Batavodurum* der älteste römische Militärplatz am Mittel- und Niederrhein. Hierauf deuten vor allem keramische Funde aus dem Gebiet der Ziegelei Sels in Neuss-Gnadenthal. Allem Anschein nach ist an der Erftmündung, am Endpunkt einer Straße, die aus dem Innern Galliens an den Rhein führte, schon um 16 v. Chr. ein erstes Lager angelegt worden, um von hier aus – vor Beginn der Drususoffensive (12-9 v. Chr.) – das gegenüberliegende germanische Gebiet zu erkunden. Intensive archäologische Untersuchungen haben in den Jahren 1955-1972 zwischen dem Meertal, einer sumpfigen Niederung, dem durch Napoleon geschaffenen Nordkanal und dem Nixhütter Weg unweit der Erftaue die Überreste von neun Polygonallagern aufgedeckt (A-I)*, die bis auf das erste mindestens Legionslagergröße hatten, reine Holz-Erde-Lager waren

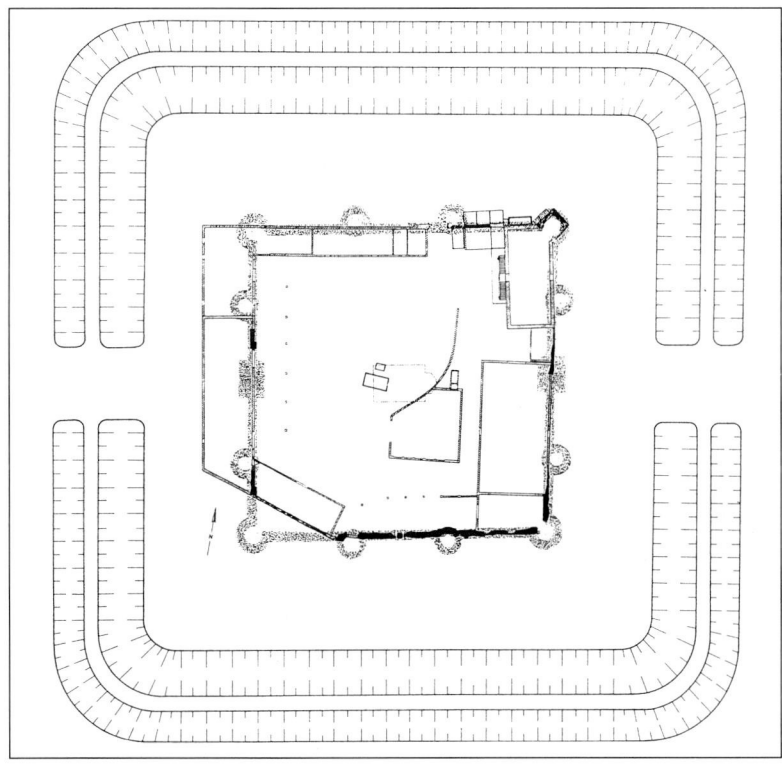

35. *Monheim-Haus Bürgel. Plan der konstantinischen Kleinfestung. Gesamtbefund nach M. Gechter. Stand 1993.*

---

* In seiner letzten *Novaesium*-Publikation (1987) hatte G. Müller eine neue Zählung eingeführt (Lager A-F statt A-I). Die Bearbeiter seines Nachlasses werden jedoch die alte Einteilung beibehalten (Mitteilung M. Gechter).

und in der Zeit des *Augustus*, *Tiberius* (14-37) und *Caligula* (37-41) einander abgelöst hatten. Dabei ist sehr wahrscheinlich davon auszugehen, daß diese frühen Lager, von denen keines länger als 5-6 Jahre existiert hat, nicht durchgehend von regulären Militäreinheiten als Standlager genutzt wurden. Vielmehr gibt es deutliche Anzeichen dafür, daß die hier stationierten Truppen häufig wechselten und der Platz zeitweise nur von einer Art Stammbesatzung gehalten wurde, die wichtige Versorgungsaufgaben zu erfüllen hatte.

Die Besatzungen der beiden ersten Lager sind nicht bekannt. Allerdings dürfte Lager B, das zwei Perioden aufweist, mit seinen ca. 4 ha eine oder zwei Legionen des varianischen Heeres beherbergt haben, die im Jahre 9 untergingen. Von Lager C wird allgemein angenommen, daß es mit dem »Sommerlager im Gebiet der Ubier« identisch ist, das *Tacitus* zum Jahre 14 erwähnt (*Ann.* I 37). Er nennt mit den *legiones I (Germanica)*, *V alaudae*, *XX Valeria victrix* und *XXI rapax* auch die Namen der Einheiten, die damals das »untere germa-

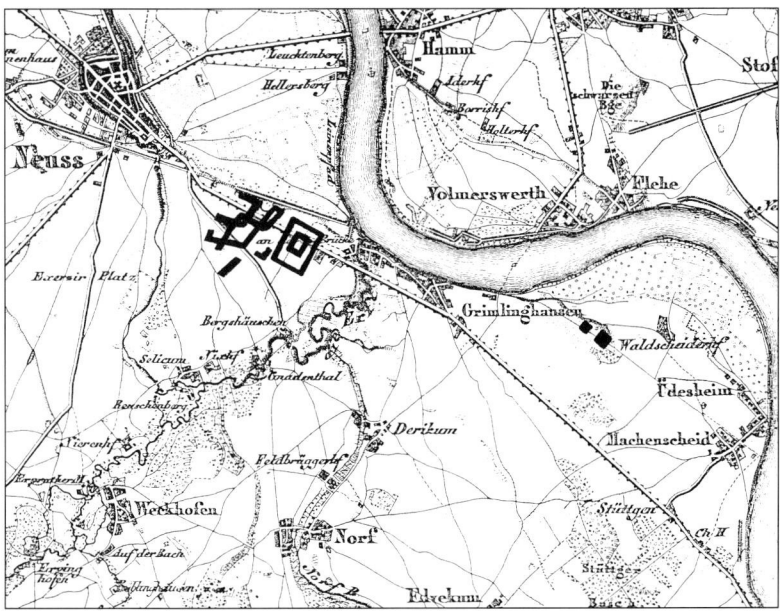

36. Novaesium/Neuss. Lage der Legionslager A-K und des Kleinkastells auf dem Reckberg mit benachbartem Wachtturm.

nische Heer« bildeten. Von ihnen ist die 5. Legion in *Novaesium* durch das Namensschildchen eines ihrer Tribunen auch direkt belegt. Bis in frühclaudische Zeit scheint dann möglicherweise zuerst die 1. Legion, später jedoch sicher die 20. Legion die Besatzung der Lager D-I gebildet zu haben. Der Legion beigegeben waren auch verschiedene Auxiliareinheiten, von denen die *ala Parthorum veterana* und *cohors III Lusitanorum* namentlich bekannt sind (Abb. 15).

Als die *legio XX Valeria victrix* im Jahre 43 nach Britannien ging, nahm die *legio XVI (Gallica)* ihren Platz ein und baute unmittelbar über der Erftaue das erste Lager mit rechteckigem Grundriß (Lager K: 420×570 m = 23,9 ha). Diese nach ihrem Ausgräber als »Koenen-Lager« bezeichnete Anlage ist etwa um die Mitte des 1. Jahrhunderts zumindest in Teilen in Stein umgebaut worden, wie Fragmente der Bauinschrift des NW-Tores nahelegen. Nachdem das Lager während des Bataveraufstandes (69/70) niedergebrannt war, wurde es von der *legio VI victrix* in den gleichen Abmessungen

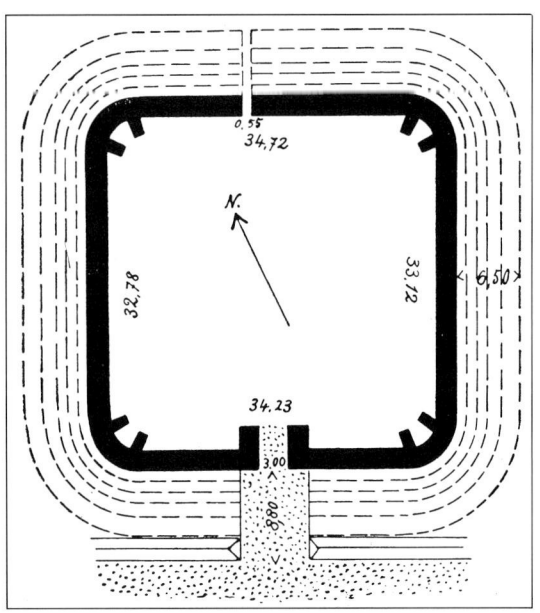

37. Novaesium/Neuss. Plan des Kleinkastells auf dem Reckberg.

PLAVTI SCAEVAE VIBIANI TRIBVNI
MILITVM LEGIONIS

38. Novaesium/Neuss. Truhenbeschlag mit dem Namen des Plautius Scaeva Vibianus, der Militärtribun der 5. Legion war. Rheinisches Landesmuseum Bonn.

39. Novaesium/Neuss. Plan der Legionslager A-K und des Auxiliarkastells. Gesamtbefund nach G. Müller.

wiederaufgebaut. Da das Innere des Lagers fast vollständig aufgedeckt werden konnte, gilt es mit Recht neben Lambaesis/Lambèse (ALG) und dem flavischen Batavodurum als das bestbekannte Legionslager, wenn auch eine detaillierte Periodisierung der meisten Innenbauten ohne erneute Grabungen kaum möglich ist (Abb. 8).

Die Befunde der letzten Grabungen sprechen dafür, daß dieses Legionslager um 95 abbrannte. Dies dürfte gleichzeitig der Anlaß gewesen sein, daß die 6. Legion Novaesium verließ. Als Ersatz diente fortan ein annähernd 3 ha großes Auxiliarkastell, das die Mitte des alten Lagerareals einnahm und von einer Steinmauer und einem Doppelgraben umgeben war, während über seine Innenbauten nur wenig bekannt ist. Dem Zeugnis des Antoninischen Itinerars zufolge war das Kastell von einer *ala* besetzt.

Wahrscheinlich bestand dieses Lager mit dem zugehörigen *vicus* nur bis in die Zeit um 275, als es zerstört und anschließend nicht wiederaufgebaut wurde. Der schriftlichen Überlieferung nach ist *Novaesium* dann wieder unter Magnentius (351-353) zerstört und durch Iulianus um 359 wiederaufgebaut worden. Zum letztenmal wird 388 ein *castellum Nivisium* erwähnt, als dort römische Truppen den Rhein überqueren. Allerdings spricht vieles dafür, daß diese spätrömische Festung nicht nahe der Erftmündung stand, sondern wohl im Altstadtkern des heutigen Neuss zu suchen ist.

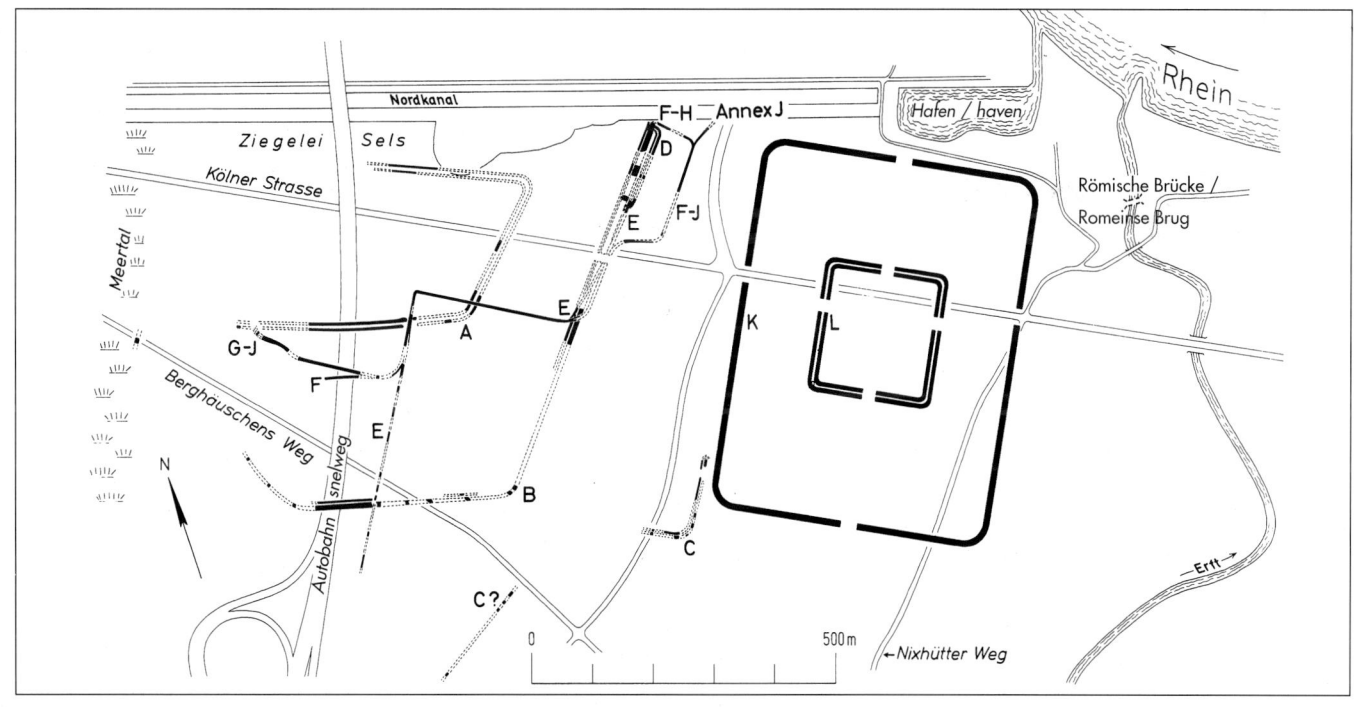

Gelduba – Neueste Ergebnisse (Ch. Reichmann)

Die Grabungen der letzten Jahre vermittelten vornehmlich genauere Einblicke in die spätrömischen Verhältnisse, zunächst in den Verlauf der nur schwach fundamentierten und fast überall ausgebrochenen Wehrmauern, dann aber auch in die Besonderheiten der spätrömischen Innenbebauung. Hervorzuheben ist ein erst jüngst freigelegter Gebäudetrakt aus der ersten Hälfte des 4. Jahrhunderts, denn er hatte wenigstens zwei mit vielfarbigen Wandmalereien ausgestattete Innenräume. Spätantike Befunde dieser Art kamen bislang nur selten am Niederrhein zutage. Interessant sind außerdem die haustechnischen Systeme. So ersetzte man den vor den Wirren des 3. Jahrhunderts üblichen Kanalanschluß wieder durch die krisenfestere Sickergrube. Allerdings lag diese nicht, wie in den Anfangstagen des Kastells, einfach unter dem Abtritt. Sie war vielmehr als separates, über eine seitliche Zuleitung bedientes Kammersystem ausgebildet. Ähnliches kennt man sonst erst wieder aus dem Mittelalter. Auch die Heizanlage zeigte sich verändert. Anstelle des früher üblichen Präfurniums bediente man sich jetzt eines in den Wohnraum selbst hineingebauten Ofens. Vermutlich glaubte man auf diese Weise eine kürzere Vorlaufzeit und wohl auch eine höhere Wärmeausnutzung erreichen zu können. Ein Nachteil lag allerdings in der erschwerten Handhabung, denn der Ofen mußte nun von oben her beschickt und ausgeräumt werden. Da er außerdem noch die Unterflurheizung eines größeren Nachbarraumes zu versorgen hatte, lag seine Brennkammer nämlich immer noch tief unter dem Fußboden. Auch war die Unterflurheizung nicht mehr so effektiv wie früher, denn die Warmluft erreichte über ein weitmaschiges Netz von Heizkanälen nur noch einen kleinen Teil der Bodenfläche. Auch dies erinnert schon an die Heizsysteme mittelalterlicher Klöster.

Insgesamt fügt sich das Ergebnis damit recht gut zur spätantiken Blüte des Ortes, wie sie bisher eigentlich nur an der Entwicklung der Gräberfelder abgelesen werden konnte.

Bis *Gelduba* waren es nach Angabe des Antoninischen Itinerars *leugae VIIII* (= 19,8 km). Die Straße nach **Krefeld-Gellep** führte im wesentlichen nordwärts an Niederdonk vorbei und entsprach ab Brühl der heutigen B 222, die über Strümp und Latum nach Krefeld-Uerdingen führt. Sie ließ auf ihrem Weg die Militärsiedlung *Gelduba* rechts liegen, zu der es jedoch in römischer Zeit sicher eine Stichstraße gegeben hat. Daran wird deutlich, daß die Straße älter ist als das Kastell, dessen Lage von Plinius – offenbar aus eigener Anschauung – als *Rheno impositum* angegeben wird (nat. hist. XIX 90). Diese Annahme ist insbesondere durch die Forschungen von I. Paar bestätigt worden. Sie konnte überzeugend nachweisen, daß die militärische Besetzung dieses Platzes nicht schon in tiberischer, sondern erst in frühflavischer Zeit erfolgt ist. Außerdem gelang ihr 1970 die endgültige Lokalisierung des Kastells im Ortskern von Gellep. Zuvor schon war *Gelduba*, wie Tacitus berichtet (Hist. IV 26), während des Bataveraufstandes Schauplatz militärischer Auseinandersetzun-

42. [Seite 45] Gelduba/Krefeld-Gellep. Plan des Auxiliarkastells und seiner Umgebung (um 200). Gesamtbefund nach Ch. Reichmann. Stand 1994.
1 Pfostenhalle/Marktbuden (forum); 2 Speicherbau (horrea); 3 Raum mit Hypokaustheizung; 4 Kommandantur (principia); 5 Kommandantenhaus (praetorium); 6 Kasernen; 7 Jüngeres Kastellbad; 8 Wohnhäuser und Läden im vicus; 9 Mithrasheiligtum.

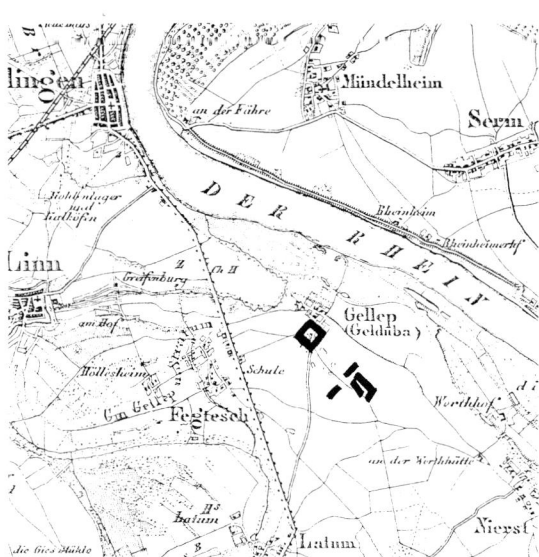

40. *Gelduba/Krefeld-Gellep* Lage des Auxiliarkastells und des Marschlagers von 69.

41. [Seite 45] Gelduba... castellum Rheno impositum. Blick vom römischen Hafenbereich zur Niederterrassenkante, auf der das Kastell über dem Fluß lag.

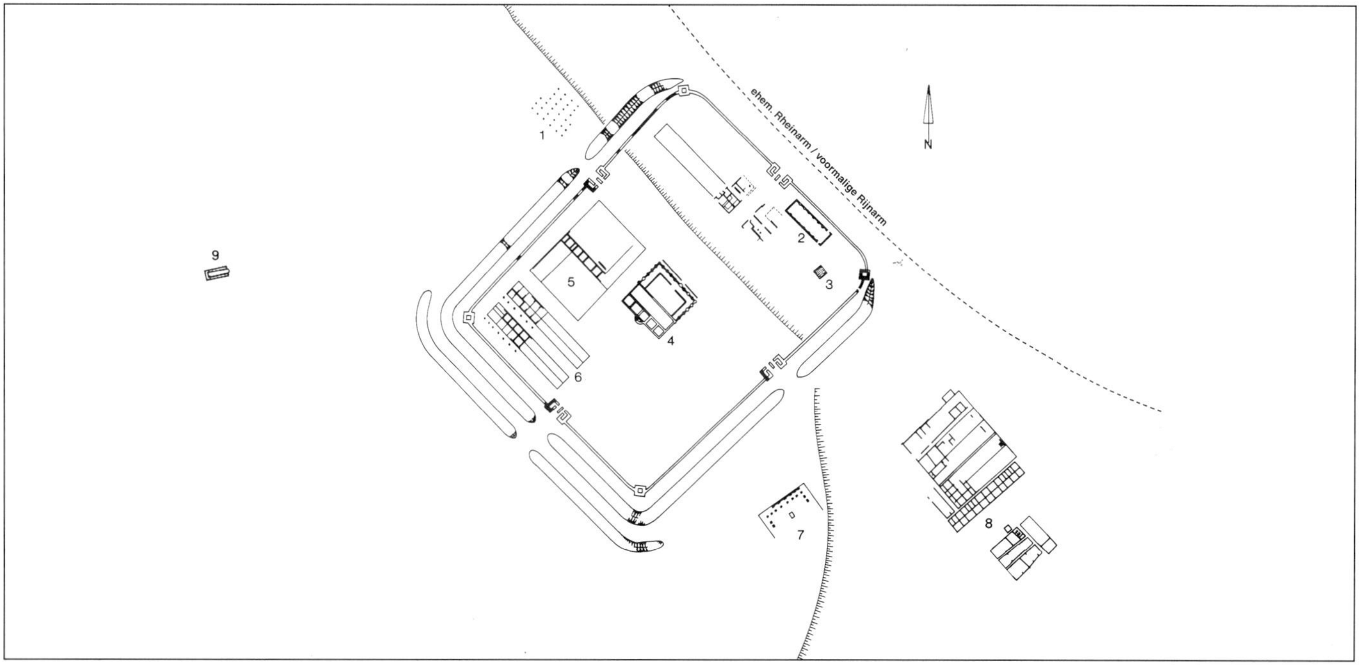

gen gewesen. Hinweise auf diese Schlacht im November 69, in der die Römer siegten, aber hohe Verluste hinnehmen mußten, geben die provisorischen Gräber von zahlreichen Pferden, die in den siebziger Jahren in Gellep gefunden wurden.

Unter *Vespasianus* (69-79) wurde das erste Auxiliarkastell in *Gelduba* gebaut (ca. 140 × 170 m = 2,38 ha). Es war während seiner ersten drei Bauperioden in großen Teilen eine Holz-Erde-Anlage, ehe das Kastell in der ersten Hälfte des 2. Jahrhunderts in Stein umgebaut wurde. Der Nachweis von Reiterkasernen in der *retentura* des Lagers machte deutlich, daß die hier stationierte Einheit zumindest teilberitten gewesen sein muß. Belegt ist für die vespasianische Zeit die *ala Sulpicia c(ivium) R(omanorum)*, die in domitianischer Zeit von der *cohors II Varcianorum equitata* abgelöst wurde, die als gemischte Hilfstruppe über ein bestimmtes, nicht näher bekanntes Kontingent an Reitern verfügte. Legt man das Antoninische Itinerar zugrunde, stand im 3. Jahrhundert eine *ala* in *Gelduba*, die jedoch namentlich nicht bekannt ist.

Die neuesten Grabungen seit 1982 haben vor allem zur spätrömischen Zeit bemerkenswerte Ergebnisse erbracht (s. S. 44). Waren es im Jahre 69 offensichtlich nur Pferdekadaver, die verscharrt wurden, während man die Gefallenen verbrannte, wurden um 260 vor allem Menschen »provisorisch« beigesetzt, nachdem Kastell und Vicus zerstört worden waren und viele Menschen in *Gelduba* den Tod gefunden hatten (Abb. 19). Besonders makaber war die Ausgrabung eines früheren Mithräums, in das man die Leichen von 14 Menschen geworfen hatte. Weiteren Zerstörungen folgten immer wieder Instandsetzungen und Neubauten. Gegen Ende des 3. Jahrhunderts wurde das Kastell in eine spätantike Festung von ca. 2,25 ha umgewandelt, die in der Folgezeit mehrfach umgebaut wurde und gegen

43. Gelduba/Krefeld-Gellep. Fundamentstickung eines Zwischenturms der Kastellmauer. Ausgrabung 1993.

44. Gelduba/Krefeld-Gellep. Wandputzlagen des 4. Jahrhunderts bei der Freilegung. Ausgrabung 1991.

Ende der spätrömischen Zeit möglicherweise Teilen der Zivilbevölkerung als Wohn- und Lebensbereich diente. Ob das Kastell zu Beginn des 5. Jahrhunderts regelrecht geräumt wurde, ist nicht sicher zu sagen. Die kontinuierliche Belegung der umliegenden Friedhöfe bis in das 6. Jahrhundert spricht eher dafür, daß die Festung in die Hände der Franken überging und zumindest noch eine Zeitlang genutzt wurde.

Erst ausgangs von Uerdingen ist die Limesstraße wieder nachweisbar. Von hier aus führte sie – bis zum sog. Mühlenwinkel mit der B 57 identisch – in gerader Linie auf das »Burgfeld« südlich von **Moers-Asberg** zu, das schon im 16. Jahrhundert als Platz von *Asciburgium* galt. Die Lage des Platzes am Rande einer alten Rheinschlinge, die heute verlandet ist, erwähnt schon *Tacitus* (Germ. 3). Strategisch gesehen hatte das Lager, das unmittelbar auf der Kante der Niederterrasse stand und zu Beginn wohl den Charakter eines befestigten Schiffsanlegeplatzes hatte, die gegenüberliegende Ruhrmündung zu überwachen.

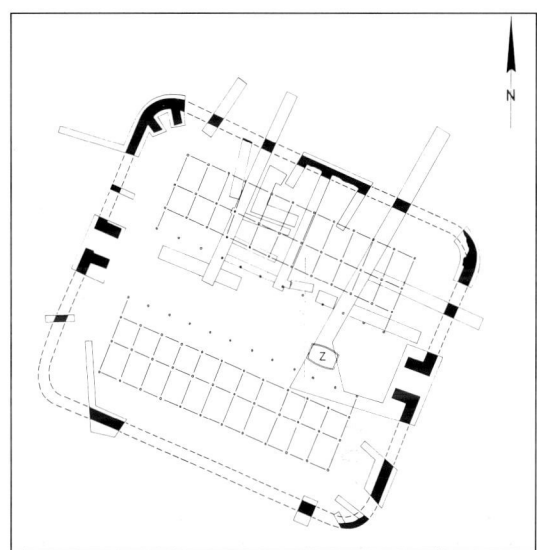

46. Duisburg-Rheinhausen. Plan des Kleinkastells Werthausen.

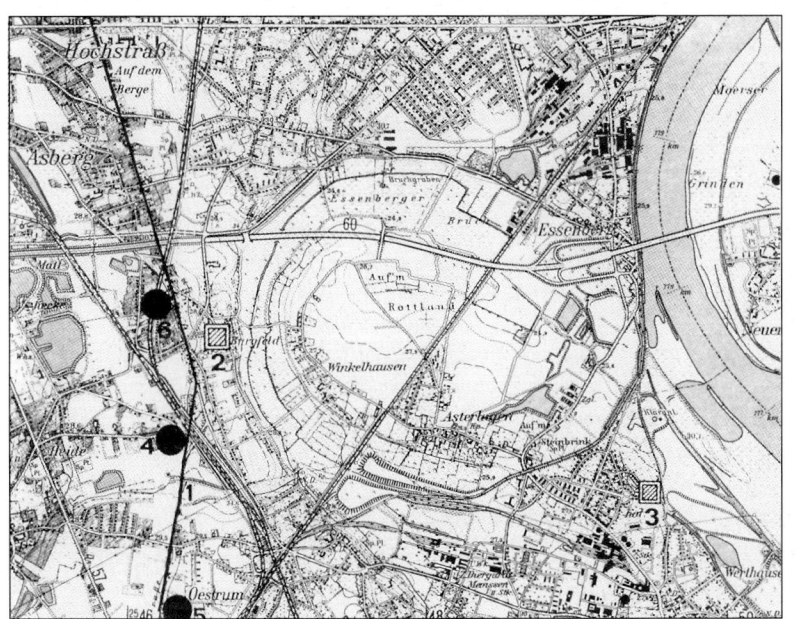

45. Asciburgium/Moers-Asberg. Römische Fundplätze auf dem "Burgfeld". 1 Limesstraße; 2 Auxiliarkastell; 3 Kleinkastell; 4-6 Gräberfelder.

Bei den Ausgrabungen im Kastellbereich sind in den Jahren 1969-1980 die Überreste von fünf Lagern freigelegt worden, von denen das erste um 11 v. Chr. zu Beginn der Drususoffensive, das letzte nach dem Bataveraufstand errichtet wurde und um 83/85 planmäßig aufgegeben und eingeebnet worden ist. Alle fünf Kastelle, von denen die ersten beiden offenbar keinerlei Innenbauten hatten, waren in Holz-Erde-Technik gebaut. Bis auf das letzte Lager, das annähernd rechteckig war, hatten alle Asberger Kastelle einen rundlichen Umriß. Mit jedem Neubau wuchs die Innenfläche des Lagers, die schließlich ca. 2,3 ha betrug. Bestand die Besatzung – zahlreichen Graffiti zufolge – zunächst aus einem Legionsdetachement, folgten einander seit tiberischer Zeit die *cohors Silaucensium*, *ala Tungrorum Frontoniana* und *ala Moesica*, die wohl zu Beginn des Chattenkrieges des *Domitianus* (81-96) in die Wetterau verlegt wurde.

Der Grund für die Aufgabe von *Asciburgium* war die fortschreitende Verlandung des Altarmes, an dem Kastell und Vicus lagen. Die strategische Funktion des Lagers übernahm wohl schon gegen Ende des 1. Jahr-

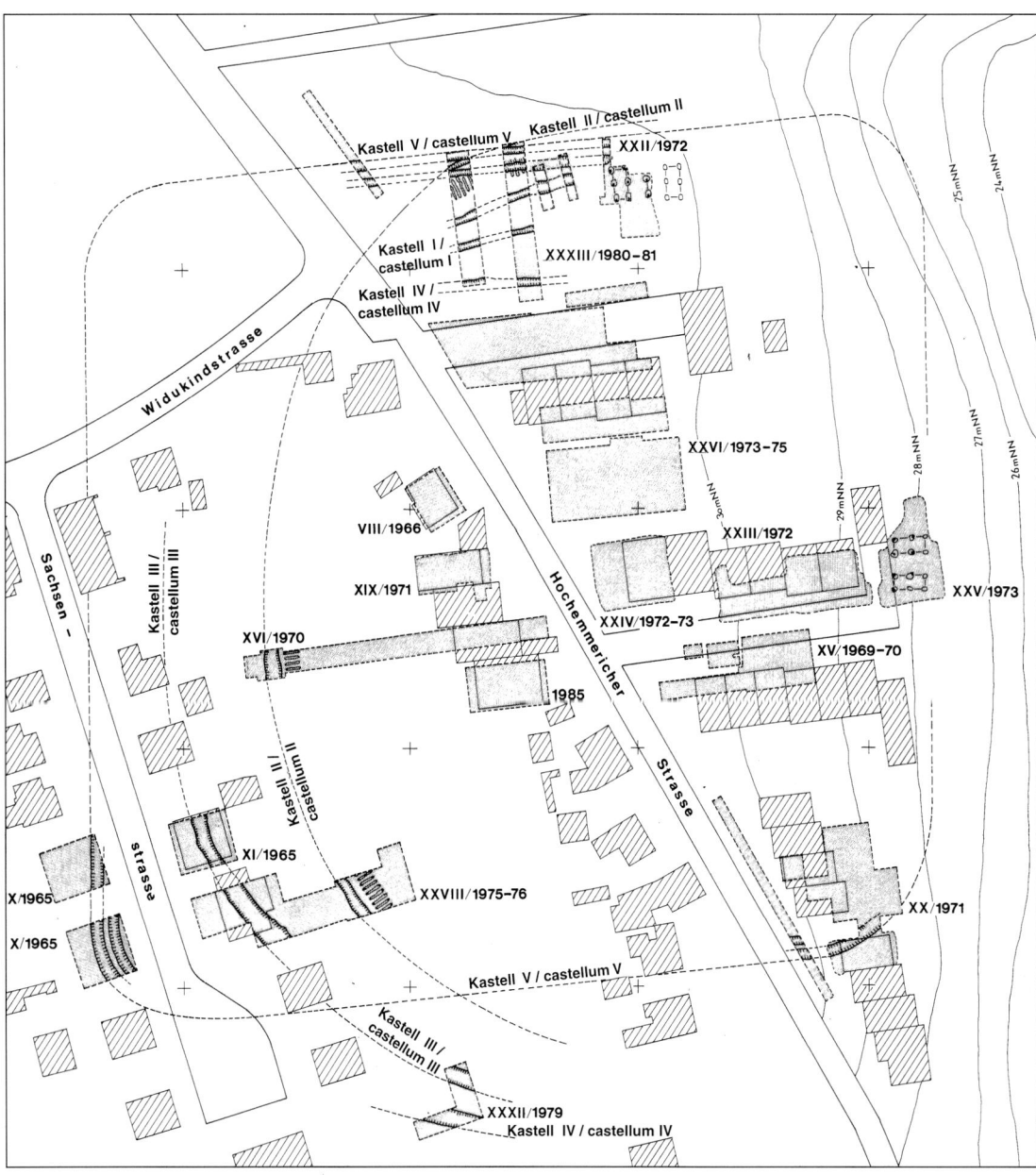

47. Asciburgium/Moers-Asberg. Plan des Auxiliarkastells. Gesamtbefund der fünf Lager des 1. Jahrhunderts.

hunderts das Kleinkastell **Werthausen**, das unmittelbar am Rhein lag. Seiner Größe von 0,17 ha nach entsprach es dem Kastell auf dem Reckberg bei Neuss (S. 42). Den Funden nach hat dieses Kleinkastell etwa bis zur Mitte des 3. Jahrhunderts existiert. Ähnliches gilt wohl auch für den Wachtposten auf dem Dachsberg in **Duisburg-Baerl**, dessen Entstehung in das 2. Jahrhundert zurückgeht und dessen Aufgabe es war, an diesem exponierten Platz, ca. 2 km östlich der Limesstraße, die Rheinniederung zu überwachen.

Gegen Ende des 4. Jahrhunderts – wahrscheinlich unter *Valentinianus I.* (364-375) – ist im geebneten Kastellbereich auf dem »Burgfeld« ein *burgus* errichtet worden. Er entsprach dem Grundriß nach der gängigen Form derartiger Kleinfestungen, die damals im Rahmen eines Festungsbauprogramms überall an Donau und Rhein errichtet wurden und aus einem massiv gemauerten Innenturm (18 x 18 m), einer Umfassungsmauer und einem breiten Graben bestanden. Nach

48. *Asciburgium/Moers-Asberg. Plan des spätrömischen burgus. Zeichnung T. Bechert nach Vorlage G. Krause.*

⌐⌐⌐ Grabungsschnitte
▨▨▨ Ausbruch der Mauer des Innenturmes
▱▱▱ Ausbruchgrube der Außenmauer (festgestellt und ergänzt)
⊥⊥⊥ Graben (festgestellt und ergänzt)

Ausweis seiner Funde hat der Asberger *burgus* wahrscheinlich bis in die erste Hälfte des 5. Jahrhunderts seine Schutzfunktion erfüllt. Als Ruine noch lange sichtbar, ist er endgültig erst im 19. Jahrhundert dem fortschreitenden Steinraub zum Opfer gefallen.

Die Limesstraße verließ *Asciburgium* in nordwestlicher Richtung. Bis Rheinkamp entspricht sie der heutigen Römerstraße. Dort beschreibt sie eine leichte Biegung in westlicher Richtung und bildet bis Stromoers das Fundament der B 57, wo sich beide Trassen trennen und die moderne auf Rheinberg zuläuft. Die Limesstraße führte dagegen zunächst geradeaus weiter, knickte etwa auf der Höhe von Rheinberg nochmals leicht nach Westen ab, passierte die heutigen Ortschaften Millingen und Drüpt und entsprach ab Menzelen-Rill wiederum der Trasse der B 57 bis Xanten-Birten (Abb. 9). Etwa in der Mitte dieser Strecke könnte *Calo* gelegen haben, ein Alenkastell, das im Antoninischen Itinerar genannt wird. Gewisse Anhaltspunkte könnten auf einen Platz nördlich von Stromoers deuten. Ebensogut ist es aber auch möglich, daß *Calo* ähnlich wie *Vetera II* vom Rhein unterspült wurde und heute von Kies bedeckt ist.

Die Rheinniederung westlich des heutigen **Xanten** ist im Mittelalter durch die mäandrierende Tätigkeit des Flusses starken Veränderungen ausgesetzt gewesen (Abb. 3). So lag etwa die Mündung der *Lupia*/Lippe sehr viel weiter westlich als heute und konnte vom Fürstenberg aus direkt eingesehen werden. Auf dem sanft abfallenden Südhang dieser Stauchmoräne ist 13/12 v. Chr. das erste Lager angelegt worden, von wo aus der Vorstoß durch das Lippetal geplant war. *Tacitus* nannte es *Vetera castra**, wobei unsicher ist, ob diese Namengebung nicht auf eine einheimische Benennung zurückgeht.

---

* Da das Lager einmal in seiner Geschichte um ca. eine römische Meile nach Osten verlegt wurde, spricht die Wissenschaft der besseren Unterscheidung wegen von *Vetera I* und *II*.

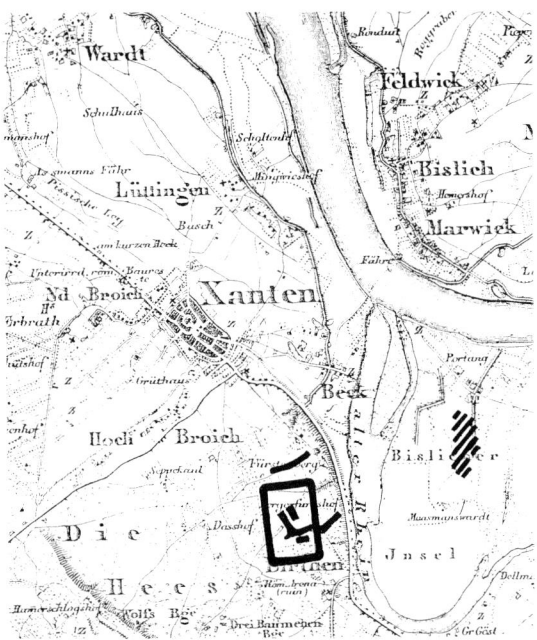

49. Vetera/Xanten-Birten. Lage der Legionslager auf dem Fürstenberg und im Bereich der Bislicher Insel. Vgl. Abb. 3.

Die umfangreichen Grabungen der Jahre 1905-1914 und 1925-1933 haben vor allem dem Doppellegionslager aus neronischer Zeit gegolten. Dagegen sind die Bau- und Siedlungsspuren der älteren Lager eher summarisch behandelt worden.

Zum ältesten Lager scheint die Grabenspur B gehört zu haben. In diesem Lager könnte die legio XIIX gestanden haben, deren Hauptmann M. Caelius am Fuße des Fürstenberges ein Kenotaph erhielt (CIL XIII 8648). Die Grabenzüge A, C und K gelten als tiberisch und umgrenzten wohl das Lager der legiones V alaudae und XXI rapax. Wahrscheinlich ist um 46, als die legio XXI rapax durch die legio XV Primigenia ersetzt wurde, ein neues Legionslager erbaut worden, zu dem etwa das Gebäude L, ein bereits steinernes valetudinarium, gehörte.

Am besten bekannt ist das Doppellegionslager, das um 60 errichtet wurde und ein Jahrzehnt später von den Truppen des Civilis belagert, ausgehungert und zerstört wurde. Von dieser 56 ha großen Anlage sind neben den hölzernen Toranlagen sowie Teilen der Holz-Lehm-Mauer vor allem die Fundamente der Steinbauten entlang der via principalis freigelegt worden, darunter die principia, die beiden Legatenpaläste, das valetudinarium und mehrere Tribunenhäuser. Dagegen sind von den Kasernen- und Wirtschaftsbauten nur geringe Überreste bekannt. Ziegelfunde haben gezeigt, daß der westliche Lagerteil von der 5. Legion, der östliche von der 15. Legion erbaut worden ist. In dieser Anordnung dürften die beiden Legionen auch das Lager innegehabt haben, das sicher auch der einen oder anderen Hilfstruppe Platz bot. Für die frühneronische Zeit ist dort mit Sicherheit eine ala belegt, deren Präfekt C. Plinius war.

Das von den Aufständischen in Brand gesteckte Lager auf dem Fürstenberg wurde nach 70 nicht wieder aufgebaut. Statt dessen errichtete die legio XXII Primigenia ein Lager auf der Niederterrasse nahe zum Fluß hin. Dieses Vetera II ist im Mittelalter durch eine Rheinverlagerung in südlicher Richtung überschwemmt worden und liegt heute zum Teil mit seinen Überresten auf dem Grund eines Baggersees auf der Bislicher Insel (Abb. 3). Verschiedene Tauchunternehmungen seit den fünfziger Jahren haben ergeben, daß dieses Lager zumindest bis zu den Frankeneinfällen um 275 Bestand hatte.

Nachdem die legio XXII Primigenia wohl gegen Ende des 1. Jahrhunderts nach Mogontiacum/Mainz gegangen war, hatte die legio VI victrix das Lager übernommen, das sie in den ersten Jahren des Hadrianus (117-138) wiederum verließ, um nach Britannien zu gehen. An ihre Stelle trat die legio XXX Ulpia victrix, deren Spuren bis zum Ende des 3. Jahrhunderts in Xanten nachweisbar sind. Es spricht vieles dafür, daß diese Legion der Kernfestung Trice(n)sima(e) den Namen gab, die seit konstantinischer Zeit mit ihrer starken Mauer die inneren neun insulae von Traiana umschloß und das einstige Stadtareal auf ca. 16 ha schrumpfen ließ. Der neue Name scheint zu belegen, daß zumindest Abteilungen der 30. Legion diese Festung, die der verbliebe-

50. [Seite 51] Vetera/Xanten-Birten. Gesamtübersicht der Legionslager auf dem Fürstenberg (Vetera I). Erst das neronische Doppellegionslager hatte einen rechteckigen Grundriß.

51. [Seite 51] Vetera/Xanten-Birten. Plan des Doppellegionslagers aus der Zeit des Nero (54-68). Ausgrabungen vor 1933.

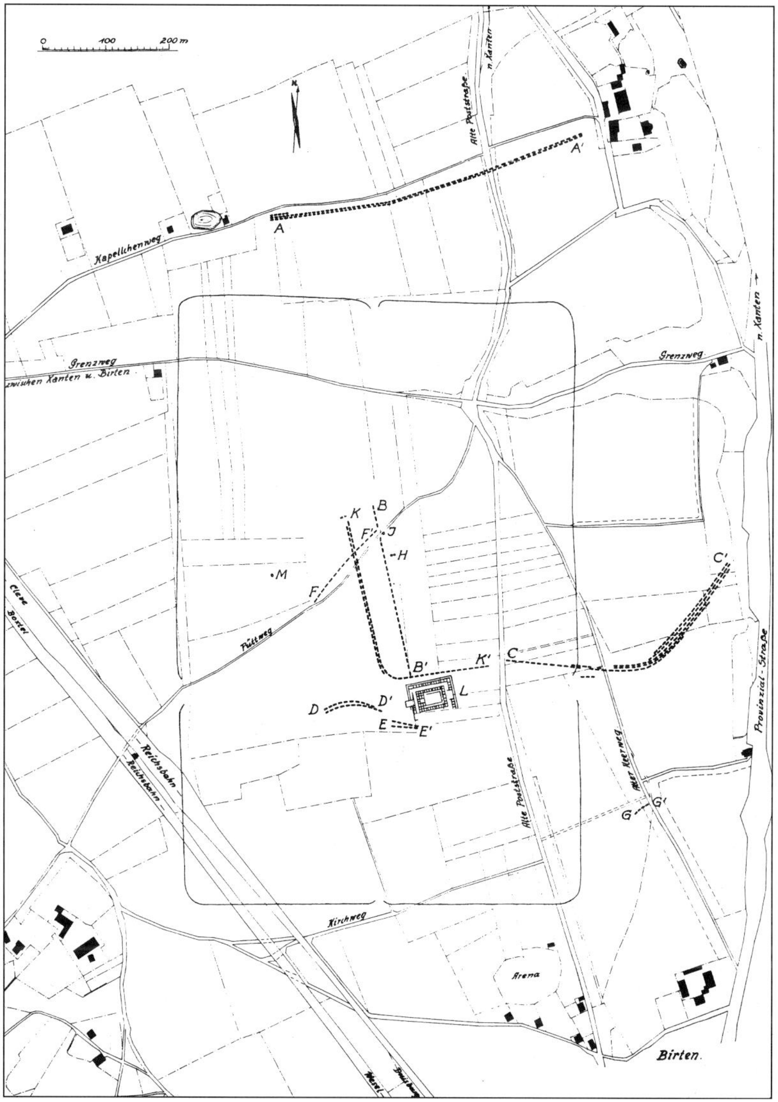

nen Stadtbevölkerung gleichzeitig als Lebensraum diente, als Grenztruppe bis zur Mitte des 4. Jahrhunderts besetzt hielten.

Literatur

Allgemein: BOGAERS/RÜGER 151-152 (Dormagen). 147-150 (Haus Bürgel). 139-146 (Neuss). 135-138 (Gellep). 128-134 (Asberg/Werthausen). 106-111 (Xanten). – M. GECHTER, Die Anfänge des Niedergermanischen Limes, Bonner Jahrb. 179, 1979, 98-110.
Dormagen: G. MÜLLER, Ausgrabungen in Dormagen 1963-1977, Rheinische Ausgrabungen 20 (1979). – DERS., Durnomagus. Das römische Dormagen, Führer des Rheinischen Landesmuseums Bonn Bd. 90 (1979). – DERS. in: Die Römer

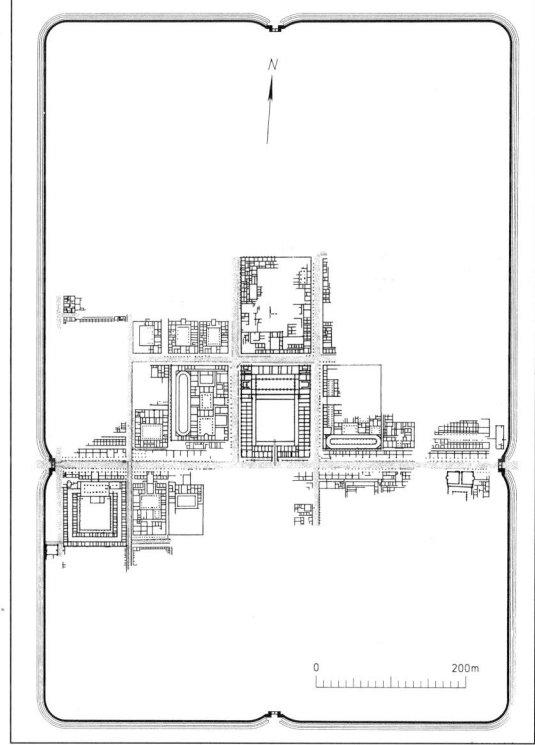

in Nordrhein-Westfalen (1987) 394-401.

Haus Bürgel: H.G. HORN in: Die Römer in Nordrhein-Westfalen (1987) 568-569. – P. BÜRSCHEL/M. GECHTER, Ausgrabungen in Haus Bürgel, in: Archäologie im Rheinland 1993 (1994) 94-95.

Neuss: G. MÜLLER, Novaesium. Die Ausgrabungen in Neuss von 1955 bis 1972, in: Ausgrabungen in Deutschland 1 (1975) 384-400. – H. CHANTRAINE u.a., Das römische Neuss (1984). – M. GECHTER in: Ausgrabungen im Rheinland '83/83, 1985, 115-120. – G. MÜLLER in: Die Römer in Nordrhein-Westfalen (1987) 580-591.

Gellep: I. PAAR, Zur Datierung der Holzbauperioden des niedergermanischen Auxiliarkastells Gelduba (Krefeld-Gellep), Ausgrabungen V, in: Roman Frontier Studies 1979 (1980) 515-529. – R. PIRLING, Römer und Franken in Krefeld-Gellep (1986). – CH. REICHMANN in: Die Römer in Nordrhein-Westfalen (1987) 529-538. – DERS., Das flavische Militärbad von Krefeld-Gellep, in: Archäologie im Rheinland 1987 (1988) 76-78. – P. STÜBEN, Gelduba I, Die versunkene Stadt am Strom (1994).

Asberg: T. BECHERT, Asciburgium – Ausgrabungen in einem römischen Kastell am Niederrhein, Duisburger Forschungen 20 (1974). – DERS. in: Die Römer in Nordrhein-Westfalen (1987) 559-568. – DERS., Die Römer in Asciburgium, Duisburger Forschungen 36 (1989). – Funde aus Asciburgium, Hefte 1-11 (1973-1994).

Werthausen: T. BECHERT in: Duisburger Forschungen 36 (1989) 196-200.

Dachsberg: T. BECHERT, ebd. 201-204.

Vetera: C.B. RÜGER, Ein Siegesdenkmal der legio VI victrix,

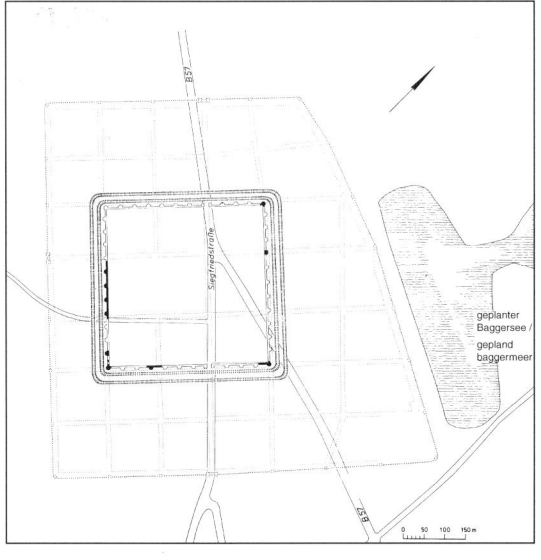

52. *Trice(n)sima(e)/Xanten. Plan der konstantinischen Kernfestung im Zentrum von Traiana. Nach C. B. Rüger.*

Bonner Jahrb. 179, 1979, 187-XX. – M. GECHTER in: Die Römer in Nordrhein-Westfalen (1987) 619-625. – N. HANEL, Vetera I. Die Funde aus den Lagern auf dem Fürstenberg bei Xanten (Diss. Freiburg i. Br. 1987).

Trice(n)sima(e): C.B. RÜGER, Die spätrömische Großfestung in der Colonia Ulpia Traiana, Bonner Jahrb. 179, 1979, 499-524. – DERS. in: Die Römer in Nordrhein-Westfalen (1987) 636-638. – C. BRIDGER/F.SIEGMUND, Die Xantener Stiftsimmunität. Grabungsgeschichte und Überlegungen zur Siedlungstopographie, in: Beiträge zur Archäologie des Rheinlands. Rheinische Ausgrabungen 27 (1987) 63-133.

TILMANN BECHERT

Entlang der Lippe

Weit mehr, als sich dies in den Quellen widerspiegelt und seinen Niederschlag in der bisherigen Forschung gefunden hat, ist der Transport von Menschen und Gütern in römischer Zeit von den Möglichkeiten abhängig gewesen, die die Schiffahrt auf den Flüssen bot. Dies galt insbesondere dort, wo die Römer – wie im Innern Germaniens – nicht auf ein halbwegs ausgebautes Wegenetz stießen und sich selbst behelfen mußten. So dürfte auch für den Vormarsch der Truppen des *Drusus* ab 12 v. Chr. sowie für alle nachfolgenden Unternehmungen von *Vetera* aus die Lippe der entscheidende Transport- und Nachschubweg gewesen sein, der die einzelnen Basislager entlang des Flusses miteinander verband (Abb. 17).

Es wird in der heutigen Forschung aus guten Gründen bezweifelt, ob die fast 30jährige Kampagne gegen das rechtsrheinische Germanien das Ergebnis eines weitgespannten und planvollen Eroberungskonzeptes war, das darauf abzielte, die römische Nordostgrenze bis zur Elbe vorzuschieben. Mehr und mehr setzt sich dagegen die nüchterne Erkenntnis durch, daß die Militär- und Außenpolitik der augusteischen Zeit eher durch begrenzte Reaktionen auf bestimmte Situationen geprägt war als durch weitreichende geopolitische Planungen mit betont imperialistischen Zielen.

Kalkriese – der Ort der Varusschlacht

Eine ungewöhnliche Massierung von Münzfunden, die mit der Zeit des *Augustus* endeten, veranlaßte Th. Mommsen, die »Örtlichkeit der Varusschlacht« schon 1885 im Engpaß von Kalkriese östlich von Bramsche anzunehmen. Ein gutes Jahrhundert später, nachdem der britische Major J. A. S. Clunn weitere Münzfunde gemacht und W. Schlüter 1988 am Fuße des Kalkrieser Berges mit archäologischen Untersuchungen begonnen hatte, bestätigte sich Stück für Stück die These Mommsens, der allein aufgrund der Münzfunde sowie strategischer Überlegungen zu seiner Auffassung gelangt war.

Die systematische Prospektion eines ca. 12 km² großen Gebietes zwischen dem Kamm des Wiehengebirges im Süden und dem Großen Moor im Norden, das sich zwischen Moor und Kalkrieser Berg auf etwa 1000 m Breite verengt, hat bis Ende 1994 eine Fläche von ca. 300 ha erfaßt. Dabei hat sich ergeben, daß sich das Fundgebiet in einer Breite von 1-2 km über ca. 15 km bis nach Schwagstorf erstreckt. Allein schon die

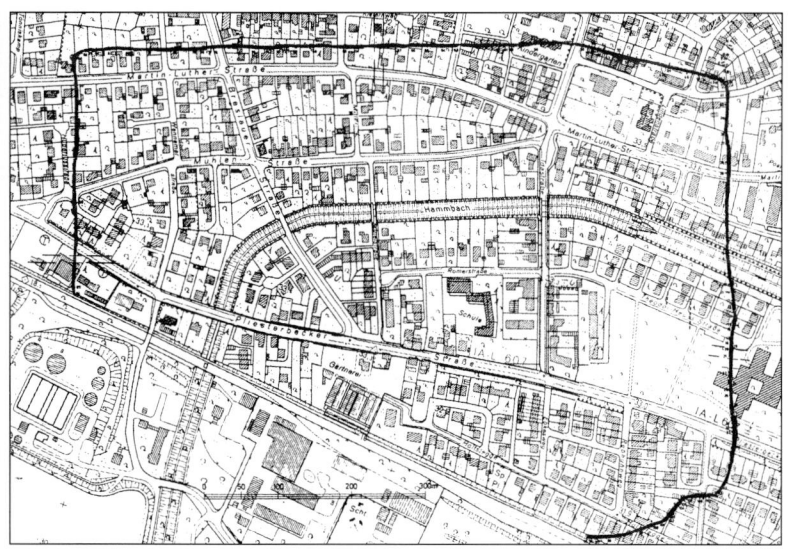

53. Dorsten-Holsterhausen. Plan des frührömischen Lagers. Nach W. Winkelmann.

54. Kalkriese, Stadt Bramsche. As des Augustus mit dem Gegenstempel VAR(us), geprägt 8/3 v. Chr. in Lugdunum/Lyon.

zu belegen scheint. Eingehende Untersuchungen lassen vielmehr den Schluß zu, daß nur die 56 ha große Anlage in **Bergkamen-Oberaden** aus der Drususzeit stammt und nach Ende dieser Unternehmung (um 8 v. Chr.) planmäßig geräumt worden ist. Dagegen sind die beiden Lager in **Haltern** und **Delbrück-Anreppen** wahrscheinlich etwa gleichzeitig kurz vor Christi Geburt angelegt worden und haben bis zur Varuskatastrophe bestanden (hierzu S. 54). Die ca. 50 ha große Anlage in Dorsten-Holsterhausen schließlich ist aufgrund des geringen Fundanfalls nur allgemein in diesen zeitlichen Zusammenhang einzuordnen und wahrscheinlich als Marschlager anzusehen, das nur sehr kurze Zeit besetzt war.

Die reichsten Spuren der frührömischen Zeit sind in **Haltern** gefunden worden, wo seit fast einem Jahrhundert intensiv gegraben und geforscht wird. Insgesamt sind dort seit 1899 fünf militärische Anlagen ge-

55. Kalkriese, Stadt Bramsche. Übersicht zur landschaftlichen Gliederung des Gebietes der Kalkrieser-Niewedder Senke. Nach W. Schlüter. 1 Bergland; 2 Hügelland; 3 Tiefland; 4 Flußtal; 5 Moor; 6 Wege.

Prospektionsfunde – in der Hauptsache Münzen und militärische Ausrüstungsgegenstände – lassen den Schluß zu, daß die Römer in lang auseinandergezogener Marschformation den weitgehend trockenen Hangfuß entlanggezogen sind und von den Germanen in der offenen linken Flanke getroffen wurden.

Diese Annahme ist durch die bisherigen Ausgrabungen, die eine Fläche von ca. 7000 m² umfaßten, bestätigt worden. Danach hatten die Germanen entlang des Hangfußes eine provisorische Rasensodenmauer errichtet, die ihnen Schutz geben sollte. Diese offenbar heiß umkämpfte Mauer ist bereits während der Kampfhandlungen eingestürzt und hat manches unter sich begraben, was den plündernden Germanen später entging. Anders ist es wohl nicht zu erklären, warum sich weitaus die meisten, vor allem aber auch größeren Gegenstände und Fragmente im Wallbereich gefunden haben.

Auf diesem Hintergrund ist die Anlage der römischen Lippelager zu sehen, die ja nicht alle gleichzeitig bestanden haben, auch wenn dies das Kartenbild

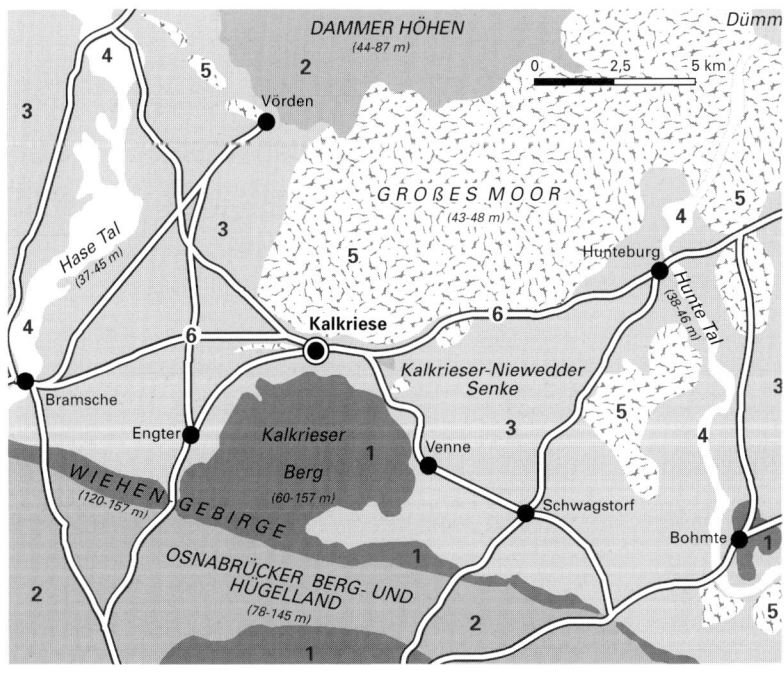

funden und untersucht worden. Von diesen ist die ca. 7 ha große Befestigung auf dem Annaberg südwestlich von Haltern, wo C. Schuchardt 1899 den Spaten ansetzte, am schwierigsten zu interpretieren, zumal das ohnehin geringe Fundmaterial heute verloren ist und spätere Nachgrabungen in den Jahren 1912 und 1931 ohne Ergebnisse blieben.

Wohl eindeutig in ihrer einstigen Zweckbestimmung, wenn auch, wie im Falle der aufgedeckten Bauspuren »Am Wiegel« heute im einzelnen nicht mehr nachvollziehbar, sind die beiden Anlagen, die in frührömischer Zeit unmittelbar am Ufer des Flusses lagen, der vor allem »Am Wiegel« wesentliche Teil der dortigen Anlage weggerissen hat. Nach der Deutung von J.-M. Morel, der die im Westteil der Anlage »Auf der Hofestatt« freigelegten Langbauten überzeugend als Schiffshäuser interpretierte, hat der Anlegeplatz »Am Wiegel« dem Umschlag und der Lagerung von Gütern aller Art gedient. Dagegen ist die Anlage »Auf der Hofestatt« – ähnlich wie Velsen I (S. 99) – als Marinestützpunkt zu sehen, der von den übrigen militärischen Anlagen getrennt war. An beiden Anlagen ist in der kurzen Zeit ihres Bestehens intensiv gebaut worden. Allein »Auf der Hofestatt« konnten die Ausgräber vier verschiedene Hafenkastelle unterscheiden, die in einer Zeit von wenig mehr als zehn Jahren entstanden sind.

Zweifellos am besten erforscht ist das sog. Hauptlager auf dem Silverberg. Es führt seinen Namen im Unterschied zum sog. Feldlager, das von ihm zu einem großen Teil überdeckt wird. Dieses war ca. 34,5 ha groß und von einem einfachen Erdwall umgeben, dem ein Spitzgraben vorgelagert war. Die Anlage war ihrem Charakter nach ein Marschlager, da sich – ähnlich wie in Dorsten-Holsterhausen (Abb. 53) – außer Gruben und Feldbacköfen keinerlei sichtbare Spuren einer Innenbebauung fanden. Dies bedeutet, daß das sog. Feldlager nur kurze Zeit benutzt wurde, bis das eigentliche Lager fertiggestellt war.

Dieses sog. Hauptlager, das nach einer östlichen Erweiterung um ca. 55 m eine Innenfläche von knapp 19 ha bedeckte und von einer 3 m breiten Holz-Erde-Mauer mit vorgelagertem Doppelspitzgraben umgeben war, trägt dagegen alle Züge eines Standlagers. Vor allem dieser Anlage hat seit 1901 das Hauptinteresse der Forschung gegolten. Die Innenfläche dieses Lagers war vollständig bebaut, wovon mehr als 60 Prozent mehr oder weniger planmäßig untersucht werden konnten. Ausgehend von dem Straßensystem des Lagers, das sich aufgrund der Kanalisationsgräben rekonstruieren ließ, wurde zunächst im wesentlichen das Lagerzentrum mit der Kommandantur (*principia*), dem Wohn- und Diensthaus des Legaten (*praetorium*) sowie eine größere Anzahl von Wohnhäusern für höhere Offiziere freigelegt. Später kamen Kasernenbauten, ein Handwerkszentrum (*fabrica*) und ein Lazarett (*valetudinarium*) hinzu, außerdem mehrere Töpferöfen, während andere Baulichkeiten in ihrer Zweckbestimmung unklar blieben.

56. Haltern, Feldlager. Querschnitt des Grabens. Ausgrabung 1974.

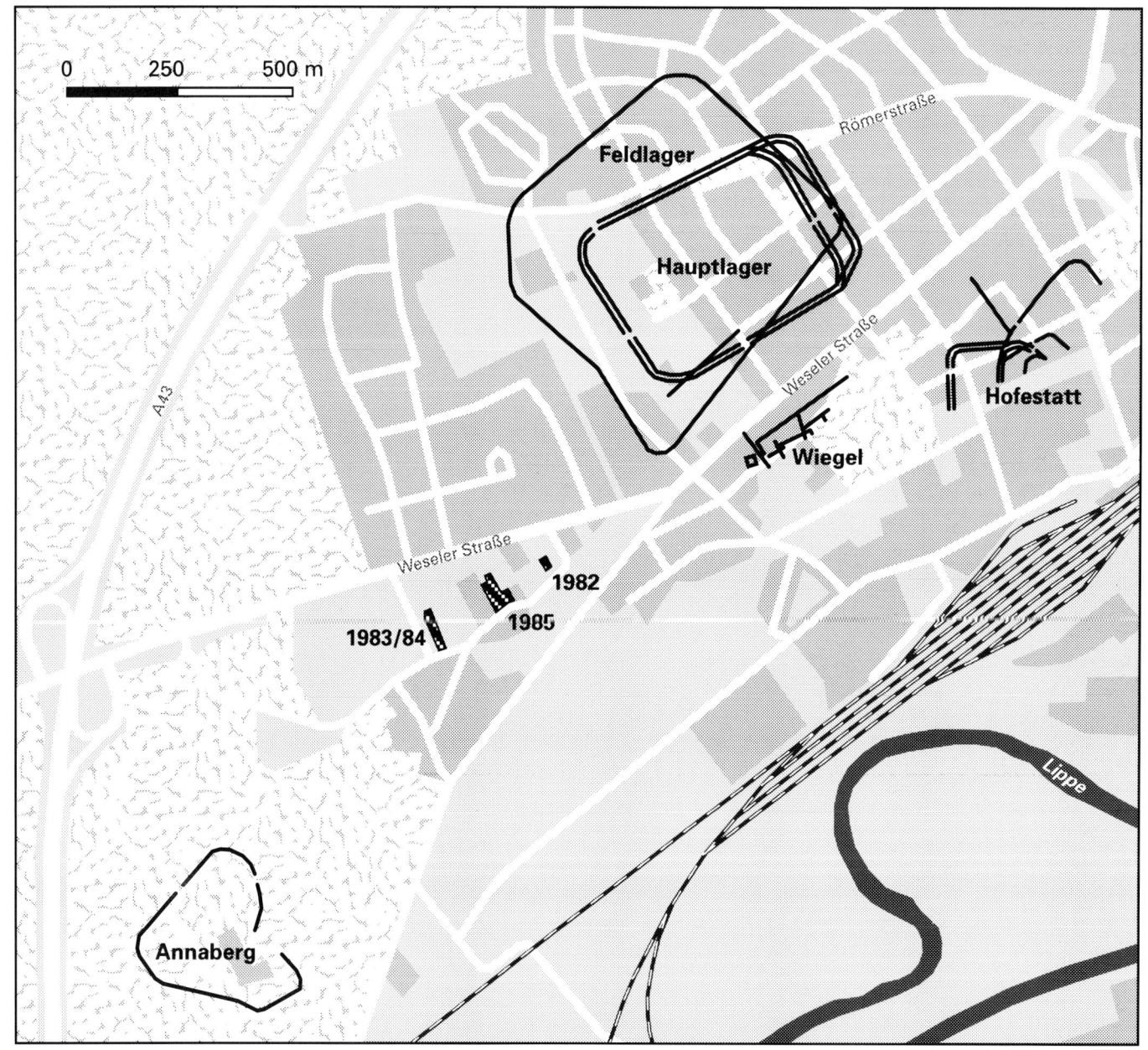

57. [Seite 56] Haltern. Übersicht der römischen Fundstätten.

Trotz der noch nicht untersuchten bzw. bereits überbauten Flächen läßt sich heute schon sagen, daß das Hauptlager in Haltern nicht als Legionslager klassischer Prägung zu bezeichnen ist. Dazu ist die Zahl der nachweisbaren Kasernen zu gering, während andererseits die relativ hohe Anzahl von Offiziershäusern überrascht. Sehr wahrscheinlich erfüllte das Lager mehrere Funktionen und war nicht nur Truppenstandort und Versorgungsbasis, sondern auch Sitz der Militärverwaltung in einem Land, das als »befriedet« galt, es aber in Wirklichkeit nicht war. Es spricht einiges dafür, daß zumindest Teile der *legio XIX* in Haltern stationiert waren, ehe die Legion im Herbst des Jahres 9 ausgelöscht wurde. Während das Enddatum des Lagers durch den Zeitpunkt des *bellum Varianum* unverrückbar fest steht, gehen die Meinungen über den Zeitpunkt seiner Gründung noch auseinander. Genannt wird die Zeit zwischen 7/5 v. Chr. bzw. um Christi Geburt. Dabei könnte für den späteren Ansatz eine Stelle bei *Velleius Paterculus* sprechen, der für das Jahr 1 n. Chr. ein *immensum bellum* in Germanien überliefert, während für die Jahre zuvor kein Ereignis bekannt ist, das die Anlage des Hauptlagers in Haltern gerechtfertigt hätte.

Das im Bergkamener Ortsteil **Oberaden** 1905 entdeckte Legionslager ist dagegen eindeutig in die

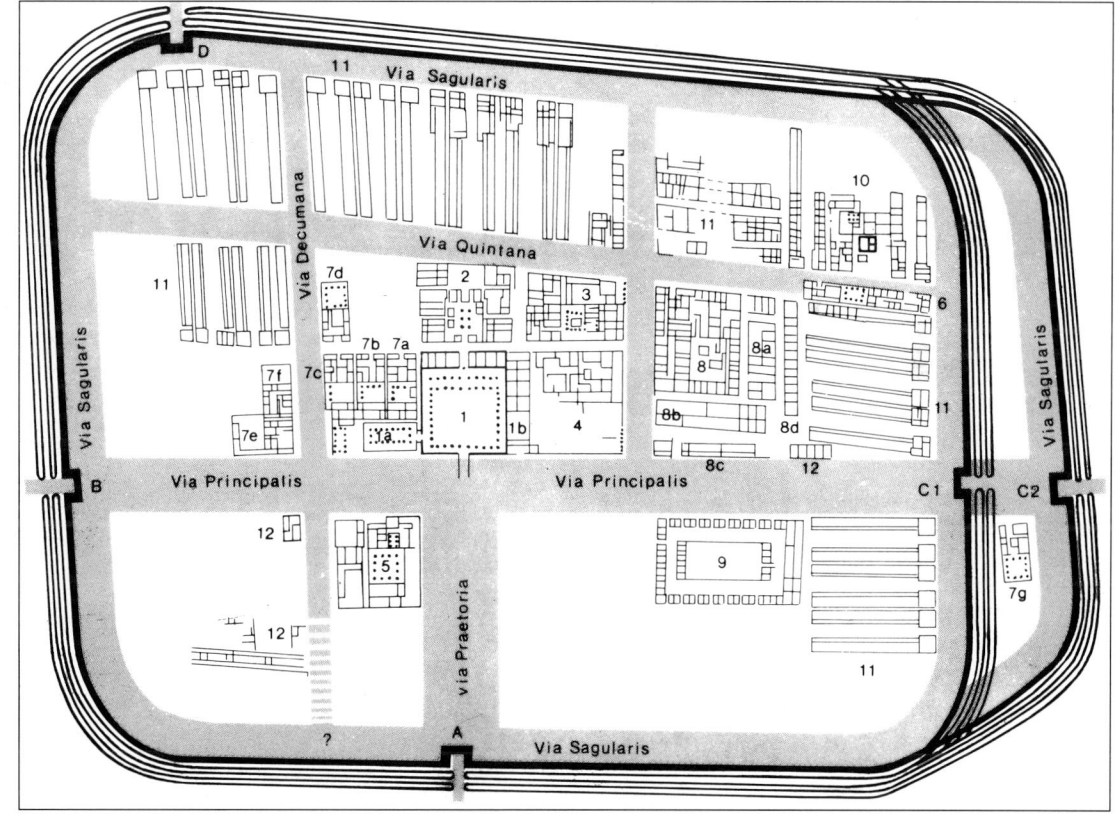

58. Haltern. Plan des Hauptlagers. Nach S. von Schnurbein.
1 Kommandantur mit Annexbauten (principia); 2 Wohnhaus des Legaten (praetorium); 3 Offizierswohnhaus; 4 Wohngebäude?; 5-7 Offizierswohnungen; 8 Handwerkszentrum (fabrica) mit Lagerschuppen und Unterkünften?; 9 Lazarett (valetudinarium); 10 Sog. Heiligtum; 11 Kasernen; A porta praetoria; B porta principalis sinistra; C porta principalis dextra; D porta decumana. Die Graurasterung entspricht dem Verlauf der Lagerstraßen.

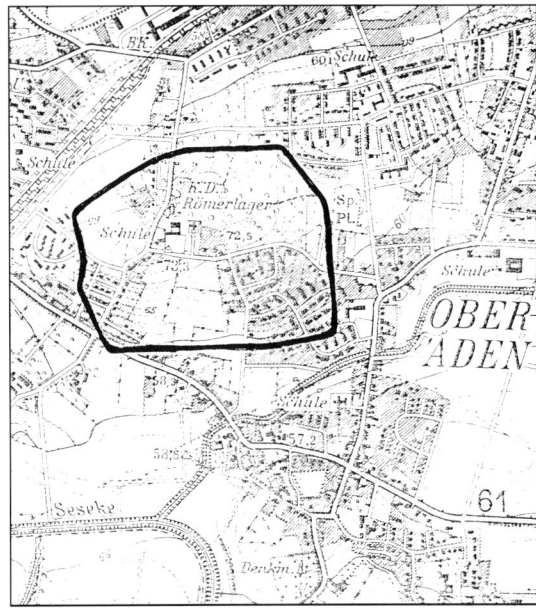

lich der Lippe war von einem Spitzgraben und wie in Haltern von einer doppelseitigen Holz-Erde-Mauer umgeben, deren Standpfosten aus Eiche zum Teil noch erhalten waren. Gemessen an der 2,7 km langen Umwehrung, sind zum Bau dieser Mauer ca. 25 000 Eichen gefällt worden. Vier Tore führten in das Lagerinnere, das trotz der Unregelmäßigkeit seines Umrisses ein weitgehend regelmäßiges Bebauungsschema aufwies. Allerdings haben die planmäßigen Grabungen, die unter J.-S. Kühlborn bis heute andauern, klar gezeigt, daß sich das Lager, als es verlassen und unbrauchbar gemacht wurde, noch im Aufbaustadium befand. Deutlich ist dies an den freigelegten Kasernen erkennbar, die Kopfbauten für die Unteroffiziere hatten, während die Soldaten in Zelten kampierten. Bedeutsam war in den letzten Jahren vor allem die Aufdeckung der Gebäude im Zentrum des Lagers, wo zuerst das *praetorium* sowie dann südlich davon die *principia* freigelegt wurden, die mit einer Gesamtfläche von 10 535 m² den entsprechenden Bau in Haltern um mehr als das Doppelte übertrafen. Ohne Zweifel spricht sich darin die große Bedeutung dieses Lagers als Standquartier des *Drusus* aus sowie die Tatsache, daß hier nicht eine, sondern mindestens zwei Legionen untergebracht waren, dazu einige Hilfstruppen,

61. [Seite 59] Bergkamen-Oberaden. Zentrum des Legionslagers mit *praetorium* (oben), *principia* (unten) und Südtor. Maßstab 1:2500. Nach J.-S. Kühlborn.

59. Bergkamen-Oberaden. Lage des Doppellegionslagers.

Drususzeit zu datieren. Dendrochronologische Daten von Holzpfosten und Brunnenhölzern ergaben nahezu übereinstimmend ein Fällungs- und Verbauungsdatum von 11 v. Chr. Damit scheint sicher, daß es sich hier um das von *Cassius Dio* (54,33,3) genannte Lager handelt, das Drusus auf seinem Rückmarsch von der Weser am Zusammenfluß von *Lupia*/Lippe und *Elison*/Seseke? als Winterlager anlegen ließ. Es spricht vieles dafür, daß diese Lagergründung gegen die Sugambrer gerichtet war, die den Römern wiederholt schwer zu schaffen machten. Mit ihrer Unterwerfung und Deportation an den linken Niederrhein durch Tiberius 8 v. Chr. war die Funktion des Lagers in Feindesland erfüllt. Das neue Dendrodatum von Hölzern eines Brunnens, der noch um die Jahreswende 8/7 v. Chr. eingetieft wurde, bestätigt diese Enddatierung. Hinzu kommen die Fundmünzen, unter denen sog. Lugdunumprägungen, die nach 10 v. Chr. in Umlauf kamen, nach wie vor nicht vertreten sind.

Die ca. 56 ha große Anlage auf einer Anhöhe süd-

60. Bergkamen-Oberaden, Legionslager. Standpfosten der Holz-Erde-Mauer in situ. Ausgrabung 1980.

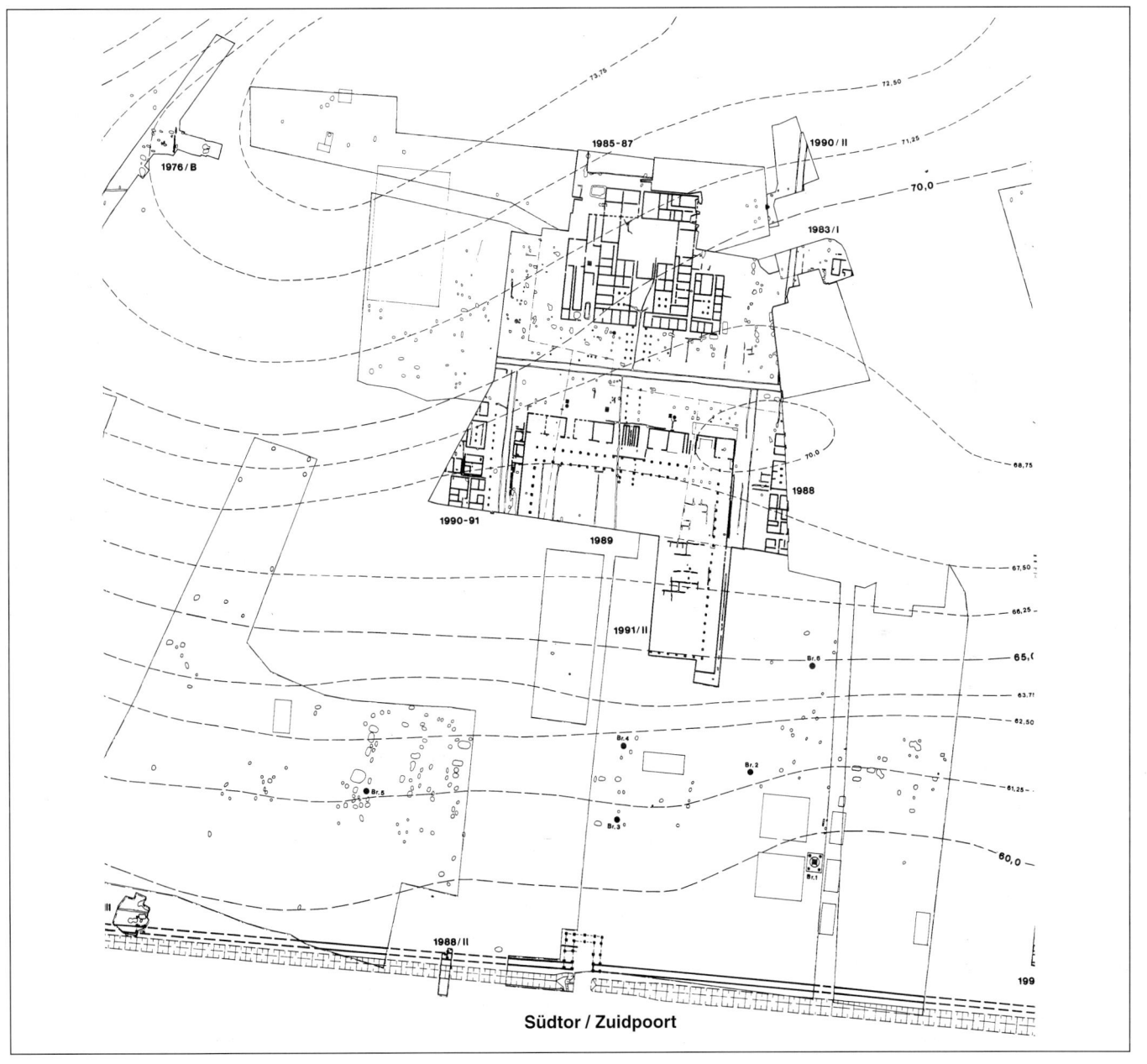

Südtor / Zuidpoort

die charakteristischen Funde zufolge wohl aus Thrakien und Kleinasien stammten.

Wie Haltern ist auch das Lager von Oberaden über die Lippe mit allem Nötigen versorgt worden. Als Anlege- und Umschlagplatz hat hierfür eine befestigte Anlage in **Lünen-Beckinghausen** gedient, die ca. 2,5 km westlich des Lagers direkt am Fluß lag. Die bisher in der ca. 1,6 ha großen Anlage durchgeführten Grabungen haben ein ovalförmiges Lager ergeben, das eine 3 m starke Holz-Erde-Mauer mit einem Tor im Westen sowie drei Spitzgräben hatte, die vor dem hohen Lippeufer ausliefen. Straßengräben im Innern ließen eine relativ regelmäßige Gliederung erkennen. Münzen und Keramik, wenn auch nicht in größerer Zahl, scheinen zu belegen, daß Legionslager und Uferkastell zusammengehören und gleichzeitig bestanden haben.

Gegenüber Haltern und Oberaden ist das Lager von **Delbrück-Anreppen** erst eine jüngere Entdeckung (1967). Ausgrabungen in den Jahren 1968-1981 und 1988 bis heute legten eine Anlage von längsovaler Form frei, die etwa 23 ha bedeckte und direkt – nur leicht erhöht – auf dem südlichen Lippeufer lag. Das Lager hatte eine 3 m breite Holz-Erde-Mauer mit Türmen und Toren, von denen das S-Tor 1994 aufgedeckt wurde, sowie einen Spitzgraben, dem im Süden ein zweiter vorgelagert war. Von besonderem Interesse ist eine Einbuchtung der Umwehrung an der Nordseite zur Lippe hin, die ihrer Größe nach mit dem Uferkastell »Auf der Hofestatt« in Haltern vergleichbar ist und wohl als Militärhafen genutzt wurde. Andererseits war Anreppen sicher mehr als eine Versorgungsbasis auf dem Weg zur Weser, wofür allein schon die Größe des Lagers spricht, das einer Legion sowie einer gewissen Anzahl von Hilfstruppen ausreichenden Platz bot.

Daß diese Anlage wohl größtenteils einen festen Innenausbau besaß, haben die Grabungen Kühlborns seit 1988 bewiesen. In ihrem Verlauf ist nicht nur das *praetorium* des Lagers freigelegt worden, das mit einer Grundfläche von 3375 m² die *praetoria* von Oberaden (2420 m²) und Haltern (2120 m²) an Größe deutlich übertrifft, sondern es sind in einem 375 m langen und bis zu 70 m breiten Streifen im Zentrum des Lagers auch weitere Baugrundrisse wie die *principia*, ein Tribunen- oder Legatenhaus, ein Werkstattgebäude so-

62. Lünen-Beckinghausen. Lage des Uferkastells.

63. Delbrück-Anreppen. Plan des Legionslagers nach J.-S. Kühlborn. Stand 1987.

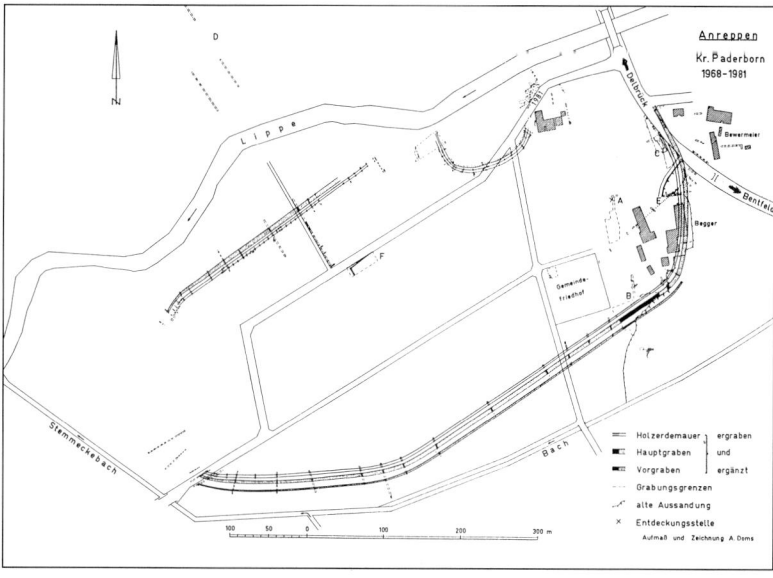

wie – ähnlich wie in Oberaden – Kopfbauten von Zenturienkasernen zum Vorschein gekommen. Diese Ergebnisse machen deutlich, daß dieses vorerst östlichste Lippelager als Legionsstandort konzipiert war, wobei seine logistische Funktion als Nachschub- und Versorgungsbasis nicht minder wichtig war.

Nachdem die Ausbeute an datierenden Funden einige Jahre lang überaus karg geblieben war, erwiesen sich ab 1992 die Füllungen zahlreicher Gruben längs der Straße südlich des Prätoriums als ausgesprochen fundreich. Ihr Inhalt bestätigte im wesentlichen die bisherige Annahme, wonach die Datierung des Lagers in das erste nachchristliche Jahrzehnt als gesichert gelten kann. Aufgrund der dortigen Terra-sigillata-Funde scheint Anreppen jedoch etwas jünger zu sein als das Hauptlager in Haltern. Sicher ist auch, daß Anreppen im Zusammenhang mit der Varusniederlage von den Römern verlassen worden ist.

64. Delbrück-Anreppen. Fundamentgräben der Türme des südlichen Lagertores. Dazwischen die gabelförmige Spur von Gräben, die Abwässer nach außen führten. Ausgrabung 1994.

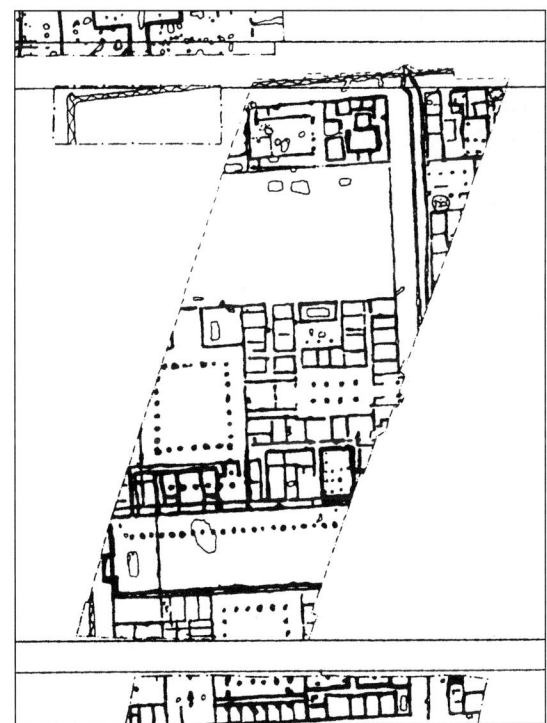

65. Delbrück-Anreppen. Mittlerer Teil des Legionslagers mit den Grundrißspuren des Prätoriums und der angrenzenden Bebauung zwischen Nord- und Südfront. Gesamtbefund nach J.-S. Kühlborn. Stand 1994.

Schließlich bleibt noch das römische Lager in **Rüthen-Kneblinghausen** zu erwähnen, das sicher nicht in frührömischer Zeit angelegt worden ist. Vielmehr weisen einige Funde sowie der Typ des sog. Clavicula-Tores, wie er etwa aus Masada (IL) bekannt ist, in flavisch-trajanische Zeit. So ist auch davon auszugehen, daß diese Befestigung, die die Form eines regelmäßigen Rechtecks hatte, keine Innenbauten besaß und einmal durch Zurücknehmen seiner Ostseite von 10 auf 7 ha verkleinert wurde, möglicherweise domitianisch ist und mit einem oder mehreren römischen Vorstößen im Zuge des Chattenkrieges (83-85) in Verbindung gebracht werden kann.

Literatur

Allgemein: BOGAERS/RÜGER 114-115 (Holsterhausen). 116-118 (Haltern). 119-120 (Oberaden) 121-122 (Anreppen). 123-124 (Kneblinghausen). – K. CHRIST, Zur augusteischen Germanienpolitik, Chiron 7, 1977, 149-XXX. – S. VON SCHNURBEIN, Untersuchungen zur Geschichte der römischen Mi-

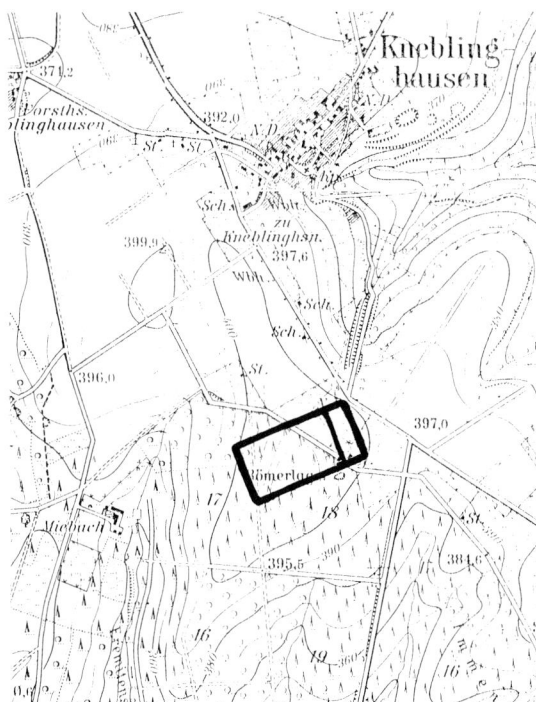

66. Rüthen-Kneblinghausen. Lage der Befestigung.

litärlager an der Lippe, Ber. RGK 62, 1981, 5-101. – J.-S. KÜHLBORN, Zur Geschichte der augusteischen Militärlager in Westfalen, in: Kat. 2000 Jahre Römer in Westfalen (1989) 9-17. – DERS., Die augusteischen Militärlager an der Lippe, in: Archäologie in Nordrhein-Westfalen (1990) 169-186. – R. ASSKAMP/S. BERKE (Red.), Die römische Okkupation nördlich der Alpen zur Zeit des Augustus, Bodenaltertümer Westfalens 26 (1991) 1-5 u. 129-166.
Kalkriese: TH. MOMMSEN, Die Örtlichkeit der Varusschlacht (1885). – W. SCHLÜTER, Römer im Osnabrücker Land. Die archäologischen Untersuchungen in der Kalkrieser-Niewedder Senke (1991). – F. BERGER u. a., Archäologische Quellen zur Varusschlacht?, Antike Welt 4, 1991, 221-234. – W. SCHLÜTER, Die Varusschlacht: neue Erkenntnisse zur Örtlichkeit, Spektrum 2, 1992, 40-49. – DERS. (Hrsg.), Kalkriese – Römer im Osnabrücker Land. Archäologische Forschungen zur Varusschlacht (1993). – DERS., Kalkriese – Ort der Varusschlacht? (1994) mit ausführl. Bibl. 19-20.
Holsterhausen: J.-S. KÜHLBORN in: Die Römer in Nordrhein-Westfalen (1987) 401-403. – S. BERKE in: Kat. 2000 Jahre Römer in Westfalen (1989) 18-20.
Haltern: S. VON SCHNURBEIN, Die römischen Militäranlagen bei Haltern, Bodenaltertümer Westfalens 14 (1974). – DERS., Die Römer in Haltern (1979). – J.-M. A. W. MOREL, Frührömische Schiffshäuser in Haltern, Hofestatt, Ausgrabungen und Funde in Westfalen-Lippe 5, 1987, 221-2XX. – J.-S. KÜHLBORN in: Die Römer in Nordrhein-Westfalen (1987) 431-438. – R. ASSKAMP in: Kat. 2000 Jahre Römer in Westfalen (1989) 21-43. – Neujahrsgruß. Jahresber. Westf. Mus. Münster 1989, 4-x ; 1990, 4-x; 1991, 4-x; 1992, 5-x; 1993, 4-x; 1994, 5-x; 1995, 4-x.
Oberaden: J.-S. KÜHLBORN in: Die Römer in Nordrhein-Westfalen (1987) 355-360. – DERS. in: Kat. 2000 Jahre Römer in Westfalen (1989) 44-51. – DERS., Das Römerlager in Oberaden III, Bodenaltertümer Westfalens 27 (1992). – Neujahrsgruß. Jahresber. Westf. Mus. Münster 1989, 4-x; 1990, 4-x; 1991, 4-x; 1992, 5-x; 1993, 4-x; 1994, 5-x; 1995, 4-x.
Beckinghausen: J.-S. KÜHLBORN in: Die Römer in Nordrhein-Westfalen (1987) 540-541. – S. BERKE in: Kat. 2000 Jahre Römer in Westfalen (1989) 52-54.
Anreppen: J.-S. KÜHLBORN in: Die Römer in Nordrhein-Westfalen (1987) 392-393. – DERS. in: Kat. 2000 Jahre Römer in Westfalen (1989) 59-63. – Neujahrsgruß. Jahresber. Westf. Mus. Münster 1989, 4-x; 1990, x-x; 1991, 4-x; 1992, 5-x; 1993, 4-x; 1994, 5-x; 1995, 4-x.
Kneblinghausen: J.-S. KÜHLBORN in: Die Römer in Nordrhein-Westfalen (1987) 598-599. – S. BERKE in: Kat. 2000 Jahre Römer in Westfalen (1989) 64-66.

TILMANN BECHERT – HARRY VAN ENCKEVORT – WILLEM J.H. WILLEMS

Von der Lippe zur Waal

Die Limesstraße ausgangs von Xanten, die ursprünglich *Cibernodurum*, das *oppidum* der *Ciberni* (oder *Cugerni*), durchquerte und seit der Gründung von *Traiana* wohl westlich der neuen Veteranenkolonie verlief, deckt sich auf ihrem Weg in Richtung **Kalkar** in großen Teilen mit der heutigen B 57, die kurz hinter Kehrum das Bornsche Feld erreicht. An diesem Platz, am Rande der Niederterrasse und einer verlandeten Rheinschlinge, lag etwa seit der Spätzeit des Tiberius (14-37) das Auxiliarkastell *Burginatium*. Nordwestlich davon erhebt sich der Monter- oder Monreberg (72 m), auf dem sich neueren Ausgrabungen zufolge – möglicherweise ähnlich wie auf dem benachbarten Pierenberg – in frührömischer Zeit ein militärischer Beobachtungsposten befand.

Bisher hat es keine größeren Grabungen in *Burginatium* gegeben. Was wir wissen, stammt aus gelegentlichen Untersuchungen. Danach läßt sich das Lagerareal, das von der B 57 durchschnitten wird und als Bodenerhebung gut am heutigen Geländeprofil ablesbar ist, auf eine Fläche von ca. 150 x 180 m (2,7 ha) eingrenzen. Das Schichtpaket im Innern des Kastells besitzt eine Stärke von ca. 2 m. Darin folgen auf mehrere Holz-Erde-Perioden die Siedlungshorizonte eines Steinlagers, das wohl in der 1. Hälfte des 2. Jahrhunderts erbaut wurde, von einem Doppelgraben umgeben war und den Funden nach wahrscheinlich bis zum Beginn des 5. Jahrhunderts benutzt wurde. Als Garnisonstruppen sind zwischen der frühflavischen und frühhadrianischen Zeit nacheinander die *ala Noricorum*, *ala Afrorum* und *ala Vocontiorum* bezeugt. Welche Einheiten später das Kastell innehatten, entzieht sich unserer Kenntnis.

Unmittelbar nördlich der Limesstraße, die weiter nach *Batavodurum*/Nijmegen führte, liegt kurz vor Kleve das Dorf **Qualburg**, das heute zu Bedburg-Hau gehört. Den Funden nach ist auf einer nacheiszeitlichen Düne unweit eines heute verlandeten Rheinarms erstmals wohl nach dem Bataveraufstand (69/70) eine kleinere, wahrscheinlich schon militärische Anlage errichtet worden. Gesichert ist dies für das beginnende 2. Jahrhundert, als hier eine Benefiziarierstation (CIL XIII 8700) oder schon ein Kleinkastell bestand, das von einem Doppelgraben umschlossen war. Um die Mitte des 3. Jahrhunderts ist dann an gleicher Stelle eine wesentlich stärkere Befestigung angelegt worden, die durch zwei mächtige Gräben gesichert war.

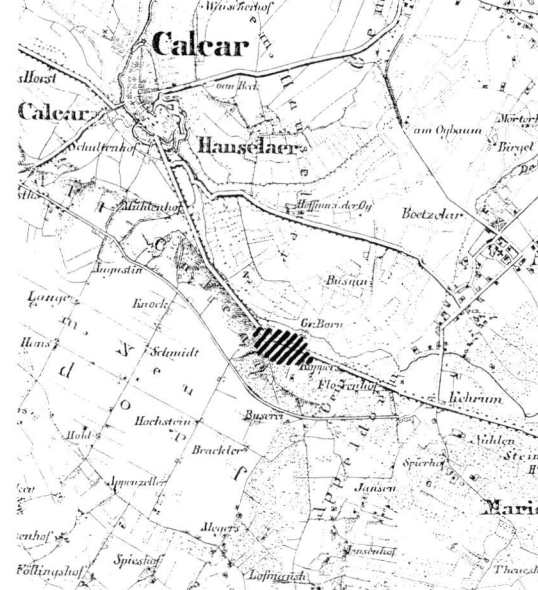

67. *Burginatium/Kalkar-Altkalkar. Lage des Auxiliarkastells.*

Ziegelstempel nennen als Erbauer einen *numerus Ursariensium*, der wohl nicht gleichzeitig auch die Besatzung der Kleinfestung bildete. Vielleicht hat diese Einheit als eine Art Bautrupp gedient, da ihre Ziegel auch an anderen Plätzen des Rheinlimes gefunden wurden (S. 70). Nach der Zerstörung durch die Franken um 275 scheint der Platz bis weit in das 4. Jahrhundert hinein nicht mehr militärisch genutzt worden zu sein. Erst *Iulianus* sorgte möglicherweise nach 356 für eine Wiederbefestigung, die vielleicht bis zum Anfang des 5. Jahrhunderts Bestand hatte. Es spricht manches dafür, daß dieser Platz mit *Quadriburgium* identisch ist, das in diesem zeitlichen Zusammenhang von *Ammianus Marcellinus* (XVIII 2,4 f.) erwähnt wird.

Ebenfalls an einem heute verlandeten Rheinarm nordwestlich von Kleve liegt das Dorf **Rindern**, wo man seit langem (H)*arenatium* vermutet, das in schriftlichen Quellen mehrmals genannt wird. Erstmals tat dies *Tacitus* (Hist. V 20), der *Arenac(i)um* für das Jahr 70 als Winterlager der *legio X gemina* bezeichnete. Als *Arenatium* wird dieser Platz zwischen *Burginatium* und *Noviomagus* auf der Peutingerschen Karte genannt (Abb. 5), während er im Antoninischen Itinerar *Harenatium* heißt und als Standort einer *ala* bezeichnet wird. Von

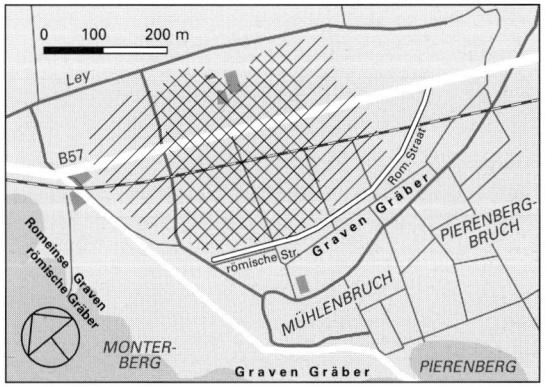

68. Burginatium/Kalkar-Altkalkar. Übersicht der römischen Fundplätze. Der wahrscheinliche Lagerbereich ist kreuzschraffiert. Nach H. Hinz.

beiden militärischen Anlagen sind bisher keinerlei Spuren gefunden worden. Bislang beschränken sich die römischen Funde, die bis in die 2. Hälfte des 1. Jahrhunderts zurückgehen, auf den Kirchen- und Friedhofsbereich in Rindern. Andererseits machen zahlreiche Ziegelstempel deutlich, daß an diesem Platz zumindest bis in das 3. Jahrhundert mit militärischer Präsenz zu rechnen ist.

Das erste Kastell auf dem Gebiet der Niederlande, *Carvium*/Herwen-De Bijland, lag bei dem Dorf **Herwen en Aerdt**. Seine Überreste sind wahrscheinlich in nachrömischer Zeit durch den stark mäandrierenden Fluß vollständig weggespült worden. Daß sich an dieser Stelle ursprünglich ein Militärlager befunden hat, beweisen die zahlreichen Funde, darunter Baufragmente und Teile militärischer Ausrüstung, die seit 1938 bei Baggerarbeiten in dem Polder De Bijland, heute ein Wassersportzentrum, zutage gekommen sind. Die Funde deuten darauf hin, daß das Lager um die Mitte des 1. Jahrhunderts oder etwas früher angelegt worden sein dürfte (Willems 1986, 52f., 257f.). Bis

69. Quadriburgium?/Qualburg. Lage der römischen Fundstätte.

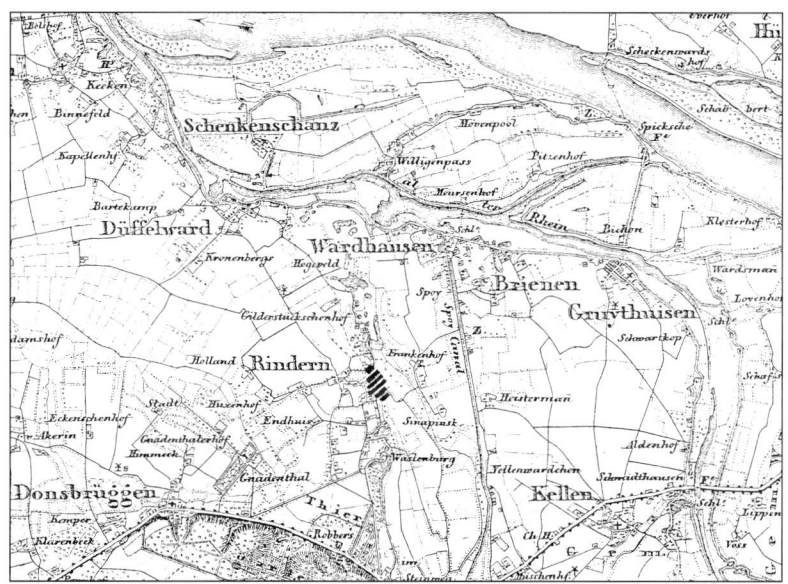

70. Harenatium/Kleve-Rindern. Lage des Auxiliarkastells (vermutet).

71. Carvium/Herwen-De Bijland. Grabstein des Marcus Mallius. 1. Hälfte 1. Jahrhundert. Die Übersetzung lautet: »Marcus Mallius, Sohn des Marcus, aus der Tribus Galeria, aus Genua, Soldat der 1. Legion, aus der Zenturie des Ruso, 35 Jahre alt, ist nach 16 Dienstjahren in Carvium am Damm begraben worden. Getreu seinem Testament haben die zwei Erben besorgt, was zu machen war.« Städtisches Museum Arnhem.

Stelle die Waal, womit von diesem Punkt aus eine direkte Verbindung nach **Nijmegen** gegeben war.

Die Gegend von Nijmegen nahm seit dem Neolithikum eine wichtige Position im Übergangsgebiet vom niederländischen Delta und den Flußtälern von Maas und Rhein ein. Vor allem seine strategisch günstige Lage auf einer hohen Stauchmoräne und die guten Verbindungen nach Süden waren hierfür ausschlaggebend. Zunächst dürfte der Raum von Nijmegen in militärischer und politischer Hinsicht für die Römer überregionale Bedeutung gehabt haben; ab etwa 30 jedoch blieb seine militärische Rolle bis in das 5. Jahrhundert auf die Kontrolle des niederländischen Flußgebiets beschränkt. Gleichzeitig war Nijmegen das wirtschaftliche und verwaltungsmäßige Zentrum dieses Teils der Provinz Niedergermanien. An verschiedenen Stellen in der heutigen Stadt sind noch Überreste oder Rekonstruktionen römischer Bauten zu sehen (Willems 1990, 86ff.).

Kurz vor 12 v. Chr. bauten römische Soldaten auf dem Hunerberg ein 42 ha großes Lager für eine zwei Legionen umfassende Armee. Ein Teil dieser in Holz-

275 diente es als Garnison der *cohors II civium Romanorum equitata pia fidelis (Antoniniana?)*; möglicherweise war es auch noch im 4. Jahrhundert in Gebrauch.

Den Namen *Carvium* kennen wir von einem dort gefundenen Grabstein. Aus der Inschrift geht außerdem hervor, daß das Lager bei einem Damm (*moles*) lag. Auch Tacitus (Ann. XIII 53; Hist. V 19) erwähnt diesen Damm, der bereits unter *Drusus*, zusammen mit einem Kanal, der *fossa Drusiana*, angelegt worden sein dürfte. Er wurde an der (inzwischen 3,5 km weiter östlich gelegenen) Trennung von Rhein und Waal errichtet, um so mehr Wasser in den Rhein und den Kanal zu leiten. Dieser »Kanal des Drusus« wird heute mit guten Gründen mit dem Oberlauf der Ijssel identifiziert.

Der Damm hatte große strategische Bedeutung. Er wurde im Jahre 55, als der Ausbau des Limes in vollem Gange war, von römischen Truppen vollendet. Beim Rückzug der aufständischen Bataver im Jahre 70 auf Befehl des *Iulius Civilis* zerstört, wird er zweifellos bereits kurze Zeit danach wieder repariert worden sein. Wahrscheinlich überquerte der Limesweg an dieser

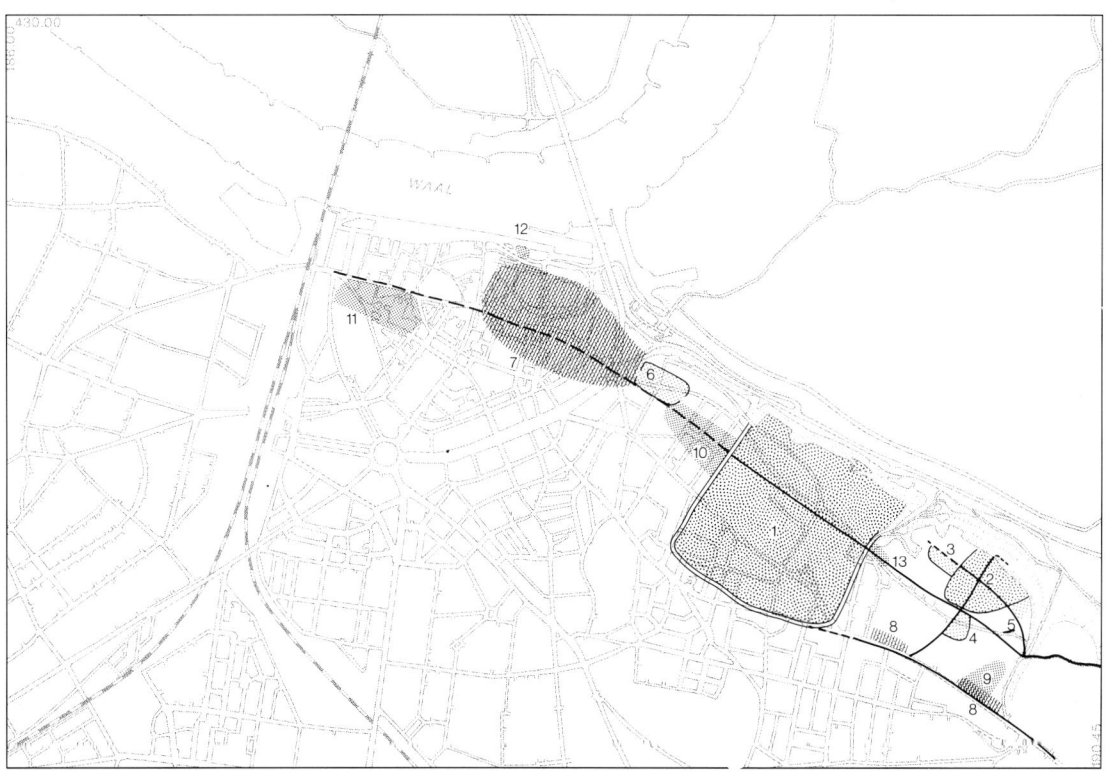

72. Batavodurum/Nijmegen. Topographische Übersicht (15 v.Chr.-69/70). 1 Augustuszeitliches Legionslager auf dem Hunerberg; 2 Lager auf dem Kops Plateau; 3-5 Militärische Annexe auf dem Kops Plateau; 6 Anlage beim Trajansplein; 7 oppidum Batavorum; 8 Augusteisch-tiberisches Reihendorf entlang des Berg en Dalseweg; 9 Gräberfeld Kruisweg; 10 Gräberfeld Museum Kamstraat; 11 Gräberfeld Kronenburgerpark; 12 Gräber bei der Waalkade; 13 Gräber beim Osttor des augusteischen Lagers.

bauten untergebrachten Truppen fungierte möglicherweise als Quartiermacher. Sie bereiteten die zwischen 12 und 9 v.Chr. unter Drusus' Leitung begonnene Offensive gegen Germanien vor. Um 10 v.Chr. scheint ein großer Teil des Lagers auf dem Hunerberg verlassen worden zu sein; statt dessen errichtete man auf dem Kops Plateau eine neue Anlage. Dieses Lager wurde mehrfach erneuert und hatte eine Grundfläche von maximal 4,5 ha. Das luxuriöse *praetorium* und die zahlreichen Offizierswohnungen lassen vermuten, daß es sich hier um das Hauptquartier eines wichtigen römischen Kommandeurs, vielleicht des *Drusus* selbst, handelte. Die Lagerbesatzung bestand aus Legionssoldaten. Entsprechende Hinweise sind z.B. der auf Keramik eingeritzte Name des *T. Ussi(us)*, Reiter oder Träger des Adlers der *legio I G* und der Stempel der *legio XIII gemina* auf einem Terra-sigillata-Teller. Der auf einem Krug eingeritzte Name HISPA[--]/V[deutet darauf hin, daß wenigstens einer der hier stationierten Soldaten von der iberischen Halbinsel stammte. Um das Jahr 10 wurde das Lager, wahrscheinlich im Rahmen der nach der Niederlage des Varus im Jahre 9 durchgeführten allgemeinen Reorganisation des »unteren germanischen Heeres«, umgebaut.

Zwischen 10 und 20 wurden rund um das Lager auf dem Kops Plateau, aber auch in der Nähe des Trajansplein, kleine Auxiliarlager angelegt. Ein Teil ihrer Besatzungen stammte, wie der auf einem Teller eingeritzte Name T.M.OLLORIGIS zeigt, aus Gallien, ein anderer Teil war auf germanischem, vielleicht sogar

73. [Seite 67] Batavodurum/Nijmegen, Kops Plateau. Umwehrung in der SW-Ecke des tiberischen Lagers. Der unterste Teil des verfüllten Grabens ist links als dunkler Streifen sichtbar. Rechts des Grabens befinden sich zwei parallele Reihen verfüllter Gruben, in denen die Wallpfähle standen. Sie gehörten zur Verschalung. Der Zwischenraum war mit Sand und Plaggen aufgefüllt.

batavischem Gebiet rekrutiert worden. Diese Truppeneinheiten können zur Armee des römischen Befehlshabers *Germanicus* gehört haben, der zwischen 14 und 16 Feldzüge in germanisches Gebiet unternahm.

Um 30-40 änderte sich die Politik der Römer gegenüber den Germanen. Diplomatische Missionen lösten die Feldzüge ab. Parallel dazu wurde die Rheingrenze durch den Bau verschiedener Militärlager abgesichert. Auch auf dem Kops Plateau haben diese Maßnahmen Spuren hinterlassen. Die Befunde und Funde deuten darauf hin, daß hier möglicherweise die Basis der batavischen Reiterei, der berühmten *ala Batavorum*, gelegen haben könnte. Unmittelbar südlich des Kastells konnten einige gleichzeitige Gräber untersucht werden. Außer den Konzentrationen verbrannter und fragmentierter Menschenknochen sowie Schuhnägeln enthielten diese Gräber in vielen Fällen nicht mehr als ein gläsernes *balsamarium*, ein Salbgefäß. Ihre ärmliche Ausstattung steht in starkem Kontrast zu den vielen Beigaben in zeitgleichen Beisetzungen von Einwohnern des in tiberischer Zeit gegründeten *oppidum Batavorum/Batavodurum*. Dieser Zentralort der Bataver ging während des Bataveraufstands 69/70 unter. Zur gleichen Zeit wurde das Lager auf dem Kops Plateau geräumt, jedoch nicht zerstört.

Noch im Jahre 70 gelang es Kaiser *Vespasianus*, die römische Herrschaft am Niederrhein wiederherzustellen. Man begann unverzüglich mit dem Bau eines ungefähr 17 ha großen Legionslagers am Platz der augusteischen Festung. Um dieses Lager herum entwickelte sich im Laufe der Zeit ein Lagerdorf, die *canabae legionis*, deren östliche Ausläufer sich bis auf das Kops Plateau erstreckten. Teile des Lagers und des Lagerdorfes wurden mehrere Male erneuert. Die ersten, aus Holz errichteten Gebäude wurden um 89 durch Steinbauten ersetzt. Aus einer späten Bauphase sind vor allem das Amphitheater, ein als Magazin oder *mansio* (Rasthaus) verwendetes Gebäude und der große steinerne Marktbau – das *forum* – hervorzuheben. Im Lagerdorf gab es nicht nur die für die Versorgung der Soldaten notwendigen Werkstätten, Geschäfte, Gaststätten und Bordelle; hier wohnten auch Frauen und Kinder. Sie wurden in Nijmegen-Ost in einem Gräberfeld beigesetzt, in dem von ca. 15 v. Chr. bis zur Mitte des 2. Jahrhunderts einige zehntausend Soldaten mit ihren Angehörigen sowie andere Bewohner des Lagerdorfes ihre letzte Ruhe fanden.

Anhand der aus den schriftlichen Quellen bekannten Fakten und unzähliger in Nijmegen gefundener gestempelter Dach- und anderer Ziegel ist die Geschichte dieses Lagers jetzt neu rekonstruiert worden (Brunsting/Steures, im Druck). Von 70 bis 71 war hier die *legio II adiutrix* stationiert, die von der *legio X gemina* abgelöst wurde. Anfänglich gab es offenbar zu wenig Baumaterial. So wurden Dachziegel der in Xanten stationierten *legiones V* und *XV* sowie der in Neuss stationierten *legiones VI* und *XVI* bezogen; außerdem wurden Ziegel mit dem Stempel TRA verwendet. Seit dem Zeitpunkt, an dem die Ziegeleien in De Holdeurn bei Berg en Dal ihren Betrieb aufnahmen, wurden dort Zehntausende Dachziegel, Platten und Röhren von der 10.

74. Batavodurum/Nijmegen, Kops Plateau. Bronzescheibe mit Silberblechüberzug. Dm. 6,2 cm. Der Text C.AQVILLI/PROCVLI/>LEG. VIII AVG. und die Verzierung sind in Niello angebracht. Es ist gut möglich, daß eine Truppenabteilung oder ein Offizier der bis dahin in der Balkanprovinz Moesia stationierten *legio VIII Augusta* an der Niederschlagung des Bataveraufstands beteiligt gewesen ist.

Legion selbst hergestellt und mit ihrem Stempel LXG, von dem mehr als 160 Varianten bekannt sind, markiert. Gegen Ende des 1. Jahrhunderts wurde eine *vexillatio Britannica* einquartiert, deren Auftrag darin bestand, einige Gebäude, darunter ein *horreum* im Lager selbst und das große *forum* im Lagerdorf, zu errichten. Aus den Ziegelstempeln wird ersichtlich, daß Ingenieure und Bauhandwerker der 10. Legion und die aus Britannien stammende Baukolonne zu dieser Zeit auch an der Planung und dem Bau der Hauptstadt der Bataver, (Ulpia) *Noviomagus* – später *municipium Batavorum* genannt – beteiligt waren. Um 104 wurde die 10. Legion im Zusammenhang mit den Feldzügen gegen die Daker im heutigen Rumänien nach *Aquincum*/Budapest verlegt; die *vexillatio Britannica* zog wahrscheinlich gleichzeitig mit der Legion in dasselbe Gebiet. Danach stand das Lager geraume Zeit größtenteils leer. Einige gestempelte Dachziegel deuten darauf hin, daß die *legio VIIII Hispana* um 121 das Lager für kurze Zeit innehatte. Diese Legion marschierte damals von *Eburacum*/York (GB) in den Osten des Reiches. Während ihres Aufenthalts in Nijmegen bezog sie u.a. eine Partie

75. Batavodurum/ Nijmegen Kops Plateau. Sog. Halterner Kochtopf (Höhe 10,8 cm) aus den belgischen Ardennen, der die Überreste der Bruststücke (»Filets«) von ungefähr 30 Singdrosseln enthielt. Diese Töpfe wurden als eine Art Konservendose verwendet.

76. Batavodurum/Nijmegen, Kops Plateau. Gesichtsmasken von Reiterhelmen aus claudisch-neronischer Zeit.

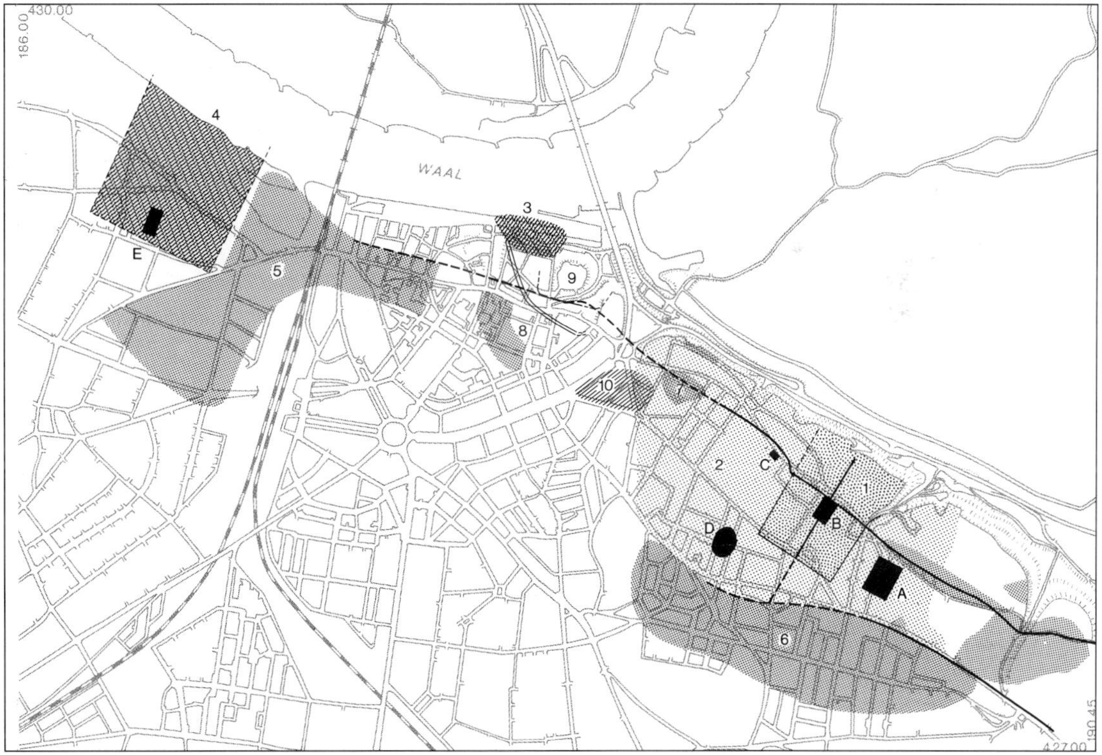

77. Übersicht über Nijmegen zwischen 70 und 420 n.Chr. 1 Flavisches Legionslager; 2 canabae legionis; 3 Siedlung Waalkade; 4 Ulpia Noviomagus; 5 Gräberfeld von Ulpia Noviomagus; 6 Gräberfeld von castra und canabae in Nijmegen-Ost; 7 Spätrömisches Gräberfeld beim Pflegeheim Margriet; 8 Spätrömisches Gräberfeld beim Rathaus; 9 Befestigte Siedlung auf dem Valkhof; 10 Fränkische Siedlung beim Canisiussingel; A forum; B principia; C mansio oder Magazin; D Amphitheater; E Gallo-römischer Tempel am Maasplein.

Dachziegel, die in der Holdeurner Ziegelei von Soldaten der in Xanten stationierten legio XXX Ulpia victrix hergestellt worden war.

Es gibt keine Zeugnisse, die auf eine Anwesenheit des Militärs nach 125 hinweisen. Die Bedeutung der innerhalb der Stadtgrenzen von Ulpia Noviomagus gefundenen Stempel der 30. Legion wie auch (von Truppenabteilungen) des exercitus Germanicus inferior und des Didius Iulianus consularis, der um 178 Statthalter der Provinz Niedergermanien war, bleibt vorläufig unklar. Erst um 325-330 wurde um den Valkhof ein Lager mit einer Grundfläche von 2,6 ha gebaut. Ob die Ziegelstempel eines numerus Ursariensium und des niedergermanischen Heeres mit einer Stationierung dieser Truppen zusammenhängen, ist unklar. Um 350 wurde die Festung auf ca. 4 ha erweitert, zum Teil durch Steinbauten ersetzt und mit einem unbesiedelten, von zwei Gräben begrenzten Streifen umgeben. Aus dem breiten und tiefen Festungsgraben stammen Dachziegelfragmente mit Stempeln des niedergermanischen Heeres und der legio XXII. Die jüngste, wiederum kleinere Festung datiert aus dem letzten Viertel des 4. Jahrhunderts und blieb möglicherweise bis ca. 410 in Gebrauch. Zusammen mit der nahegelegenen, um 320-330 gegründeten fränkischen Siedlung lebten im 4. Jahrhundert ungefähr 700 Menschen in Nijmegen. Ein Teil der untersuchten Gräber zeigt deutlich, daß hier germanische, in römischen Diensten stehende Soldaten bestattet worden sind.

Westlich von Nijmegen, auf dem Südufer der Maas in der Gemeinde **Lith**, liegt Kessel. Beim Saugbaggern in den Überschwemmungsgebieten kamen 1976 dicke Mauerreste aus Tuff sowie zahlreiche Baufragmente aus Kalk zutage, die als Spolien für ein Gebäude wiederverwendet worden waren. Kürzlich wurde vermutet, daß sie von dem ca. 10 km westlich liegenden bata-

78. Batavodurum/Nijmegen. Die Stauchmoräne östlich der Stadt gegen Ende des 1. Jahrhunderts mit Blickrichtung nach Westen. Im Zentrum liegt das Legionslager, links davon das forum, darüber Gräber, oben Mitte das Amphitheater und rechts oben ein Teil der canabae legionis mit der mansio. Zeichnung K. Wilson.

vischen Tempel bei Empel stammen könnten. Die Funde deuten auf eine Kleinfestung hin, vermutlich einen *burgus*, der nach der Mitte des 4. Jahrhunderts wahrscheinlich unter *Valentinianus I.* erbaut worden ist. Obwohl die ältesten Funde aus dem 2. Jahrhundert stammen, gibt es keine Anzeichen für eine militärische Nutzung des Geländes in dieser Zeit. Es ist möglich, wenn auch nicht sehr wahrscheinlich, daß die Festung *Ad Duodecimum* hieß. Ein Ort dieses Namens lag der *Tabula Peutingeriana* zufolge am Weg von Nijmegen nach Westen (Abb. 5). Vermutlich verlief dieser Weg jedoch auf dem Südufer der Waal.

Aus diesem Grund ist es viel wahrscheinlicher, daß der bereits zu Beginn des vorigen Jahrhunderts beschriebene Fundort »Het Klooster« bei Rossum mit dem römischen *Grinnes* gleichgesetzt werden darf. Auch dieser Fundort liegt in einem Überschwemmungsgebiet, allerdings einem solchen der Waal.

Die Funde, darunter zahlreiche Baufragmente und Dachziegel mit Militärstempeln sowie Keramik und

79. Batavodurum/ Nijmegen. Ansicht des Innenhofs der rekonstruierten Nijmegener mansio im Archäologischen Themapark in Alphen aan de Rijn.

Münzen, weisen auf die Existenz eines Kastells, das gesichert seit 70 in Gebrauch war. Nach dem Studium der Münzen sind früher geäußerte Annahmen, hier habe bereits in vorflavischer Zeit ein Kastell gelegen, fragwürdig geworden. Die im Jahr 70 in *Grinnes* stationierten Auxiliartruppen wurden von aufständischen Batavern attackiert und konnten erst im letzten Augenblick von Truppen des Feldherrn *Cerialis* entsetzt werden (*Tacitus, Hist.* V 20-21).

Nach Ausweis der bis in den Beginn des 5. Jahrhunderts reichenden Münzfunde muß bei Rossum noch im 4. Jahrhundert eine Festung, möglicherweise ein *burgus*, gelegen haben. Der Platz hatte große strategische Bedeutung, da sich hier Maas und Waal einander sehr stark nähern und hier zudem vermutlich ein Weg aus Tongeren das Grenzgebiet erreichte.

Südlich von Nijmegen in **Malden-Heumensoord**, am Weg nach Maastricht, stand im späten 3. und im 4. Jahrhundert ein *burgus*. Bei Ausgrabungen der Jahre 1931-32 wurden hier die Spuren eines quadratischen, wenigstens einmal erneuerten Holzturms festgestellt. Dieser Turm war von einer Holz-Erde-Mauer und einem 2-5 m breiten Graben umgeben. In der zweiten Phase wurde die Grundfläche von 33x33m auf 22,5x22,5m verkleinert. Zu dieser Zeit könnte der *burgus* (teilweise?) aus Tuff errichtet worden sein.

Die Funde stammen überwiegend aus dem 4. Jahrhundert. Material des 2.-3. Jahrhunderts könnte jedoch darauf hinweisen, daß der Platz bereits zu dieser Zeit in Gebrauch war, vielleicht als Posten der Militärpolizei (*statio beneficiariorum consularis*). Diese Station, auf jeden Fall aber die zwei aufeinanderfolgenden *burgi*, dienten zweifellos der Kontrolle des Wegabschnitts zwischen Nijmegen und dem Maasübergang bei Cuijk.

Auf der Peutinger-Karte wird am linken Ufer der Maas, 3 *leugae* von Nijmegen entfernt, der Ortsname *Ceuclum* angegeben. Daß dieser Platz mit **Cuijk** identisch ist, steht außer Zweifel, so daß es sich bei der Entfernungsangabe um einen Schreibfehler (III statt VI) handeln wird. Ausgrabungen haben gezeigt, daß bereits unter *Claudius* (41-54) an dieser Stelle ein Kastell erbaut worden ist, das bis zum Ende des 1. Jahrhunderts in Gebrauch gewesen sein kann. Auf drei Seiten wurden Spitzgräben angetroffen (Nord-Süd-Abstand zwischen den Gräben 160m), während die östliche Seite des Kastells wahrscheinlich der Erosion durch die Maas zum Opfer gefallen ist.

Offensichtlich schätzten die Römer die strategische Bedeutung dieses Platzes so hoch ein, daß hier während des Aus- bzw. Wiederaufbaus des Limes ein Kastell angelegt wurde. Über die dort stationierten Truppen bestehen keine gesicherten Erkenntnisse. Im 2. Jahrhundert wurde auf dem Gelände des Lagers u.a. ein zum *vicus* gehörender Tempelkomplex errichtet. Doch wird sich an diesem wichtigen Knotenpunkt auch in dieser Periode wenigstens ein Militärposten, eine *statio*, befunden haben. Einziger Hinweis hierauf ist ein mit dem Stempel des *exercitus Germanicus inferior* versehener Ziegel. Es ist sehr gut möglich, daß die *statio* etwas nördlich von Cuijk, bei dem Weiler Katwijk, gelegen hat. An dieser Stelle gab es im 2.-3. Jahrhundert wahrscheinlich einen Übergang über die Maas.

Im 4. Jahrhundert lag dieser Übergang, gebaut als Steinbrücke, bei Cuijk. Die Existenz der Brücke war seit langem bekannt, doch hat erst die umfangreiche Unterwasserausgrabung der Jahre 1992-1993 zu einem klaren Bild geführt. Im 4. Jahrhundert wurde, anscheinend unter *Constantinus I.*, in Cuijk ein neues Kastell gebaut. Zwei Gräben und anfänglich auch eine Holz-Erde-Mauer umschlossen seine ca. 160x110m große Innenfläche. Die Steinbrücke, von der nur noch einzelne Steine und die eichenen Rammpfähle gefunden wurden, stammt jedoch aus späterer Zeit. Mittels dendrochronologischer Untersuchungen konnte der Bau in die Zeit um 339 datiert werden. Die Brücke bestand aus wenigstens acht, im Abstand von 19,2 m errichteten Pfeilern mit einer Stärke von jeweils 17x7m. Ihre Gesamtlänge mit Widerlagern betrug mindestens 150m; sie kann jedoch auch erheblich länger gewesen sein. Das Maastal war in römischer Zeit so breit, daß der gesamte Übergang gut 350m lang gewesen sein kann.

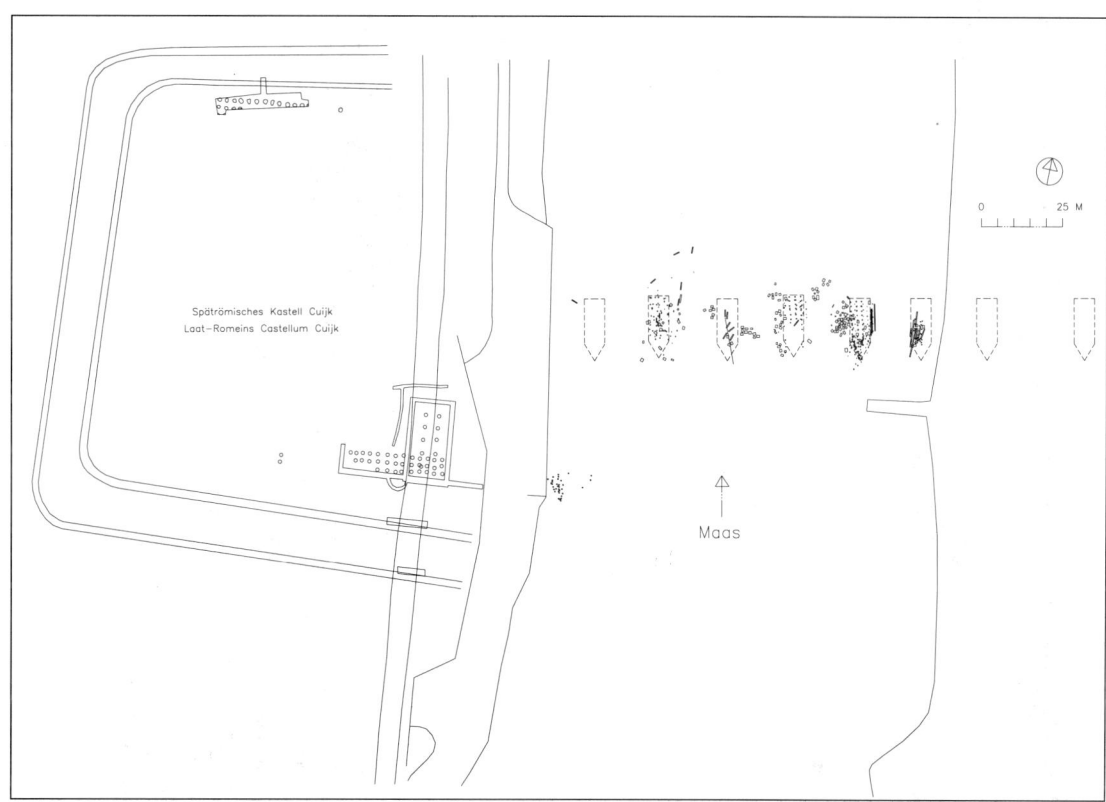

80. Ceuclum/Cuijk. Grundriß des spätrömischen Kastells mit den Pfeilern der Maasbrücke.

In einer zweiten, auf *Valentinianus I.* datierten Bauphase erhielt das Lager eine Steinmauer mit vorspringenden runden Türmen. Daß dies im Zusammenhang mit der umfangreichen, aus den Jahren um 369 überlieferten Bautätigkeit dieses Kaisers (*Amm. Marc.* XXVIII, 2,1) geschehen ist, bestätigt die Datierung der Brücke, an der um die Jahreswende 368/369 umfangreiche Reparaturen durchgeführt wurden. Im letzten Jahrzehnt des 4. Jahrhunderts wurden erneut große Teile der Brücke instandgesetzt. Brücke wie Lager waren sicherlich bis ins frühe 5. Jahrhundert hinein in Gebrauch.

In direkter Beziehung zu Cuijk steht der in den Jahren 1964-1965 ausgegrabene *burgus* von **Asperden** (heute zu Goch gehörig). Er liegt an dem Flüßchen Niers, das bei Gennep, 4,5 km südlich von Cuijk, in die Maas mündet. Die Befestigung wurde unter *Valentinianus I.* errichtet und war bis ins 5. Jahrhundert hinein in Gebrauch. Sie bestand aus einem zentralen Turm mit einer Grundfläche von 15,6 x 15,6 m, der von einer 40 x 40 m messenden Mauer mit vorspringenden runden Türmen und einem vorgelagerten doppelten Spitzgraben umgeben war.

Auch weiter südwärts liegen entlang der Maas noch einige Orte, die hier genannt werden müssen. Auf dem linken Ufer wird bei **Lottum** und dem von der Peutinger-Karte bekannten *Blariacum*/**Blerick** eine *statio* oder ein *burgus* vermutet. Konkrete Beweise für seine Exi-

81. Ceuclum/Cuijk. Rekonstruierte Ansicht der Maasbrücke mit Blickrichtung flußabwärts.

stenz wurden, obwohl sich die Anzeichen für militärische Präsenz in Blerick und Venlo inzwischen häufen und selbst bis in augusteische Zeit zurückreichen, noch nicht gefunden (Van Pinxteren u.a. 1993, 14ff.). In diesem Zusammenhang ist auf den in Buggenum gefundenen, frühkaiserzeitlichen Helm hingewiesen worden. Dem eingeritzten Namen zufolge war sein Besitzer ein Soldat der *legio XIII gemina*, von der auch Teile auf dem Kops Plateau in Nijmegen stationiert waren. Vielleicht dürfen wir hieraus schließen, daß die Legion oder Teile von ihr vor dem Jahre 17 in diesem Gebiet aktiv gewesen sind.

Bei Venlo-Blerick lag möglicherweise eine Brücke über die Maas. Auf dem rechten Ufer, auf dem sich auch ein Weg befunden haben muß, sind die Anhaltspunkte etwas deutlicher. In **Venlo-Genooi** wurden in einem aus dem 2.-3. Jahrhundert datierenden Steinbau Ziegelstempel der *legio XXX Ulpia victrix* entdeckt. Da er bisher nicht ausgegraben wurde, kann nicht mit Sicherheit gesagt werden, welche Funktion dieser Bau hatte. Das gleiche gilt für einen Steinbau in **Belfeld-Witveld** südlich von Venlo, aus dem verschiedene Stempel der *legio I Minervia pia fidelis* und der *legio XXX Ulpia victrix* stammen. Auf der 1,5 km südlicher gelegenen Krekelbergsheide wurde 1982 ein Ziegelofen des Militärs ausgegraben, in dem Dachziegel mit dem Stempel LEG XXX VV gebrannt worden sind. Teile der Produktion dieses Ofens wurden in Genooi, Belfeld und dem zwischen beiden liegenden Tegelen (Tegula?; 986: Tieglon/Tegelon) verwendet.

Einen anderen Typ repräsentieren vergleichbare Stempel aus *Coriovallum*/**Heerlen**. Außer einer spätrömischen Befestigung gibt es hier Hinweise auf militärische Aktivitäten seit der frühen Kaiserzeit. Schließlich liegen südlich von Blerick am Wege nach Maastricht noch zwei Orte von Interesse: **Haelen-Melenborg**, wo eine Militärstation vermutet wird, und **Stokkem**, wo 1969 bei Baggerarbeiten Mauerreste und Spolien eines spätrömischen *burgus* untersucht worden sind. Möglicherweise handelt es sich hierbei um das von der Peutinger-Karte bekannte *Feresnis*.

Literatur

Allgemein: J.E. BOGAERS/C.B. RÜGER (Hrsg.), Der niedergermanische Limes (1974) 74-104. – W.A. VAN ES, Van Maastricht naar Rhenen. Een wandeling in de laat-Romeinse tijd (1991). – M. GECHTER, Die Anfänge des Niedergermanischen Limes, Bonner Jahrb. 179, 1979, 110-113. – W.J.H. WIL-

LEMS, Romans and Batavians. A Regional Study in the Dutch Eastern River Area (1986).
Kalkar: M. GECHTER in: Die Römer in Nordrhein-Westfalen (1987) 452 f.
Qualburg: M. GECHTER in: Die Römer in Nordrhein-Westfalen (1987) 347 f. – C. BRIDGER/H. KRETZSCHMANN, Eine archäologische Notaufnahme in Qualburg, in: Archäologie im Rheinland 1988 (1989) 70 ff.
Rindern: H.G. HORN in: Die Römer in Nordrhein-Westfalen (1987) 458 f.
Nijmegen: J.H.F. BLOEMERS/J.E. BOGAERS/J.K. HAALEBOS/S.L. WYNIA, Noviomagus. Auf den Spuren der Römer in Nijmegen (1979). – J.H.F. BLOEMERS/J.R.A.M. THIJSSEN, Facts and reflections on the continuity of settlement at Nijmegen between AD 400 and 750, in: J.C. BESTEMAN u.a (Hrsg.), Medieval Archaeology in the Netherlands (1990), 133ff. – H. BRUNSTING/D.C. STEURES, De baksteenstempels van Romeins Nijmegen I. Opgravingen Castra 1950-1967. Opgravingen Kops Plateau c.a. 1986-1994, Oudheidkundige Mededelingen RMO, im Druck. – H. VAN ENCKEVORT/K. ZEE, Het Kops Plateau, een Romeinse legerplaats in Nijmegen, im Druck. – H. VAN ENCKEVORT/J.K. HAALEBOS, Frührömische Lager in Nijmegen, im Druck. – J.K. HAALEBOS, Das große augusteische Lager auf dem Hunerberg in Nijmegen, in: R. ASSKAMP/S. BERKE (Hrsg.), Die römische Okkupation nördlich der Alpen zur Zeit des Augustus, Bodenaltertümer Westfalens 26 (1991) 97ff. – J.K. HAALEBOS u.a., Opgravingen op het terrein van het voormalige Canisiuscollege, Numaga 35, 1988, 25ff.; 36, 1989, 49ff.; 37, 1990, 73ff.; Jaarboek Numaga 39, 1992, 7ff.; 40, 1993,

82. Ziegelstempel LEGXXXVV (legio XXX Ulpia victrix) aus der Ziegelei in Belfeld.

7ff.; 41, 1994, 11ff. – W.J.H. WILLEMS, Romeins Nijmegen. Vier eeuwen stad en centrum aan de Waal, Utrecht (1990).

Lith-Kessel: W.J.H. VERWERS, Kessel (Gem. Lith), Bulletin van de Koninklijke Nederlandse Oudheidkundige Bond 1977, 189. – DERS., Archeologische Kroniek van Noord-Brabant 1983-1984, 1988, 34ff.

Cuijk: B. GOUDSWAARD, A Late-Roman Bridge in the Meuse at Cuijk, the Netherlands, Archäologisches Korrespondenzblatt 25, 1995, xx ff. – J. MIOULET/C. BARTEN, De Romeinse brug tussen Cuijk en Middelaar. Van ontdekking tot reconstructie (1994).

Maas-Linie: J.E. BOGAERS, Ruraemundensia, Berichten ROB 12-13, 1962-3, 57ff. - DERS., Letters uit Lottum, Oudheidkundige Mededelingen RMO 67, 1987, 85ff. – A.A.J.J. VAN PINXTEREN u.a.(Hrsg.), Pronkstukken. Venlo 650 jaar stad (1993). – W.J.H. WILLEMS, Archeologische kroniek van Limburg, Publications de la Société Historique et Archéologique dans le Limbourg 119, 1983, 197ff.; 121, 1985, 146ff.

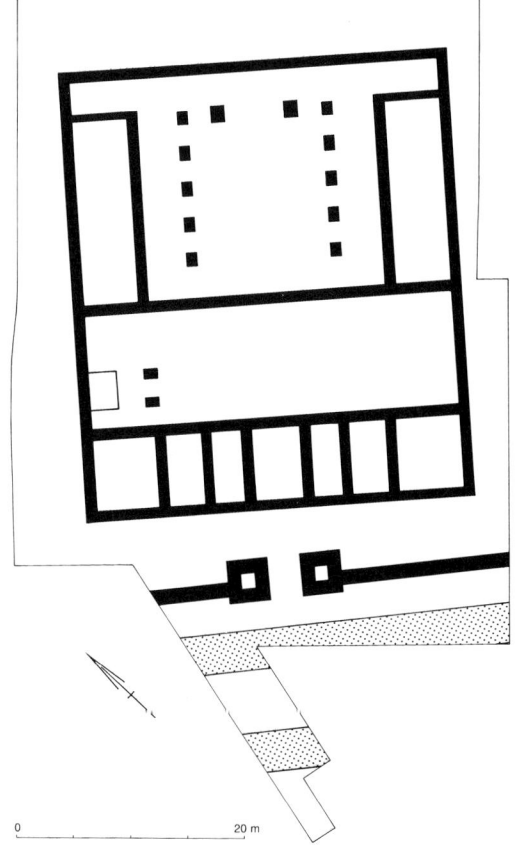

83. Castra Herculis/Meinerswijk. Grundriß der principia mit südlicher Kastellmauer und porta decumana.

SASKIA G. VAN DOCKUM

Das niederländische Flußgebiet

Der erste Platz nach der Trennung von Rhein und Waal, an dem ein römisches Kastell vermutet wird, befindet sich südwestlich von Duiven in **Loowaard** (Willems 1986, 238; 1988). Das der Erosion durch den Rhein vollständig zum Opfer gefallene Lager muß auf dem westlichen Uferdamm des Flusses ca. 1 km südlich des Ortes Loo gelegen haben, einem strategischen Punkt, an dem ein höher gelegener Stromrücken das Hinterland erschließt. In den siebziger Jahren kamen hier bei Baggerarbeiten östlich des Pannerdensch-Kanals gegenüber von Huissen zahlreiche römische Funde zum Vorschein. Aufgrund ihrer Zusammenstellung – u. a. viel (gallo-)römische Keramik, Tuff und Ziegel, militärische Graffiti, Bronzegefäße und Pferdegeschirr – scheint die Annahme, an dieser Stelle habe sich ein Kastell befunden, gerechtfertigt. Die Funde datieren das Lager gesichert in spättiberisch-frühclaudische Zeit; möglicherweise ist es jedoch älter. Zwei Stempel, einer der 22. (LEG XXII PF) und einer der 30. Legion (LEG XXX AC), lassen vermuten, daß das Lager von einer aus Xanten stammenden Truppenabteilung umgebaut wurde. Verschiedene Funde des 4. Jahrhunderts deuten darauf hin, daß es in dieser Periode erneut als Garnison diente. Auch nach dem endgültigen Abzug der Römer wurde das Gelände noch bis in das 7. Jahrhundert – von fränkischen Einwanderern? – genutzt.

Das Kastell in **Arnhem-Meinerswijk** lag flußabwärts an dem Punkt, wo der Rhein nach Westen umbiegt und die IJssel – in ihrem Oberlauf vermutlich mit der *fossa Drusiana* identisch – abzweigt. Ein großer Teil des Lagers wurde im und nach dem frühen Mittelalter vom Rhein fortgespült. Trotz der starken Erosion sind noch Reste im Boden erhalten geblieben, die während einer 1979 ausgeführten Probegrabung sowie durch Widerstandsmessungen und der darauf folgenden Grabung von 1991 bis 1992 lokalisiert werden konnten; eine Publikation der letzten Untersuchungen bereitet R.S. Hulst vor. Im Zuge der Geländeerschließung werden derzeit (1995) die *principia*, ein Teil der Südmauer und die *porta decumana* im Laufniveau wieder sichtbar gemacht.

Das Kastell wurde zwischen 10 und 20, vermutlich in der Periode angelegt, in der *Germanicus* Truppen und Schiffe für seine germanischen Expeditionen zusammenzog (14-16). Damit ist es neben Nijmegen, Vechten und Velsen die vierte uns bekannte, sicher aus der frühen Kaiserzeit datierende Anlage auf niederländischem Boden. Aufgrund eines Graffitos >LIICV, (*centurio*) LEG(*ionis*) V (*Alaudae*), wird angenommen, daß in dieser Zeit Soldaten der in Xanten stationierten 5. Legion das Kastell innehatten.

Insgesamt lassen sich sechs Perioden unterscheiden. Noch unklar ist, ob das Lager durchgehend besetzt oder nach der ersten Phase, in der es als Sammellager oder Offensivbasis diente, einige Jahrzehnte verlassen war und erst unter *Caligula* oder *Claudius* wieder in Gebrauch genommen wurde. Wie viele andere Kastelle am Rhein weist auch dieses Lager zwischen den in die Zeit vor bzw. nach 70 datierten Schichten eine Brandschicht auf. Zwischen den letzten zwei, gegen Ende des 3. und in die zweite Hälfte des 4. Jahrhunderts datierten Perioden wird eine Unterbrechung der Nutzung vermutet. In der vorletzten Periode dürfte die Grundfläche des Kastells zwischen 1,7 und 2,2 ha gelegen haben.

1991-1992 wurden ein Teil der Südmauer mit der *porta decumana* und die gesamte, aus Periode 5 (Ende des 2. bis drittes Viertel des 3. Jahrhunderts) datierende *principia* aufgedeckt. Die von Außenkante zu Außenkante 39 x 34,5 m messende Kommandantur lag fast unmittelbar vor dem hinteren Tor. Von Nord nach Süd fortschreitend lassen sich der Hof, die Querhalle und sieben rückwärtige Räume unterscheiden. Drei Säulenreihen markieren den Hof, der von der nördlichen Außenmauer durch einen schmalen, sich über die gesamte Breite des Gebäudes erstreckenden Raum getrennt ist. Seitlich vom Hof liegen parallel zur Längsachse des Gebäudes zwei lange Nebenräume. Die Querhalle oder *basilica* nimmt dagegen wieder die gesamte Breite ein. Überreste einer gegen die Westmauer der Halle gesetzten Konstruktion werden als *rostrum* (Rednerpult) interpretiert. Die hinteren Räume, bestehend aus der *aedes* (Fahnenheiligtum) in der Mitte und je drei, zu beiden Seiten symmetrisch angeordneten Kammern, liegen längs der rückwärtigen Mauer des Gebäudes. Das Fundament der *principia* ruht auf Erlenpfählen.

6 m von den *principia* entfernt wurde eine parallel verlaufende, nicht fundamentierte Mauer angetroffen. Hinter der *aedes*, in der Achse des Kastells, befand sich eine von zwei Türmen flankierte Unterbrechung in der Mauer. Diese zur *porta decumana* gehörenden Türme waren rechteckig, an der Außenseite vielleicht gerundet-rechteckig. Vor der Außenseite der Mauer verlief der innere Graben, der vor dem Tor schmaler wurde.

Nach dem auf dem Gelände gefundenen Fragment einer wahrscheinlich *Severus Alexander* (222-235) nennenden Weihinschrift zu schließen, scheint zu Beginn des 3. Jahrhunderts am Kastell noch gebaut worden zu sein. Des weiteren fand sich im äußeren Graben ein rechteckiger Tuffblock mit der Inschrift LEG(io) I M(inerva) p(ia) f(idelis), der darauf hinweist, daß eine Abteilung der in Bonn stationierten 1. Legion hier (Um- oder Neu-)Bauten errichtet hat.

Auch im 4. Jahrhundert wurde das Gelände genutzt. Eine erneute militärische Besetzung würde gut in das Bild spätrömischer Aktivitäten am Niederrhein passen, ist jedoch nicht sicher nachweisbar. Angenommen wird, daß der Platz des Kastells mit dem auf der Peutinger-Karte verzeichneten *Castra Herculis* übereinstimmt. Der *Tabula Peutingeriana* zufolge muß dieser Platz ca. 17,5 km (8 *leugae*) nördlich von *Noviomagus*/Nijmegen und 29 km (13 *leugae*) östlich von *Carvo*/Kesteren gesucht werden. *Ammianus Marcellinus* (XVIII, 2,4) beschreibt *Castra Herculis* als einen der sieben Plätze, die *Iulianus* 359 wieder besetzen ließ. Die in schriftlichen Quellen anläßlich eines Einfalls der Wikinger genannte Handelssiedlung Meginhardiswich hat zweifellos zum Kastell in Beziehung gestanden.

Auch bei dem 3,5 km westlich von Meinerswijk gelegenen **Driel** befand sich sehr wahrscheinlich in der frühen und mittleren Kaiserzeit ein Kastell (Willems 1986, 237 f., 252 f.). Entsprechende Hinweise geben die in diese Periode zu datierenden Funde. Die Menge der frührömischen *Terra sigillata* ist ein deutliches Zeichen für die Anwesenheit römischen Militärs. Aufgrund dieser Funde dürfte das Lager spätestens im zweiten Jahrzehnt des 1. Jahrhunderts erbaut worden sein. Es lag an einer strategisch sehr günstigen Stelle, an der ein älterer, sich ins Inland in Richtung auf den *vicus* von Elst und weiter nach Nijmegen erstreckender Stromrücken eine ausgezeichnete Nord-Süd-Verbindung durch das Flußgebiet bildete. Der höher gelegene und an drei Seiten durch Wasserwege erschlossene Platz war als Standort für ein Militärlager sehr geeignet. Bis heute haben keine Ausgrabungen stattgefunden. Nach dem Graffito eines Mannes namens *Salios*, aus der *turma* des *Gaius*, zu urteilen, war vielleicht eine Kavallerieeinheit in Driel stationiert. Aus der Nähe stammt auch ein berühmter Rheinfund (1895), der u. a. *phalerae* und andere Pferdegeschirrteile enthielt.

Die Existenz eines Militärlagers zwischen Driel und Kesteren ist weitaus weniger sicher. Weil die Entfernung zwischen diesen Kastellen sonst ungewöhnlich groß wäre, wird angenommen, daß in der Nähe von **Randwijk** ein weiteres Kastell gelegen hat (Willems 1986, 250 ff.). Randwijk hat strategische Bedeutung, da die zwei dem Ort gegenüberliegenden breiten Bachtäler einen leichten Zugang zu den Stauchmorä-

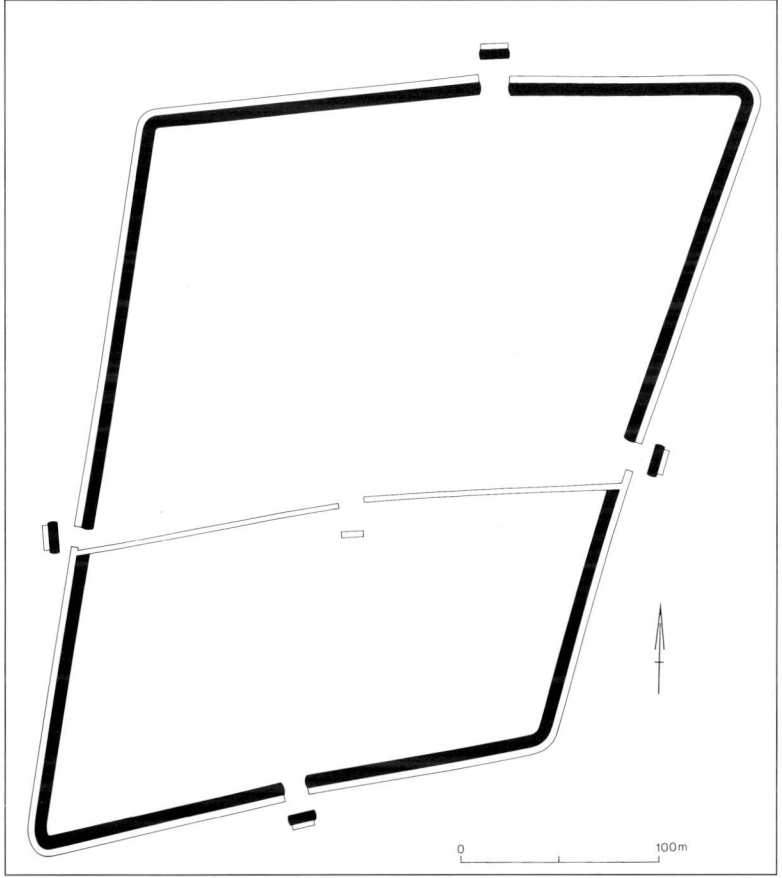

84. Ermelo. Grundriß des Marschlagers.

nen der südlichen Veluwe ermöglichen, während Randwijk selbst an einer Stelle liegt, an der über einen alten, mehrere Kilometer breiten Stromrücken auch in römischer Zeit noch eine bereits seit langem bestehende, wichtige Route nach Süden verlief. Vielleicht konnte man über diesen nach Norden weiter in Richtung Ede führenden Weg auch nach Ermelo gelangen.

Weit nördlich der Rheingrenze wurden bei **Ermelo**, an einer wichtigen Route vom Limes zum Flevo-See, die Überreste eines römischen Marschlagers entdeckt. Das 9 ha große Marschlager hatte die Form einer unregelmäßigen Raute und war von einem Wall mit Spitzgraben umgeben. Es hatte an allen vier Seiten einen an der Außenseite durch ein *titulum* mit Wall geschützten Eingang. Ein etwa mittig durch das Lager führender Graben wurde gleich nach dem Bau der Befestigung wieder zugeschüttet.

Bei archäologischen Untersuchungen ist 1987 u. a. ein Backofen aufgedeckt worden. Die Datierung des Lagers ins 2. Jahrhundert steht fest aufgrund der ^{14}C-Datierungen und der gefundenen Keramik (Veröffentlichung der Ausgrabung durch R. S. Hulst i. Vorb.). In dieser Periode war das Lager also auf jeden Fall in Gebrauch. Unklar ist jedoch, ob es auch vor und nach dieser Zeit benutzt wurde. 1980 wurde ein kleines Fragment südgallischer *Terra sigillata* auf dem Gelände gefunden.

Das bei **Kesteren** vermutete Kastell *Carvo* ist bisher nicht mit Sicherheit lokalisiert worden. Man nimmt an, daß es sich nur wenig westlich des Dorfes auf dem südlichen Ufer einer Mäanderschleife des Rheins nördlich des heutigen Bandijk befunden hat. Während oder kurz nach der karolingischen Zeit hat der Rhein das gesamte Gebiet nördlich vom Deich, darunter das Kastell und einen Teil eines kaiserzeitlichen Gräberfeldes, weggespült.

Auch für dieses Lager hatte man eine strategische Position gewählt. An der Stelle, an der das Kastell vermutet wird, traf der Utrechtse Heuvelrug unmittelbar auf die Grenze des Reiches. Die Anwesenheit des Militärs wird anhand der Graffiti deutlich. Bei den 1974 durchgeführten Ausgrabungen des Gräberfeldes »De Prinsenhof« zeigte sich, daß ein ca. 100×35 m messender, mehr Männer- als Frauengräber enthaltender Teil des vermutlichen Soldatenfriedhofs vom Rhein verschont worden ist. Entlang der Nedereindsestraat lag eine Siedlung, die möglicherweise als *vicus* angesprochen werden darf. Östlich dieser Siedlung lagen zwei weitere Gräberfelder.

Das sich entlang der Südseite einer älteren, ungefähr dem Lauf der heutigen Nedereindsestraat folgenden Rinne erstreckende vermutliche Lagerdorf entwickelte sich aus einer in das 1. Jahrhundert zu datierenden Siedlung der einheimischen Bevölkerung und wurde nach 70 erweitert. Um die Mitte des 2. Jahrhunderts wird die Anlage der Siedlung wiederum stark verändert und die gesamte Siedlung mit einem Graben umgeben; ihre Grundfläche betrug zu diesem Zeitpunkt ca. 500 x 120 m. Um 225-230 wird die Siedlung aufgelassen. Sowohl das Gelände, auf dem sich vermutlich das Kastell befunden hat, als auch das Areal der Siedlung und der Gräberfelder sind größtenteils modern überbaut (Willems 1986, 250; Publikation durch R. S. Hulst i. Vorb.).

In den Jahren 1972-1975 und 1977 kamen bei Baggerarbeiten im Überschwemmungsgebiet 't Spijk bei **Amerongen** römische, in einen militärischen Zusammenhang passende Funde zutage. Wiederum handelt es sich um römischen Bauschutt sowie Keramik und Fragmente einiger Helme, darunter ein Exemplar mit der Inschrift >REBVRRI, (centuria) des Reburrus. Bereits vor 1972 war hier ein Fragment eines Gesichtshelms beim Baggern gefunden worden. Vielleicht sind dies die Überreste eines an der Südseite des Utrechtse Heuvelrug errichteten Wachtturms. Bei den genannten Arbeiten fanden sich u. a. auch Keramikscherben des 4. und 5. Jahrhunderts. Östlich von Amerongen, bei **Rhenen**, ist übrigens eine spätrömische Militärstation vermutet worden (Willems 1986, 317 f.).

Das Kastell *Mannaricium* bei **Maurik** lag auf dem Südufer einer inzwischen abgeschnittenen Rheinschlinge. Bei Baggerarbeiten in den nördlich von Maurik liegenden Überschwemmungsgebieten wurden 1972-1973 zahlreiche Funde geborgen, darunter Baumaterial, Münzen und Fibeln. Aufgrund der Funde kann das Lager zwischen 70 und dem Ende des 3. Jahrhunderts datiert werden; unklar bleibt, ob es bereits vor 70 in Benutzung war. Teile des Kastells sind während der Regierungszeit der flavischen Kaiser, im 2. Jahrhundert und während der Regierungszeit der Kaiser *Caracalla* oder *Elagabalus* durch Steinbauten ersetzt worden. Münzen und einige Scherben des 4. Jahrhunderts deuten darauf hin, daß der Schwerpunkt einer erneuten Nutzung im zweiten Viertel dieses Jahrhunderts gelegen hat. Ein militärischer Kontext gilt für diese Funde als nicht erwiesen, ist jedoch sehr wahrscheinlich.

85. Amerongen. Fragment eines Stirnbandes mit der Inschrift >REBVRRI, (centuria) Reburri.

In *Mannaricium* waren nacheinander die *cohors II Thracum equitata* (bis ca. 83) und die *cohors II Hispanorum equitata* (vermutlich zwischen 70 und 116) stationiert. Möglicherweise nutzten beide Kohorten das Lager kurze Zeit gemeinsam. Über später dort stationierte Truppen liegen keine Daten vor.

Unweit von *Mannaricium* lag bei **Rijswijk** ein weiteres Kastell. Wie dort wurde auch der ungefähre Platz des Lagers von *Levefanum* bei Baggerarbeiten entdeckt. Während des Sandabbaus in dem bei Rijswijk gegenüber Wijk bij Duurstede liegenden Überschwemmungsgebiet kamen zahlreiche aus einem militärischen Zusammenhang stammende Funde, u. a. Helme, Baumaterial und Keramik, zum Vorschein. Auf einem Helm haben die beiden Benutzer, T. *Allienus Martial(n)is* und *Statorius Tertius*, ihre Namen eingeritzt. Sie deuten darauf hin, daß sie römische Bürger waren. Das gleiche gilt für den ebenfalls auf dem Helm genannten *centurio* namens *Antonius Fronto*. Vielleicht war in Rijswijk eine *cohors civium Romanorum* stationiert. Aufgrund eines Ziegels mit dem Stempel PRIMACORT wird angenommen, daß zeitweise auch die *cohors I Thracum equitata* das Lager innehatte; ihre Anwesenheit wird zwischen 70 und 83 datiert (Bogaers 1974).

Das Kastell lag auf dem linken Ufer des Kromme Rijn an der Abzweigung des um Christi Geburt entstandenen Lek oder seines Vorläufers, eines in dieser Zeit noch relativ unbedeutenden Flüßchens. Da die Römer einer Verzweigung von Wasserwegen große strategische Bedeutung beimaßen, dürften *Mannaricium* und *Levefanum* nicht von ungefähr so nahe beieinander gelegen haben. Außerdem sind sie die letzten Truppenlager vor einem unwegsamen Gebiet, das in römischer Zeit größtenteils Sumpf gewesen sein dürfte.

Der auf der Peutinger-Karte verzeichnete Name *Levefanum* ist möglicherweise ein Schreibfehler für *Haevae fanum*, Tempel der germanischen Göttin Haeva. Er könnte darauf hinweisen, daß sich in unmittelbarer Nähe des Lagers, wahrscheinlich im Lagerdorf, ein Heiligtum befunden hat, das eine gewisse Bedeutung besaß.

Einige vielleicht in spätrömische Zeit zu datierende Baggerfunde lassen es möglich erscheinen, daß das Lager in dieser Periode (noch oder wieder) militärisch genutzt wurde. Das Kastell könnte auch im frühen Mittelalter noch in Gebrauch gewesen sein. Es liegt auf der Hand, es mit dem *castrum* Dorestad zu identifizieren, bei dem um 690 die Schlacht zwischen Pippin II. und den Friesen stattfand. Die im Ursprung römische Festung wäre damit eines der ältesten Elemente des frühmittelalterlichen Handelszentrums Dorestad.

Levefanum und das folgende Kastell *Fectio* bei **Bunnik-Vechten** liegen 16 *leugae* auseinander. Möglicherweise erschien es den Römern wegen des nördlich des Rheins zwischen Amerongen und Odijk liegenden, ausgedehnten Sumpfgebietes überflüssig, die Entfernung zwischen *Levefanum* und dem nächsten Lager kürzer zu wählen. Der Abstand zwischen *Fectio* und den zwei anschließenden Lagern in Utrecht und De Meern ist dagegen wieder viel geringer, möglicherweise wegen der strategischen Bedeutung einiger Wasserwege, die an diesem Grenzabschnitt das Limesvorland und das Hinterland erschließen.

Das bei dem Weiler Vechten, heute südlich der Autobahn Utrecht-Arnhem und unmittelbar westlich der 1867 errichteten »Festung Vechten« liegende Kastell war auf dem südlichen Ufer eines inzwischen verlandeten Rheinarms angelegt worden. Nur Teile des eigentlichen Kastells sind zwischen 1829 und 1947 untersucht worden.

Aufgrund eines hier gefundenen Altars, den aus Tongeren stammende und hier ansässige Schiffer der Göttin *Viradecdis* geweiht hatten (*Fectione consistunt*), wurde 1869 der Platz des Lagers mit dem auf der Peutinger-Karte verzeichneten Namen *Fletione* verbunden, der seitdem als Schreibfehler gilt.

Fectio wurde im ersten Jahrzehnt des 1. Jahrhunderts, wahrscheinlich um 4-5 zur Zeit der Feldzüge des *Tiberius*, gegründet. Es ist also älter als das Kastell bei Meinerswijk. Das älteste Lager, bestehend aus Holzbaracken und einer Holz-Erde-Mauer mit vorgelagertem Spitzgraben, wurde an einem strategischen Platz am Kromme Rijn, wahrscheinlich bei der Abzweigung der Utrechtse Vecht, angelegt. Von *Fectio* aus konnte man in westlicher Richtung über Flevo-See und Oer-IJ zur Nordsee gelangen. Über diese Route war es möglich, die Flottenstation bei Velsen zu erreichen (S. 99).

Wahrscheinlich diente das älteste Kastell als Versorgungslager, möglicherweise auch als eine der Angriffsbasen für die Eroberung Germaniens. Der Fund eines Schiffes und einer *Terra-sigillata*-Scherbe mit dem Graffito eines vom römischen Militär verwendeten Schifftyps (Abb. 16) haben zu der Annahme geführt, Vechten sei als Flottenstation genutzt worden; dies ist jedoch nicht bewiesen. 47 verlor *Fectio* seine Offensivfunktion und wurde in die Verteidigungslinie entlang der Grenze des Imperiums integriert. Eine dicke Brandschicht zeigt, daß auch dieses Lager während des Aufstandes der Jahre 69/70 in Flammen aufging.

In der zweiten Hälfte des 2. Jahrhunderts wurde das bisherige Holz-Erde-Lager umgebaut. Die Mauern und die Hauptgebäude wurden jetzt in Stein errichtet.

86. Fectio/Bunnik-Vechten. Bergung eines *Schiffes*. Ausgrabung 1894.

Um 200 war das Flußbett, an dem das Kastell lag, durch natürliche Ursachen und menschliche Aktivitäten vollständig verfüllt. Stehende und liegende Pfostensetzungen dürften in einem späteren Stadium des Einfüllungsprozesses den Boden abgestützt haben. Nach 200 ist es noch einmal zu einem Durchbruch gekommen. Dieser Durchbruch datiert frühestens aus der ersten Hälfte des 3. Jahrhunderts.

Die Größe der ältesten Lager konnte nicht genau bestimmt werden; die zwei jüngsten Befestigungen waren mit einer Grundfläche von ca. 2,6 ha wahrscheinlich für eine *cohors milliaria equitata* oder eine *ala quingenaria* konzipiert. In Vechten stationierte, durch Stempel nachgewiesene Hilfstruppen sind die *cohors II Brittonum* (oder *Britannorum*) *milliaria equitata* und die *cohors I Flavia* (*Hispanorum equitata*). Auch die *ala I Thracum* hat, möglicherweise im Anschluß an ihre bis wenigstens 124 dauernde Stationierung in Britannien, das Lager in Vechten besetzt gehalten. Verschiedene Funde bestätigen, daß diese Einheit offenbar auch später noch einen Teil ihrer Rekruten aus Thrakien (im heutigen Bulgarien) erhielt.

Vor allem östlich des Kastells dürfte ein ausgedehntes Lagerdorf gelegen haben. Dieser *vicus* hat sich wahrscheinlich zu einem wichtigen Handelszentrum entwickelt. Vechtens Lage an einer Verzweigung des Flusses war nämlich nicht nur in strategischer, sondern auch in verkehrstechnischer Hinsicht sehr günstig. Ein Teil des *vicus* ca. 1 km östlich des Kastells wurde 1989 ausgegraben; bei dieser Gelegenheit wurde ein kleiner, von *Antonius Priscus* der Göttin *Fortuna* geweihter Kalksteinaltar gefunden.

Man nimmt an, daß das Dorfareal im Osten von einem Flußarm begrenzt war und zumindest ein Teil des *vicus* direkt am Wasser lag. Stimmt diese Annahme, so hat es sich um ein sehr ausgedehntes Areal gehandelt. Trotz seiner geringen Breite hatte der *vicus* noch eine Grundfläche von beinahe 10 ha. 1991 wurde entlang dieses Flußarms eine zweireihige Pfostensetzung ergraben. Demnach scheint zumindest in diesem Teilbereich eine Art Holz-Erde-Befestigung parallel zum

87. Fectio/Bunnik-Vechten. Durchbrochen gearbeitete thrakische Scheibenfibel.

Fluß angelegt worden zu sein. Auch an der Westseite der Befestigung wurden 1981-1982 während einer Ausgrabung römisch datierte Befunde, darunter Brunnen, gefunden. Einer vom Pflügen umgewühlten Bodenschicht nach zu urteilen, scheint dieses Gebiet in einer früheren (römischen?) Periode landwirtschaftlich genutzt worden zu sein.

Bei der Anlage der aus dem 19. Jahrhundert datierenden »Festung Vechten«, bei der zahlreiche römische Funde geborgen wurden, dürften ein großer Teil des *vicus* und möglicherweise auch eines oder mehrere Gräberfelder zerstört worden sein. 1994 wurde südlich des Marsdijk eine Urne mit Resten von Leichenbrand gefunden. Zusammen mit Funden aus dem vorigen Jahrhundert deutet diese Urne auf die Existenz eines wahrscheinlich zum Lagerdorf gehörenden Gräberfeldes hin.

In der zweiten Hälfte des 3. Jahrhunderts gingen auch das Kastell und der *vicus* in Vechten unter. Meistens wird das Jahr 270 als Enddatum genannt; es ist jedoch unklar, ob sie damals beide vollständig zerstört wurden. Daß zumindest Teile von *Fectio* gewaltsam

88. [Seite 84] Traiectum/ Utrecht. Erneute Ausgrabung der Heilige Kruiskapel auf dem Domplatz (1993). Im Vordergrund Säulenbasen vom atrium der principia, im Hintergrund rechts Überreste des aus wiederverwendetem römischem Baumaterial bestehenden Chors der Kapelle. Vgl. auch Abb. 6.

89. Vleuten-De Meern. Lagerstraße des Steinkastells, die vermutlich der via principalis entsprach. Ausgrabung 1994. Blick nach Südwesten.

vernichtet worden sind, zeigt eine Brandschicht, die 1970 bei Ausgrabungen an der Nordseite des Lagers festgestellt wurde und alle übrigen Befunde überdeckte.

Etwa 5 km nordwestlich von Vechten lag in **Utrecht** ein jüngeres, etwas kleineres Kohortenlager. Das heute unter dem Domplatz im Zentrum der mittelalterlichen Stadt liegende Kastell wurde auf dem südlichen Rheinufer auf einem höher gelegenen Teil des Uferwalls und, wie aus seinem Namen – *Traiectum* – abgeleitet werden kann, in der Nähe einer Furt errichtet. Der damalige Verlauf des Rheins ist nach neueren Untersuchungen relativ gut bekannt.

Nur 5 Prozent des gesamten Kastellgeländes sind archäologisch untersucht worden. Insgesamt ließen sich sechs Bauperioden unterscheiden. Nach seiner Errichtung um 47 wurde das Holz-Erde-Lager dreimal erneuert und/oder umgebaut. Mit einer Grundfläche von ca. 1,2 ha gehört das Utrechter Lager zu den kleineren Kastellen am Niedergermanischen Limes. In der ersten Hälfte des 3. Jahrhunderts wurden seine Holz-Erde-Bauten durch Steinbauten ersetzt und das Kastell an der Nordseite erweitert, so daß seine Grundfläche anschließend fast 1,9 ha betrug. Der in der Nordmauer der steinernen *principia* (23 x 28 m) gelegene Eingang führte in einen von einer *porticus* umgebenen, rechteckigen Innenhof, das *atrium*. Das Hauptquartier war mit einer Bodenheizung ausgerüstet. Das Utrechter Lager war zwischen 88/89 und 260 wahrscheinlich von der *cohors II Hispanorum peditata* besetzt. Von dieser nur aus Infanteristen bestehenden Kohorte mit dem Ehrentitel *pia fidelis* sind außerhalb Utrechts keine Stempel bekannt.

Im Osten wie im Westen des Kastells wurden zum Lagerdorf gehörende Areale festgestellt, die sich wahrscheinlich entlang der Verlängerung der *via principalis* erstreckten. Beide Areale sind nur oberflächlich untersucht. Der östliche, wahrscheinlich mehr oder weniger gleichzeitig mit dem Lager entstandene *vicus* hatte eine Grundfläche von ungefähr 2,2 ha. Sein westliches Gegenstück ist mit 1,6 ha etwas kleiner. Wann dieser Teil des *vicus* entstanden ist, kann (noch) nicht genau angegeben werden. Das Gelände wurde in der zweiten Hälfte des 2. Jahrhunderts, wahrscheinlich als Reaktion auf vermehrte Aktivitäten des Rheins, um mehr als einen halben Meter aufgeschüttet.

Zwei aus dem 4. Jahrhundert datierende Gebäude können mit Funden desselben Jahrhunderts in Zusammenhang gebracht werden. An verschiedenen Stellen auf und um den Domplatz sind die Umrisse des römischen Lagers im Straßenpflaster angegeben.

Das nächste Kastell liegt in **Vleuten-De Meern**, etwas mehr als 5 km westlich des Lagers von Utrecht. De Hoge Woerd ist bereits seit dem 16. Jahrhundert als Fundstelle römischer Altertümer bekannt. Seit 1940 haben dort, zuletzt im Jahre 1994, innerhalb wie außerhalb des Kastells einige kleinere Ausgrabungen

stattgefunden. Durch diese Grabungen und eine 1991-1992 durchgeführte Kampagne mit Bohrungen und Widerstandsmessungen konnte der ungefähre Grundriß des Kastells festgestellt werden. Während dieser Kampagne wurden auch die principia lokalisiert.

Das Kastell ist auf dem östlichen Ufer eines Wasserlaufs, der weiter nördlich in das Hauptflußbett des Oude Rijn mündete, errichtet worden. Es war auf dieses Flüßchen, das später den Namen Mare erhielt, ausgerichtet und über diesen Wasserweg möglicherweise auch mit der weiter südlich fließenden Hollandse IJssel verbunden. Vielleicht haben die Römer den Wasserlauf an einigen Stellen kanalisiert; Sicherheit hierüber besteht nicht. 1960 wurden südwestlich des Kastells im Flußlauf, der sich hier im Laufe der Zeit weiter nach Westen verlagert hat, Uferbefestigungen und Landungsstege angetroffen; 1994 wurden auch nordwestlich des Kastells Uferbefestigungen gefunden.

Der Platz des Lagers auf De Hoge Woerd ist heute noch sichtbar, da er sich bis zu 3,5 m über seine Umgebung erhebt. Früher muß diese Erhöhung noch markanter gewesen sein. Im Laufe der Jahre ist ungefähr ein Meter Grund abgetragen worden.

Im Zuge einer Ausgrabung wurde 1982-1983 u. a. der Weg zwischen den principia und dem Nordtor des Kastells freigelegt. Entlang seiner Westseite fanden sich Fundamente einer Säulengalerie, einer porticus. In der letzten Periode (Ende 2./erste Hälfte 3. Jahrhundert) war der Weg mit einer Schicht aus Ziegelschutt befestigt worden. Bereits 1940 wurden nördlich des Militärlagers die Fundamente eines Steingebäudes ausgegraben, das als Kastellbad interpretiert werden kann. Wo sich das Lagerdorf befunden hat, steht noch nicht fest; aufgrund der Ergebnisse der Landesaufnahme und Bohruntersuchungen darf es an der Ost- und der Südostseite des Kastells vermutet werden.

De Meern ist bisher der einzige Ort, an dem Stempel der cohors I Classica pia fidelis Domitiana, einer aus Marinepersonal zusammengestellten Kohorte, zutage gekommen sind. Aufgrund der Stempel dürfen wir annehmen, daß sie zwischen 89 und 96, wahrscheinlich aber auch später noch in De Hoge Woerd stationiert gewesen ist.

Hinter dem in Laur(i)um/**Woerden** liegenden, letzten Kastell dieses Limesabschnitts beginnt das ausgedehnte holländische Moor. Trotz der 1952, 1954 und seit 1975 mit ziemlicher Regelmäßigkeit im Randbereich des Lagers durchgeführten Ausgrabungen ist der genaue Platz des Kastells noch nicht bekannt. Nach der Peutinger-Karte lag Laur(i)um 12 leugae von Fectio entfernt. In der heutigen Stadt sind keine aus römischer Zeit stammenden Spuren mehr sichtbar. Der

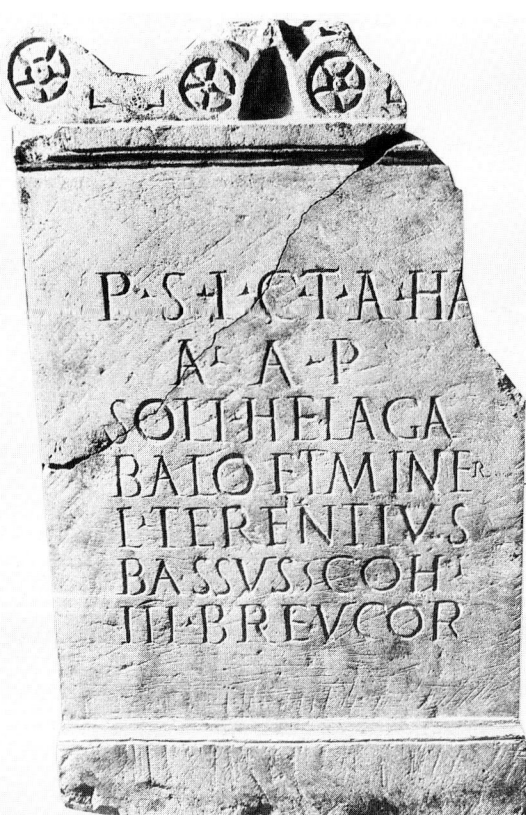

90. Altar aus Laur(i)um (Woerden), Sol Elegabalus und Minerva gewidmet.

91. Vleuten-De Meern.
Bronzener Kopfpanzer eines
Pferdes, der als Augenschutz
diente.

Cn. *Domitius Corbulo* um 47 angelegte Lager war nach dem Bataveraufstand bis in die zweite Hälfte des 2. Jahrhunderts wahrscheinlich von einer Truppe »freiwilliger römischer Bürger«, der *cohors XV voluntariorum (civium Romanorum pia fidelis)*, besetzt. Der Name bezieht sich hauptsächlich auf die ursprüngliche Aufstellung der Kohorte, die anfänglich aus römischen Bürgern bestand. In der Zeit ihrer Stationierung am Rhein unterschied sich diese Abteilung ihrem Charakter nach praktisch nicht von anderen Hilfstruppen, deren Angehörige das römische Bürgerrecht im Prinzip noch nicht besaßen. Außer zahlreichen Ziegelstempeln dieser Kohorte wurde der Graffito eines *actuarius* gefunden. Er lautete (*cohortis*) XV VOL LVCI ACTARI, was so viel heißt wie »(Besitz des) Lucius, des Schreibers der 15. Freiwilligenkohorte«.

Bei den nördlich der **Hoge Woerd** ausgegrabenen römischen Uferbefestigungen ließen sich sechs Bauphasen unterscheiden. Die ältesten, aus der Mitte des 1. Jahrhunderts datierenden Befestigungen waren unmittelbar auf dem sandigen Uferdamm des Rheins errichtet worden. Um oder kurz nach 80 wurde hier ein 10 m breiter Kai aus Faschinen angelegt, dessen vordere Seite nicht untersucht werden konnte. Waagerechte Versteifungsbalken mußten diese Uferbefestigung im festen Ufer verankern. In den Balken waren kurze, ebenfalls waagerecht verlegte Querhölzer befestigt. Auf der Flußseite hatte man jeweils zwei Pfähle schräg in den Boden getrieben, die den Kai an seinem Platz halten sollten. Letztendlich erwies sich diese Befestigung als nicht stark genug. Die später angelegten Kais waren viel einfacher konstruiert und bestanden aus Reihen von in den Boden getriebenen Pfählen oder gespaltenen Baumstämmen. Auf dem Ufer wurde wiederum eine dicke Schicht Faschinen angebracht. 1978 fanden die Ausgräber unter den jüngsten Uferbefestigungen ein Schiff, das hier gegen Ende des 2. Jahrhunderts gesunken sein muß. Das Schiff selbst kann jedoch viel älter sein. Obwohl es nur zum Teil ausgegraben werden konnte, kann seine Gesamtlänge auf ungefähr 24 m geschätzt werden; seine maximale Breite

Verlauf der Straßen und Grachten zeigt nur noch das Bild einer mittelalterlichen Festung, die nach dem Brand der Stadt 1672 großflächig modernisiert worden ist. Das Zentrum von Woerden liegt auf einer Wurt, deren höchster Punkt in der Nähe von De Hoge Woerd eine Höhe von ungefähr 2,4 m ü.NN erreicht. Dort wird mit guten Gründen auch das Kastell vermutet.

Das Kastell lag am inneren Ufer einer Mäanderschleife des Oude Rijn in der Nähe der Stelle, an der die Linschoten in den Rhein mündet. Die Linschoten dürfte in römischer Zeit keine große Bedeutung mehr gehabt haben. In strategischer Hinsicht war die Lage des Kastells gegenüber einem das nördliche Moorgebiet erschließenden Flüßchen wahrscheinlich wichtiger. Außerdem trafen sich bei Woerden verschiedene Landwege, die durch das ansonsten unzugängliche Moor ins Hinterland führten. Der Rhein, der bereits zwischen der Mitte des 1. Jahrhunderts und der Mitte des 3. Jahrhunderts seinen Lauf um ca. 40 m nach Norden verschoben hatte, verlagerte sich im Laufe der folgenden Jahrhunderte noch weiter in diese Richtung. 1961 wurde das letzte Flußbett zugeschüttet.

Das vermutlich während des Limesausbaus unter

betrug 3 m. Auf dem Boden des Schiffes fand sich eine aus Pflanzenresten bestehende Schicht, in der viel Weizen – möglicherweise Dinkel (Spelzweizen) – Haselnüsse und Samen von Ackerunkräutern nachgewiesen werden konnten. Anhand der Unkräuter ließ sich feststellen, daß die Ladung aus dem Lößgebiet südlich der Linie Tuddern-Gent stammte.

Ein 1988 in Woerden gefundener Altar trägt die Inschrift *P.S.I.C.T.A.HA/A.A.P / SOLI. HELEGA/ BALO ET MINER / L. TERENTIVS / BASSVS S COH. / III.BREVCOR*, d. h. »Für das Wohl des Imperator *Caesar Titus Aelius Hadrianus Antoninus Augustus Pius* hat dem Sol Elagabal und der Minerva *Lucius Terentius Bassus*, Zenturio (oder Standartenträger?) der 3. Breukerkohorte (diesen Altar gestiftet).« Dieser zwischen 138 und 161 datierte Altar zeigt, daß die 15. Freiwilligenkohorte wahrscheinlich um die Mitte des 2. Jahrhunderts von der *cohors III Breucorum* abgelöst worden ist.

Literatur

Allgemein: J.E. BOGAERS, Thracische hulptroepen in Germania Inferior, Oudheidkundige Mededelingen RMO 55, 1974, 198ff. – J.E. BOGAERS/C.B. RÜGER (Hrsg.), Der niedergermanische Limes (1974) 53-71. – W.A. VAN ES/W.A.M. HESSING (Hrsg.), Romeinen, Friezen en Franken in het hart van Nederland (1994). – W.J.H. WILLEMS, Romans and Batavians. A Regional Study in the Dutch Eastern River Area (1986).
Duiven-Loowaard: W.J.H. WILLEMS, Het Romeinse fort in de Loowaard, Driepas 5, 1988, 15ff.
Arnhem-Meinerswijk: P.G. VAN DER GAAUW, Boor- en weerstandsonderzoek castellum Meinerswijk (1989), RAAP-rapport 41. – W.J.H. WILLEMS, The Roman Fort at Arnhem-Meinerswijk, Berichten ROB 34, 1986, 169ff.
Driel: M. BROUWER, Römische Phalerae und anderer Lederbeschlag aus dem Rhein, Oudheidkundige Mededelingen RMO 63, 1982, 145ff.
Kesteren: R.S. HULST, Een signaal van de limes, in: R.M. VAN HEERINGEN (Hrsg.), Voordrachten gehouden te Middelburg (1986) 37ff. (Ned. Arch. Rapporten, 3). – R.C.G.M. LAUWERIER/W.A.M. HESSING, Men, horses and the Miss Blanche effect; Roman horse burials in a cemetery at Kesteren, the Netherlands, Helinium 32, 1992, 78ff.
Amerongen: W.C. BRAAT, Das Stirnband eines römischen Paradehelmes, Oudheidkundige Mededelingen RMO 42, 1961, 6off.
Maurik: J.K. HAALEBOS, Munten uit Maurik, Oudheidkundige Mededelingen RMO 57, 1976, 197ff. – DERS., Fibulae uit Maurik, Oudheidkundige Mededelingen RMO 65 (1984-85) Suppl.
Rijswijk: W.A. VAN ES, Romeinse helmen uit de Rijn bij Rijswijk, in: Liber amicorum aangeboden aan prof. dr. M.W. Heslinga (1984), 255ff.
Bunnik-Vechten: M. POLAK/ S.L. WYNIA, The Roman Forts at Vechten. A Survey of the Excavations 1829-1989, Oudheidkundige Mededelingen RMO 71, 1991, 125ff. – W.J. VAN TENT, Vechten-Fectio, in: W.A. VAN ES/W.A.M. HESSING (Hrsg.), Romeinen, Friezen en Franken in het hart van Nederland (1994), 212ff.
Utrecht: M.J.G.T. MONTFORTS, De topografie van Utrecht in de Romeinse tijd, Jaarboek Oud Utrecht (1991) 7ff. – L.R.P. OZINGA u.a. (Hrsg.), Het Romeinse Castellum te Utrecht (1989).
Vleuten-De Meern: P.G. VAN DER GAAUW/H. VAN LONDEN, De Hoge Woerd; een boor- en weerstandsonderzoek naar het Romeinse castellum van De Meern (1992), RAAP-rapport 65. – C.A. KALEE/C. ISINGS (Hrsg.), 150 Jaar graven naar Romeins castellum in De Meern (1984).
Woerden: J.E. BOGAERS, Sol Elagabalus und die Cohors III Breucorum in Woerden (Germania Inferior), Oudheidkundige Mededelingen RMO 74, 1994, 153ff. – J.K. HAALEBOS, Ausgrabungen in Woerden (1975-1982), in: Studien zu den Militärgrenzen Roms III (1986) 169ff.

WILFRIED A.M. HESSING

Das niederländische Küstengebiet

Die Entfernung zwischen Woerden und der Nordseeküste beträgt noch ungefähr 35 km. Das Gebiet ist gekennzeichnet durch das in Nord-Süd-Richtung sich ausdehnende Moor von Midden-Holland, durch das sich der Oude Rijn seinen Weg zur Küste bahnt. Bis Leiden ist seine Flußaue ziemlich schmal, meistens nicht breiter als 1-2 km. Ab Leiden verbreitert sich das Stromgebiet bis zur Küste allmählich auf maximal 10 km. In dieser letzten Zone dominiert der Einfluß der See: das Wasser ist brackig, die Sedimente im Mündungsgebiet bestehen größtenteils aus marinem Ton. Der Rhein durchbricht hier auch den natürlichen Küstenschutz, eine sandige Zone aus Strandwällen und Dünen. Nur die im Vergleich zur direkten Umgebung höhergelegenen Teile dieses niedrigen und nassen Küstengebiets waren für die Besiedlung geeignet. Die Siedlungen der in diesem Gebiet lebenden *Cananefates* lagen in der Uferzone des Rheins, etwas weiter südlich in den Uferzonen der Maas und einiger kleinerer Flüsse, auf den Dünen und Strandwällen, den höher aufgeschlickten Sedimenten des marinen Tons und in einigen besser entwässerten Teilen des Moors. Auch die Landwege folgten weitestgehend diesen Erhöhungen in der Landschaft; für den Transport und die Verbindung untereinander dürften die Wasserwege jedoch wenigstens ebenso wichtig gewesen sein.

Die Anlage des Limes war eng an die naturräumlichen Verhältnisse angepaßt. So verlief der Weg, der die einzelnen Lager auf dem schmalen südlichen Uferwall miteinander verband, gezwungenermaßen ziemlich schlangenlinienförmig. Es gab nur wenige Stellen, an denen größere Komplexe wie z.B. Kastelle angelegt werden konnten. Die zahlreichen in den Rhein mündenden Wasserläufe, die ebensoviele Wege für schnelle Ein- und Ausfälle boten, haben die Militäringenieure jedoch in ihrer Bauweise zur Anpassung gezwungen. Zwischen Woerden und Leiden scheint der Standort eines Kastells vor allem von den Einmündungen der aus dem nördlichen Teil des Moores kommenden Wasserläufe bestimmt worden zu sein. Die westlich an das Moor anschließenden, in Nord-Süd-Richtung verlaufenden Landwege über die Strandwälle und entlang der Vordüne wurden von den Kastellen bei Valkenburg und Katwijk aus kontrolliert. Vor diesem Hintergrund erscheinen auch die uns bekannten Truppenstationierungen einleuchtend. Der Einsatz berittener Truppen war im Moor wenig effektiv; lediglich die sandige Zone entlang der Küste bot hierfür ausreichende Möglichkeiten. Darum ist es auch nicht verwunderlich, daß wir etwa in **Valkenburg** die einzigen bekannten kombinierten Infanterie-Kavallerie-Einheiten finden (*cohors III Gallorum equitata* und *cohors IIII Thracum equitata*). Möglicherweise waren auch in **Zwammerdam** Reiter garnisoniert; es kann sich jedoch nur um eine kleine Einheit gehandelt haben. In den übrigen Lagern waren vor allem Infanterieeinheiten und Abteilungen der Flotte stationiert.

Wenn wir unterstellen, daß der weitläufige, nördlich des Oude Rijn befindliche Teil des großen Moors eine natürliche Schutzzone gegen unerwartete Angreifer aus dem Norden war, gab es zwischen Woerden und Zwammerdam nur wenige Möglichkeiten, die Verteidiger zu überraschen. Auf einer Strecke von gut 10 km (5 *leugae* auf der Peutinger-Karte) mündeten keine schiffbaren Flußläufe in den Rhein, und der relativ schmale begehbare Teil der Uferzone ließ sich leicht

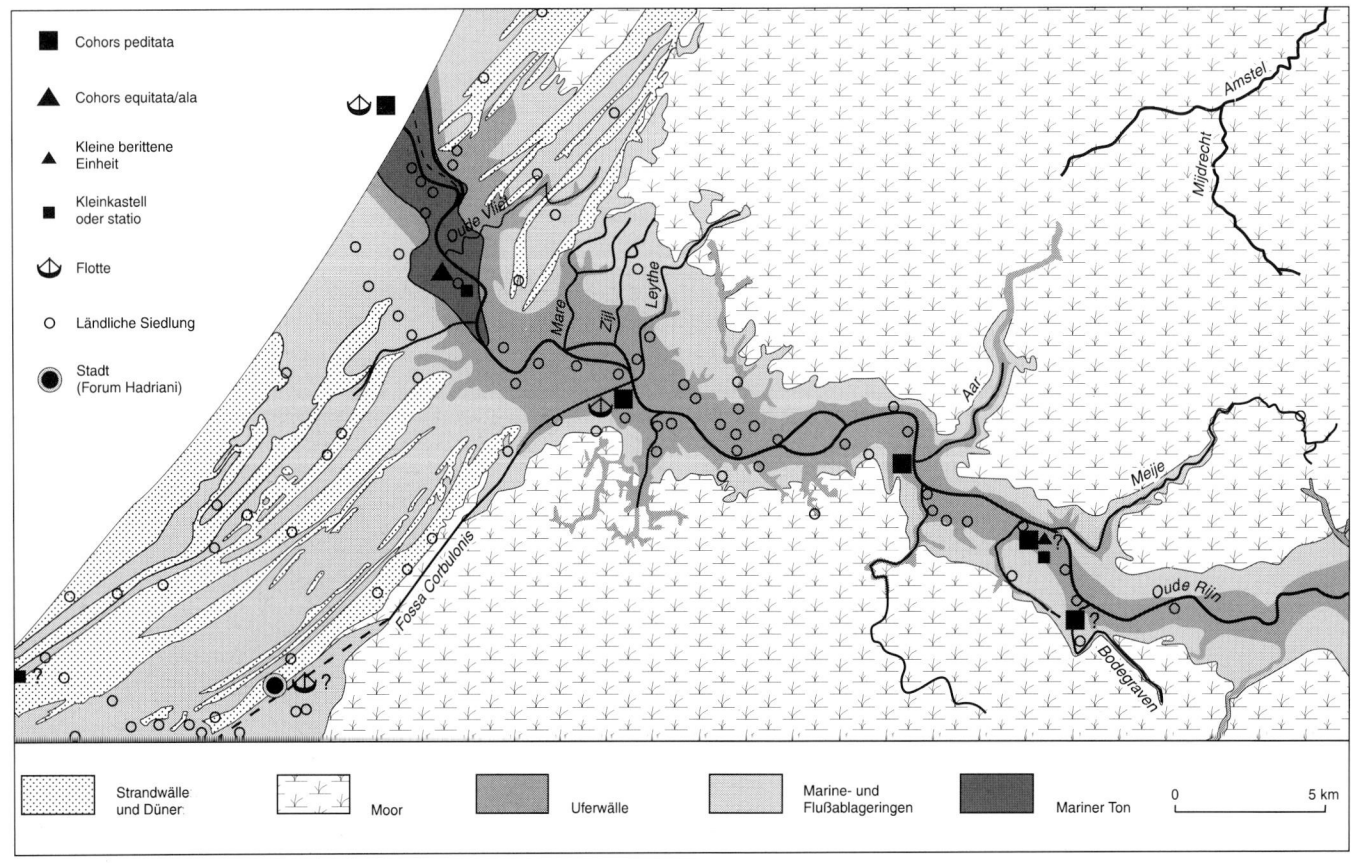

durch Patrouillen kontrollieren. Es gibt nur sehr wenige Anzeichen für Siedlungen der einheimischen Bevölkerung auf beiden Ufern. Die einzige potentiell gefährdete Stelle lag bei **Bodegraven**, wo ein Rinnensystem aus südlicher Richtung kommend, in den Fluß mündete. Hier mußte der Limesweg über eine Brücke oder einen Damm geführt werden; außerdem konnte man wahrscheinlich auf einem der Wasserläufe parallel zum Rhein bis über das Kastell bei Zwammerdam hinausgelangen. Ein solcher Platz dürfte auf die eine oder andere Art gesichert worden sein. Funde der Jahre 1977 und 1994, darunter u. a. Ziegel mit den Stempeln *TRA, LXG* und *VEX EX GER*, scheinen diese Annahme zu bestätigen. Um welche Art von Militärstation es sich hier gehandelt hat, steht noch nicht fest, da in der Umgebung des vermuteten Dammes noch keine systematischen Grabungen stattgefunden haben. Möglicherweise war es ein kleiner Wachtposten, doch kann auch ein Kastell nicht völlig ausgeschlossen werden. Einer der hier gefundenen Stempel deutet vielleicht auf die in flavische Zeit fallende Anwesenheit (eines Teils?) der *cohors II Asturum* hin.

Ab Bodegraven ist der Verlauf des römischen Weges über *Nigrum Pullum*/Zwammerdam nach Alphen aan de

92. *Geologisch-topographische Karte des Oude-Rijn-Gebietes zwischen Woerden und der Nordseeküste in römischer Zeit.*

Rijn relativ gut bekannt. Die Überreste der aus Kies und Muschelgrus bestehenden Wegbefestigung sind bei der Landesaufnahme im Ton der Ufersedimente leicht zu erkennen gewesen. Den Weg entlang wurden in unregelmäßigen Abständen Funde geborgen, die auf einheimische Besiedlung hinweisen. Einige hundert Meter östlich von **Zwammerdam** fanden sich entlang des Weges Anzeichen für eine Benefiziarierstation der 30. Legion (Haalebos 1977, 78).

Das Kastell von Zwammerdam kontrollierte die Mündung der Meije, einem der Flüßchen, die die Verbindungswege durch das nördliche Moor bildeten. Möglicherweise konnte über die Meije das Stromgebiet der Mijdrecht erreicht und von dort aus zum Unterlauf der Vecht und zur Flußmündung des Oer-IJ gesegelt werden.

Das 1968-1971 fast vollständig ausgegrabene Lager gehört zu den kleineren Kastellen entlang des Niedergermanischen Limes. Die hölzerne Anlage der Periode II hatte eine Grundfläche von ca. 1 ha, das Steinkastell der Periode III war mit einer Grundfläche von 1,2 ha nur wenig größer. Art und Umfang der ältesten, aus der Zeit von 47-69 datierenden Militäranlage sind nicht so klar (Periode I). Wahrscheinlich handelte es sich um einen ziemlich kleinen Posten, der während des Bataveraufstandes (69-70) vollständig zerstört worden ist.

Das Holz-Erde-Lager der Periode II (ca. 80-175) hatte einen doppelten Graben und einen ca. 3,5 m breiten Wall mit drei Toren, da die *porta decumana* fehlt. In dem vom Wall umgebenen Areal lassen sich Baracken und auf Pfählen gründende Wege unterscheiden. Der gesamte Komplex wurde zumindest einmal (um 150), vielleicht aber auch mehrmals, umgebaut. Mit dem Bau des steinernen Kastells dürfte um 175 begonnen worden sein; möglicherweise steht diese Maßnahme im Zusammenhang mit der Reorganisation der Grenzverteidigung nach den Einfällen der Chauken. Die steinerne, von vier Toren unterbrochene Mauer wird von drei vorgelagerten Gräben umgeben. Im Verhältnis zu dem im Kastellinneren verfügbaren Platz sind die *principia* auffallend groß. Das Kastell wurde gegen 275 wahrscheinlich abgebrannt und aufgelassen.

Über die hier stationierten Truppen sind wir schlecht unterrichtet. Für Periode I kommen sowohl kleinere Abteilungen der Legionen als auch solche der *auxilia* in Betracht. Der einzige in diese Periode zu datierende Ziegelstempel kann als TRA gelesen werden. Aus den Perioden II und III ist nur ein einziger gestempelter Dachziegel erhalten geblieben, der mit einiger Mühe auf einen Kohortennamen zurückgeführt werden kann: COH[V](*Voluntariorum*). Derselbe Stempel kommt auch in Woerden und in De Meern vor; demnach scheint diese Einheit mehrere Kastelle beliefert zu haben. Aufgrund der auf Keramik angebrachten militärischen Graffiti und des begrenzten Raumes im Lagerinneren wird vermutet, daß hier in den Perioden II und III ein Teil einer *cohors quingenaria equitata* stationiert war. Zur Besatzung der Periode III scheinen auch Thraker gehört zu haben.

Unmittelbar außerhalb des Kastells wurden an seiner Süd- und Ostseite Teile des Lagerdorfes angeschnitten. Ein kleiner Abschnitt des *vicus* war bei der Anlage des steinernen Lagers der Periode III überbaut worden. Nur wenige dutzend Meter nördlich des Kastells lag das stark befestigte Rheinufer. Vor und zwischen den Uferbefestigungen waren sechs Holzschiffe, drei kleinere Einbäume und drei große Prahmkähne, gesunken oder absichtlich versenkt worden; sie konnten 1971-1974 geborgen werden. Die Zwammerdamer Schiffe bilden den größten aus der römischen Zeit datierenden schiffsarchäologischen Fund der Niederlande.

Das Zentrum von **Alphen aan de Rijn** (*Albaniana*) liegt weniger als 5 km (2 *leugae* auf der Peutinger-Karte) von Zwammerdam entfernt. Wiederum scheinen einige Wasserläufe in diesem Gebiet die Anlage eines Kastells so nah dem benachbarten Lager notwendig gemacht zu haben. Von Norden kommend mündet an dieser Stelle die Aar in den Rhein, vom Süden her ist es eine heute verlandete Rinne im Polder Steekt, die östlich von Alphen in den Rhein fließt.

Trotz zahlreicher kleinerer Grabungen, die in den letzten Jahrzehnten im Zentrum von Alphen stattgefunden haben, und trotz der vielen dabei zutage gekommenen Funde mit militärischem Charakter kennen wir Form und Umfang der Anlage nur ungenügend. Ein Kastell gilt als sehr wahrscheinlich, obwohl es bisher weder eindeutige Beweise für die Lagergräben noch für den Wall oder die Ummauerung zu geben scheint. Was während der Grabungen angetroffen wurde, sind Überreste hölzerner Baracken und einige Steinfundamente. Die ältesten Funde, die auf die Anwesenheit römischen Militärs hindeuten, stammen von ca. 40; die älteste Baracke datiert von etwa 50. Aufgrund von Ziegelstempeln wird angenommen, daß seit flavischer Zeit die cohors VI Breucorum in Albaniana stationiert war. Die Dauer ihres Aufenthalts ist nicht bekannt. Das Ende der militärischen Besetzung des Lagers wird vorläufig in die Mitte des 3. Jahrhunderts datiert.

Sowohl im Westen als auch im Osten des Platzes, an dem das Kastell vermutet wird, wurden bei Ausgrabungen Reste des Lagerdorfes angeschnitten. Auffallend sind zwei langgestreckte, rechtwinklig zum Rheinufer ausgerichtete Gebäude im östlichen Teil des

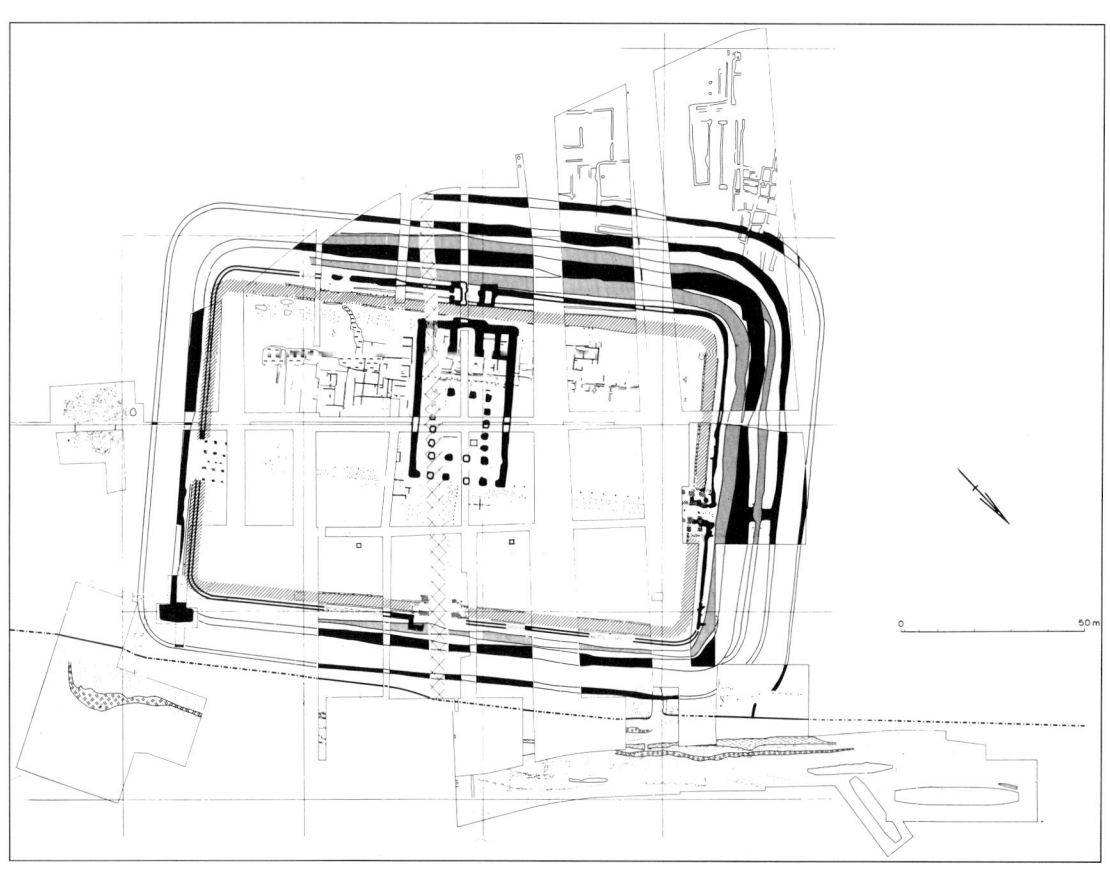

93. Nigrum Pullum/Zwammerdam, Ausschnitt des vicus mit Position der versenkten Schiffe am alten Rheinufer.

vicus. Das größere war mindestens 40 m lang und datiert in das zweite Viertel des 2. Jahrhunderts. Wahrscheinlich handelt es sich bei diesen Gebäuden um Lagerschuppen.

Trotz der etwas größeren Entfernung von ungefähr 10 km – der Peutinger-Karte zufolge 5 *leugae* – fanden sich keine Beweise für die Existenz weiterer Militärposten zwischen Alphen und **Matilo**/Leiden-Roomburg. Sowohl das nördliche als auch das südliche Rheinufer scheinen jedoch in römischer Zeit dicht besiedelt gewesen zu sein. Einige dieser Siedlungsareale unterscheiden sich in ihrem Fundmaterial von anderen Siedlungen entlang der Limesroute durch den hohen Prozentsatz an römischer Importkeramik. Weitere Untersuchungen müssen zeigen, ob sich hier vielleicht ein Wachtposten befand.

Östlich von **Leiden** münden beim Roomburger Polder, von Norden kommend, Zijl und Leithe und von Süden her der *Corbulo*-Kanal in den Rhein. Die Front des Kastells, das diesen Verkehrsknotenpunkt kontrollierte, scheint auf den Kanal, nicht auf den Rhein ausgerichtet gewesen zu sein. Anhand der von Holwerda in den zwanziger Jahren durchgeführten Grabungen, 1970 vorgenommener Widerstandsmessungen und Kontrollgrabungen der Jahre 1970 und 1994 kann der ungefähre Grundriß des zur Steinbauphase gehörenden, von einem doppelten Graben umgebenen Kastells mit den zugehörigen *principia* rekonstruiert werden. 1994 wurden u. a. die Steinmauer und einer der Gräben angeschnitten. In seiner Größe scheint der Komplex zwischen Zwammerdam-Periode III und Valkenburg-Periode 6 zu liegen; im Verhältnis zum Lagerinneren waren die *principia* von *Matilo* anscheinend sogar noch etwas größer als die der beiden genannten Lager.

Die Funde stammen aus der Zeit zwischen 50 und 260. Hier gefundene Inschriften deuten auf Bauphasen unter den Kaisern *Traianus* und *Septimius Severus*. Um 103/110 hielt die *cohors I Lucensium Hispanorum pia fidelis*, um 200 die *cohors XV voluntariorum civium Romanorum pia fidelis* das Lager besetzt; um 205 wurde die 15. Kohorte um einen *numerus exploratorum Batavorum* ergänzt oder von dieser Truppe abgelöst. Die Lage des Kastells und das Vorkommen von Dachziegeln mit dem Stempel der *classis Germanica pia fidelis* in seiner Umgebung lassen es möglich erscheinen, daß in oder um *Matilo* auch Flotteneinheiten stationiert waren.

Im Nord- und Südwesten des Kastells wurden bei Ausgrabungen und Kartierungen die Überreste eines ausgedehnten *vicus* festgestellt (Van Tent 1973, 125ff.). Das Lagerdorf erstreckte sich sowohl entlang des nördlichen als auch des südlichen Ufers des Mündungsbereichs der *fossa Corbulonis*.

1962 wurde etwa 100 m nordwestlich des Kastells ein befestigter Wasserlauf entdeckt. Zum erstenmal konnte damit die alte Hypothese, der Verlauf der von *Tacitus* (Ann. XI 20) genannten, zwischen Rhein und Maas gelegenen *fossa Corbulonis* habe großenteils dem der heutigen Vliet entsprochen, von archäologischer Seite aus gestützt werden. An sich bildeten die Uferbefestigungen und der Stichhafen entlang der 60 m breiten Mündung einer Rinne, die einige Kilometer nach Süden verfolgt werden konnte, noch keinen Beweis. Das einzige, was hieraus abgeleitet werden konnte, war, daß sich hier in römischer Zeit eine schiffbare Verbindung befunden haben kann. Neue Entdeckungen entlang der Vliet, einige Kilometer südlich der alten Fundstelle, scheinen diese Hypothese nun erstmals wirklich zu bestätigen.

Zwischen 1989 und 1992 wurden bei **Leidschendam** über eine Länge von ca. 1 km Teile eines gegrabenen Kanals untersucht, der unmittelbar hinter dem letzten Strandwall parallel zur heutigen Vliet verlief. Dieser eindeutig künstlich angelegte und möglicherweise mit einem Damm oder Überlauf versehene Kanal war durchschnittlich 12-14 m breit und wird ursprünglich vielleicht 2 m tief gewesen sein. Die Ufer waren nur stellenweise, nach Ausweis der dendrochronologischen Datierungen im Jahre 49 oder kurz darauf, befestigt worden. Der Kanal, der wahrscheinlich unter der heutigen Vliet bis über *Forum Hadriani* hinaus verlief, dürfte die Verbindung zwischen einem bei Leiden

94. Leidschendam. Querschnitt durch den Kanal des Corbulo. Seine Breite beträgt durchschnittlich 13 m.

vorhandenen natürlichen Wasserlauf und dem in römischer Zeit ab Rijswijk durch das Westland südlich von Naaldwijk zum *Helinium*, d. h. zur Maas, strömenden Flüßchens Gantel gebildet haben. Um den 23 römische Meilen langen Kanal zu verwirklichen, brauchten die Soldaten des *L. Domitius Corbulo* wahrscheinlich nur einige Kilometer tatsächlich selbst zu graben.

Westlich von Leiden mündeten die aus dem Moor im Norden kommenden Flüßchen Mare und Lede in den Rhein. Daß dieser strategische Punkt nach unserer heutigen Kenntnis anscheinend nicht direkt überwacht wurde, dürfte auf die Nähe von Roomburg und Valkenburg zurückzuführen sein. Das zwischen den beiden nur etwa 6 km (3 *leugae*) voneinander entfernten Kastellen liegende Gebiet konnte leicht von diesen Lagern aus kontrolliert werden. Zwischen *Praetorium Agrippinae*/Valkenburg und der Küste werden die kleinen, entlang des Limesweges und im Hinterland verstreut liegenden Siedlungen der einheimischen Bevölkerung etwa 1 km südlich des Kastells von Valkenburg von einem nahezu geschlossenen Reihendorf abgelöst. Dieses Straßendorf, der *vicus* von Woerd-Marktveld, reichte fast bis an die Tore des Kastells. Während ausgedehnter Grabungen 1972 und 1985-1988 zeigte sich, daß die Siedlung aus verschiedenen, vom römischen Weg über den Uferdamm des Rheins miteinander verbundenen Bereichen bestand. Eigentlich handelt es sich um zwei Wege, denn der älteste, dendrochronologischen Untersuchungen zufolge im Jahre 40 angelegte Weg wurde so sehr von Überschwemmungen und Zerstörungen des Uferrandes in Mitleidenschaft gezogen, daß er im Jahre 124 größtenteils ersetzt und verlegt werden mußte. Beide Wege kreuzten zahlreiche kleinere und größere Rinnen, die, aus dem Hinterland kommend, in den Rhein mündeten. Entlang der Ufer der als Stichhäfen verwendeten Mündungsbereiche der größeren Rinnen standen Schuppen und Speicher. Das Gebiet entlang des Weges war durch große und kleine Gräben in Areale mit unterschiedlichen Funktionen unterteilt. Als erste wurde die parallel zum Rhein und in der Nähe des Weges gelegene Zone in Nutzung genommen, ein Teil davon vom Militär. Auf dem Marktveld lagen hier u. a. Getreidespeicher (*horrea*), ein Kleinkastell für eine Garnison in der Größe einer Zenturie und ein Gebäude, das möglicherweise als Wachtturm gedient hat. Nördlich der Militärgebäude befand sich ein großes, aus ca. 400 Brand- und 145 Körpergräbern bestehendes Gräberfeld. Der Militärbereich wurde durch einen Graben von dem dahinter liegenden Gebiet, in dem sich eine ihrem Charakter nach eher ländliche Siedlung der einheimischen Bevölkerung entwickelte, abgegrenzt.

Der gesamte Komplex war ungefähr 200 Jahre, ab ca. 40 bis zur Mitte des 3. Jahrhunderts, in Gebrauch; seine Militärfunktion scheint jedoch seit dem Beginn des 2. Jahrhunderts stark an Bedeutung eingebüßt zu haben. Weil der Boden zunehmend feuchter wurde, mußte dieser Teil des Rheinufers schließlich ganz auf-

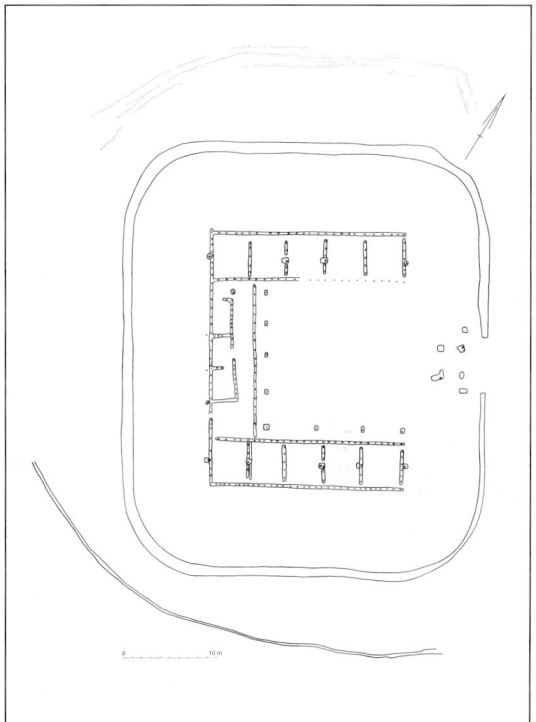

95. Valkenburg-Woerd. Grundriß des Kleinkastells.

96. Valkenburg-Woerd. Jüngerer römische Weg, der nach 124 gebaut wurde.

gegeben werden. In der gesamten vom *vicus* eingenommenen Zone fanden sich keine Anzeichen für eine ins 4. Jahrhundert zu datierende Besiedlung. Eine weitere, anscheinend zum Teil von einem Graben umgebene Zivilsiedlung lag an der Westseite des Kastells. Nördlich des Lagers befand sich möglicherweise eine Ziegelei. Dieses letzte, bisher nur wenig erforschte Gebiet scheint weniger dicht besiedelt gewesen zu sein.

Die Dokumentation der Ausgrabungen der sechs oder sieben aufeinanderfolgenden römischen Kastelle im Zentrum von **Valkenburg** ist immer noch eine der wichtigsten Quellen beim Studium römischer Militärkomplexe (Abb. 1). Sie wurden in zahlreichen Kampagnen zwischen 1941 und 1953 fast vollständig ausgegraben; kleinere Ergänzungsgrabungen fanden noch bis 1980 statt. Der Bau des ersten Lagers wird in die Regierungszeit des Kaisers *Caligula* um 40 datiert; es ist damit gleichzeitig mit dem ältesten Weg auf dem Marktveld angelegt worden. Das Kastell hatte eine Holz-Erde-Mauer mit drei Toren und einen dreifachen Spitzgraben. Wegen des Lagergrundrisses wird angenommen, daß hier zunächst nur eine aus vier Zenturien und maximal zwei Schwadronen (*turmae*) der *cohors III Gallorum equitata* bestehende Abteilung untergebracht war. Kurz darauf (um 42) muß das Lager bereits an den Raumbedarf einer berittenen Einheit in der Größe einer halben *ala quingenaria* angepaßt worden sein; zwischen 47 und 69 (Perioden 2/3) war es ebenfalls speziell auf die Bedürfnisse einer Kavallerieeinheit zugeschnitten. Nach dem Bataveraufstand wurde es für die Stationierung einer vollständigen *cohors quingenaria equitata*, der *cohors IIII Thracum equitata* (*pia fidelis Domitiana*), eingerichtet (Perioden 4 und 5). Um 180 wurde das hölzerne Lager größtenteils durch Steinbauten ersetzt und vergrößert. Auch zu diesem Zeitpunkt scheint Valkenburg noch von der *cohors IIII Thracum equitata* besetzt gewesen zu sein. Um 260 wurde die Garnison wahrscheinlich aufgehoben, doch wurden im 4. Jahrhundert im Lager noch wenigstens zwei Getreidespeicher gebaut. In dieser Zeit dürfte die wichtige Funktion, die das Mündungsgebiet des Rheins in der mittleren römischen Kaiserzeit als Umschlaghafen für die vom Militär durchgeführten Getreidetransporte aus Britannien hatte, vorübergehend wiederhergestellt worden sein. Wegen der instabilen Situation war es im Grenzbereich nicht mehr zu verantworten, das Getreide wie im 1. und im 2. Jahrhundert ungeschützt am Rheinufer zu lagern. Die alten Kastelle dienten jetzt als wehrhafte Depots.

Die Überreste des letzten zur Rheingrenze gehörenden Lagers, *Lugdunum*/**Katwijk-De Brittenburg**, liegen mittlerweile zwischen 500 m und 2 km vor der heutigen Nordseeküste. Trotz wiederholter Versuche und verschiedener Hinweise konnten sie noch nicht exakt lokalisiert werden. Die Berichte und Zeichnungen von Augenzeugen, die die Fundamente gesehen haben (wollen), umfassen dagegen eine Periode von

97. [Seite 96] Valkenburg-Marktveld, Marktveldsiedlung. Schematische Übersicht der wichtigsten archäologischen Befunde.

98. Praetorium Agrippinae/Valkenburg. Die erste Bauphase des Kastells im Stadtzentrum. Originalzeichnung 1948.

mehr als 500 Jahren, beginnend mit der ersten schriftlichen Nennung der »borch te Bretten« im Jahre 1401. Obwohl am römischen Ursprung der baulichen Überreste wegen seiner Lage, der dort gemachten Funde und der schriftlichen Überlieferung keine Zweifel möglich sind, bleibt eine korrekte Interpretation der überlieferten Grundrisse schwierig.

Die meisten Abbildungen des 16.-17. Jahrhunderts zeigen eine quadratische Anlage mit einer mit halbrunden Türmen versehenen Verteidigungsmauer, von der wiederum andere Mauern abzweigen, sowie einem stark fundamentierten Gebäude in der Mitte der Anlage. Über die Interpretation dieses Gebäudes herrscht in der Forschung weitgehende Übereinstimmung: Es handelt sich um ein doppeltes *horreum*, zu dem es in anderen Kastellen gute Parallelen gibt. Aber darf das Gebäude mit den halbrunden Zwillingstürmen an den Ecken als Kastell interpretiert werden? An sich sind vorspringende runde oder halbrunde Türme an römischen Steinkastellen nicht unbekannt. Es sind vielmehr die »Doppeltürme« an zwei Ecken des Katwijker Kastells, für die es bisher in der römischen Welt keinerlei Parallelen gibt. Oder verdanken wir dieses Detail vielleicht der Phantasie der »Augenzeugen« des 16. Jahrhunderts, die sich durch ihnen vertrautere mittelalterliche Beispiele haben (ver-)leiten lassen? Wir wissen es nicht, auch wenn der älteste, allerdings stark schematisierte Plan des Jahres 1567 an den Ecken nur einfache Rundtürme verzeichnet. Es geht zu weit, den gesamten Komplex ausschließlich aufgrund der beiden doppelten Ecktürme in das frühe Mittelalter zu datieren. Funde aus dieser Periode fehlen in der Umgebung von De Brittenburg völlig. Bleibt die Frage, bis in welche Zeit das römische Lager in Gebrauch gewesen sein kann. Das große *horreum* im Kastellinneren kann darauf hinweisen, daß es dieselbe Funktion hatte wie das Lager Valkenburg im 4. Jahrhundert (S. 96). Spätrömische Funde, die die Hypothese einer derart späten, vielleicht erneuten Nutzung stützen könnten, fehlen jedoch sowohl bei De Brittenburg als auch in den untersuchten Teilen des in der Nähe liegenden *vicus*, aber angesichts der Fundsituation in und um das sehr gut dokumentierte Valkenburg braucht uns das nicht zu beunruhigen.

Die anderen, auf den Plänen von der Festung wegführenden und unter dem Sand verschwindenden Mauerreste sind möglicherweise Hinweise auf einen außerhalb der Kastellmauern angelegten, teilweise ummauerten *vicus*. Genau wie das Lagerdorf im Süden des Kastells von Valkenburg kann auch dieser *vicus* sehr ausgedehnt gewesen sein. Falls die Fundstellen entlang der heutigen Schleusen mit denen bei Klein Duin und der Zanderij Westerbaan verbunden werden dürfen, kann es sich auch hier um ein mehr oder weniger geschlossenes, sich über eine Länge von wenigstens 1,5 km den römischen Weg entlang erstreckendes Reihendorf gehandelt haben.

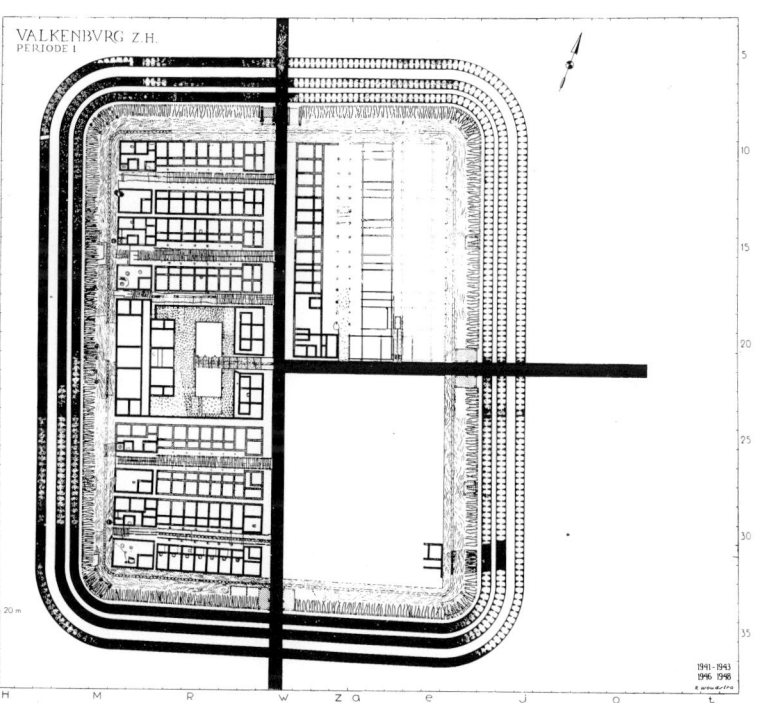

Aufgrund der sowohl im *vicus* als auch bei der Festung selbst gefundenen gestempelten Dachziegel darf angenommen werden, daß in oder beim Kastell Einheiten der Rheinflotte stationiert waren. Eine Inschrift läßt vermuten, daß die *cohors I Raetorum civium Romanorum* spätestens in der Regierungszeit Kaiser Hadrians nach *Lugdunum* verlegt worden ist.

Endete die Verteidigungslinie der Provinz *Germania inferior* bei *Lugdunum*/Katwijk, oder gab es noch andere Militärstützpunkte entlang der Nordseeküste? Vergleichbar mit der Situation entlang der belgischen Küste und der englischen Westküste südlich der Hadriansmauer war im 2. Jahrhundert auch das niederländische Küstengebiet mit Militärfestungen abgesichert. Der Bau der Lager von Oudenburg, Maldegem und Aardenburg in der zur Provinz *Gallia Belgica* gerechneten Küstenzone kann als Reaktion auf die um 175 stattgefundenen Einfälle der Chauken betrachtet werden. Auch verschiedene Lager entlang des Rheins wurden damals verstärkt und erweitert. In strategischer Hinsicht wäre es sehr unvernünftig gewesen, das Gebiet zwischen Katwijk und Aardenburg mit all seinen Einbuchtungen und Flußmündungen völlig ungeschützt zu lassen. In diesem Gebiet werden sich auch schon vor 175 Stützpunkte der niederrheinischen Flotte befunden haben, zu deren Aufgaben vor allem auch die Kontrolle der Mündungen von Schelde, Maas und Rhein gehörte.

Die Küsten von Zeeland und Zuid-Holland haben seit der römischen Zeit stark unter Erosion gelitten. Im Laufe der letzten 2000 Jahre hat sich ihre Linie im Durchschnitt mehrere hundert Meter nach Osten verschoben. Römische Befestigungen an oder kurz hinter der damaligen Küstenlinie werden wie De Brittenburg bei Katwijk völlig im Meer verschwunden sein. Doch gibt es verschiedene Hinweise auf die Lage einiger dieser Militärplätze (s. S. 106; eine zusammenfassende Übersicht gibt Trimpe Burger 1973). Vor der Küste der Insel Voorne, auf der Höhe des vermuteten südlichen Ufers der kaiserzeitlichen Mündung der Maas (*Helinium*), wurden 1752 bei extremer Ebbe massive Fundamente von Steinbauten beobachtet. Vielleicht darf dieser Platz mit dem auf der Peutinger-Karte verzeichneten *Flenio* (=(H)*elinio*?) in Zusammenhang gebracht werden. Später kamen bei Baggerarbeiten in dieser Gegend zahlreiche römische und frühmittelalterliche Funde zum Vorschein, die jedoch meistens in Privatsammlungen gelandet sind. Vergleichbar ist auch die Situation vor der Küste der Insel Goeree-Overflakkee. 1618 wurden an einer Stelle, die im Volksmund »De Oude Wereld« (»Die alte Welt«) heißt, Überreste »großer Häuser« und »Straßen« wahrgenommen.

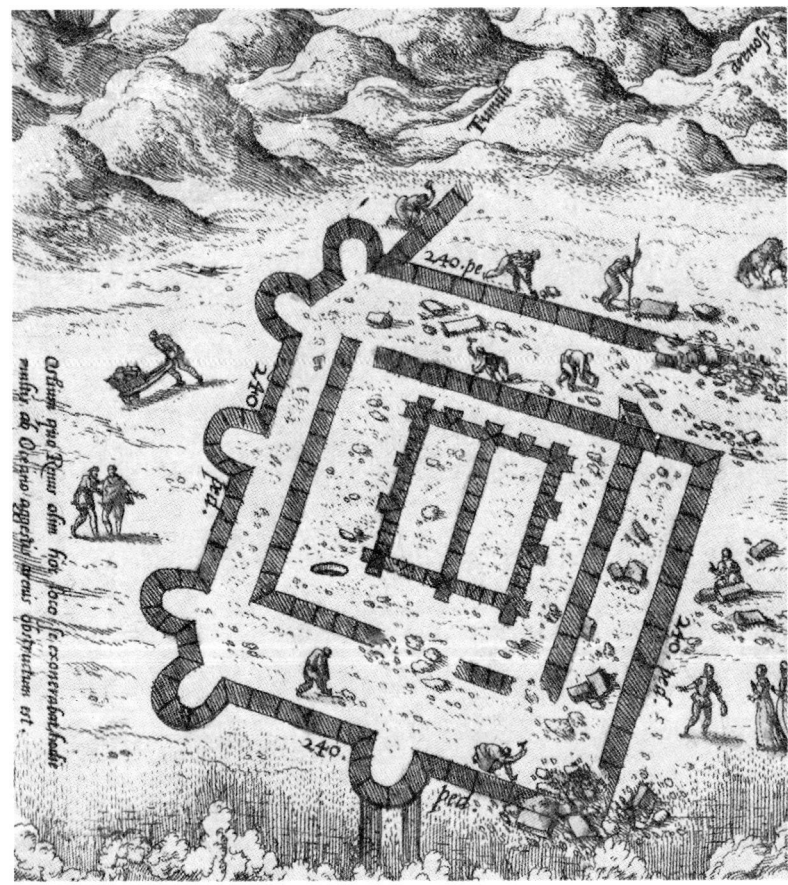

99. *Lugdunum*/Katwijk-De Brittenburg. Kupferstich von Abraham Ortelius aus dem Jahre 1581 (Ausschnitt).

Ausdrücklich erwähnt werden die bei dieser Gelegenheit gefundenen römischen Münzen. Entlang einer Rinne, die einige Kilometer nördlich auf der Höhe der »Oude Wereld« in die See mündete, wurde 1958/59 und 1982 ein Teil einer römischen Siedlung ausgegraben. Zu den Funden aus dieser vor den Toren des vermuteten Kastells gelegenen (Handels-)Siedlung gehören auch Dachziegel mit dem Stempel des *exercitus Germanicus inferior* und der *classis Germanica pia fidelis* sowie eine Reibschale mit dem Graffito [C]ONT CASSI, *cont(ubernio) Cassi*. An der Nordküste der Insel Walcheren wurden ebenfalls Ziegel mit dem Stempel der niederrheinischen Flotte angespült; vielleicht lag hier eine dritte Festung.

Die Existenz anderer kleinerer und größerer Militärposten kann sicher nicht ausgeschlossen werden. In diesem Zusammenhang müssen die vor kurzem in der Umgebung von 's-Gravenhage zutage gekommenen Funde mit militärischem Charakter und Graffiti genannt werden; auch ist an die größte im Küstengebiet entdeckte, mengenmäßig noch nicht übertroffene Konzentration von Ziegeln mit dem Stempel der niederrheinischen Flotte aus *Forum Hadriani*/Voorburg-Arentsburg zu erinnern. Die *civitas*-Hauptstadt der Cananefaten war keine Flottenstation, aber daß hier, auf halbem Wege zwischen *Matilo* und *Helinio* (oder *Helinium*) am Kanal des *Corbulo*, einige Flotteneinheiten stationiert waren, ist anzunehmen.

Flevum/Velsen I und II sind die letzten römischen Lager im niederländischen Küstengebiet, die hier besprochen werden sollen. Chronologisch wie geographisch sind sie Ausnahmeerscheinungen. Beide Lager stammen aus der Zeit vor der Konsolidierung der entlang des Oude Rijn verlaufenden Grenze des Imperiums. Sie wurden wahrscheinlich während der Feldzüge gegen die nördlich des Rheins lebenden Germanen angelegt, das ältere Lager (Velsen I) während der Offensive des *Germanicus* in den Jahren 15-16, das jüngere während der Herrschaft des *Caligula* oder *Claudius* (um 39?).

Seine Lage an einem über den Unterlauf der Utrechtse Vecht zu erreichenden Nebenarm des Oer-IJ machte Velsen I, das einen Hafen mit Verteidigungsanlagen hatte, zu einer ausgezeichneten Basis für kriegerische Unternehmungen entlang der Nordseeküste. Das Kastell wurde zwischen 1973 und 1990 größtenteils ausgegraben. Die ursprünglich einfache Anlage, umgeben von einer asymmetrischen Holz-Erde-Mauer mit einem vorgelagerten doppelten, später dreifachen Graben, wurde während der kurzen Nutzungsperiode mehrmals verändert und verbessert. Im Lager, dessen zu verteidigende Grundfläche ca. 1 ha betrug, konnten etwa 450 Mann, wahrscheinlich in Zelten, untergebracht werden. Welche Einheit(en) hier stationiert war(en), ist unbekannt; daß ein Teil der Kastellbesatzung aus Flottenangehörigen bestand, ist jedoch so gut wie sicher. Darauf weisen jedenfalls die zunächst im Kastell und später außerhalb gelegenen Bootshäuser hin, die die einzige mehr oder weniger dauerhafte Bebauung bildeten. Da die Hafen- und Pieranlagen unter ständiger Erosion zu leiden hatten, wurde ihre Konstruktion mehrfach den Gegebenheiten angepaßt. Am gegenüberliegenden Ufer der Flußrinne befand sich ein weiterer mit Wehranlagen versehener Landeplatz. Westlich des Lagers lag ein großer, anscheinend für handwerkliche Aktivitäten und die Kontakte mit der einheimischen Bevölkerung eingerichteter Annexbau.

Um 28 mußte die Kastellbesatzung einen Angriff abwehren, der auf der Basis verschiedener archäologischer Hinweise rekonstruiert werden kann. Ob es sich dabei um denselben Angriff handelt, den *Tacitus* (*Ann.* IV 72) beschreibt, ist natürlich nicht sicher, aber unmöglich ist es auch nicht. Nach dem Angriff wurde das Lager zunächst wiederhergestellt und, wahrscheinlich um zusätzlich einen Teil der zur Hilfe gesandten Truppen aufzunehmen, erweitert, jedoch schon bald darauf aufgegeben.

Über Velsen II ist viel weniger bekannt. Im Gegensatz zu Velsen I haben an diesem Fundort (noch) keine Ausgrabungen stattgefunden. Die angetroffenen Überreste sind zum großen Teil vom Wasser weg-

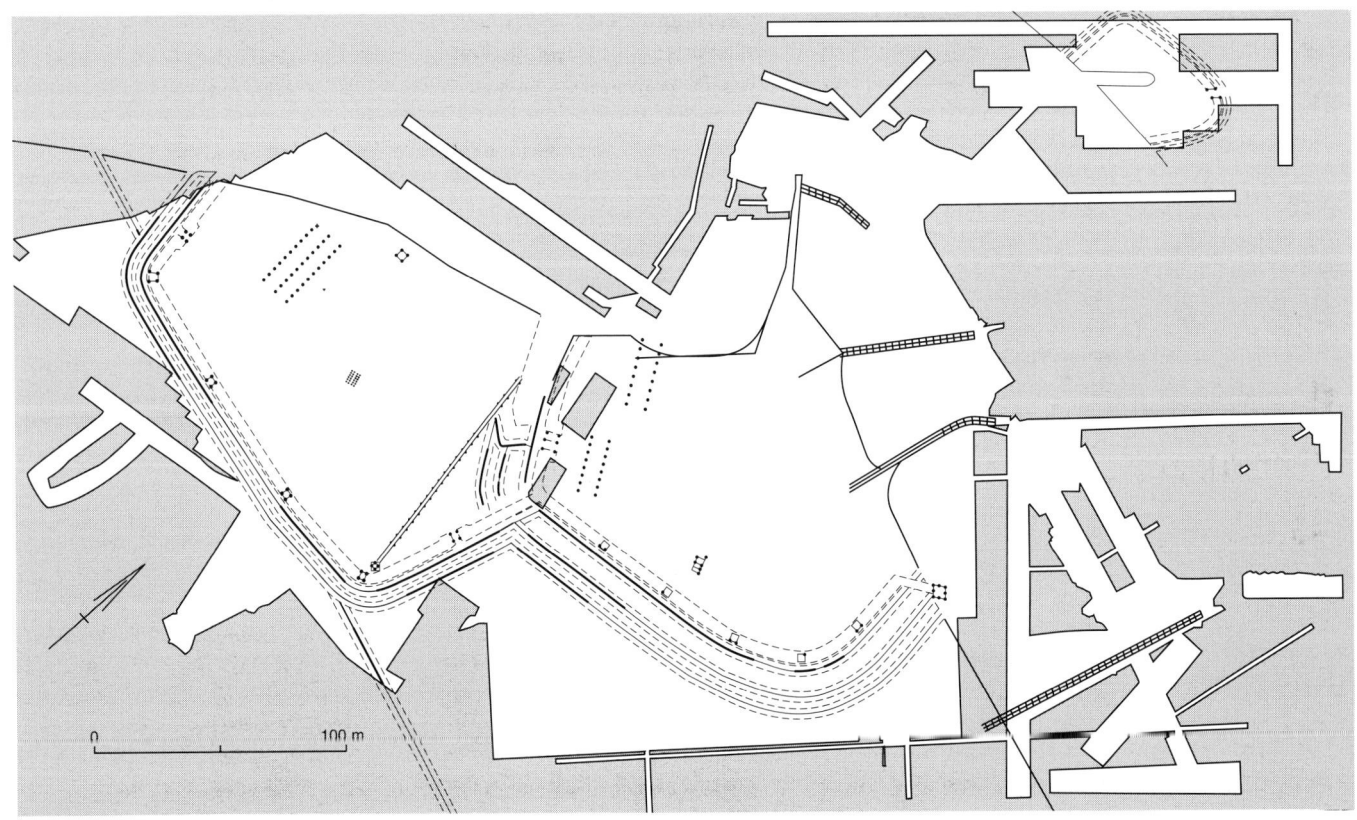

100. Flevum/Velsen I. Übersichtsplan der wichtigsten archäologischen Befunde der Phase 2c aus dem Jahre 28.

gespült und in sekundärer Lage gefunden worden. Vielleicht war diese Befestigung eines der von *Tacitus* (Ann. XI 19) genannten *praesidia cis Rhenum*, die Corbulo im Jahre 47 auf Geheiß des Kaisers aufgeben mußte.

Literatur

Allgemein: J.E. BOGAERS/C.B. RÜGER (Hrsg.), Der niedergermanische Limes (1974), spez. 30-52. – W.J. VAN TENT, Excavations along the Limes, Berichten ROB 23, 1973, 123ff. – H. THOEN, De Belgische kustvlakte in de Romeinse tijd (1978). – J.A. TRIMPE BURGER, The islands of Zeeland and South Holland in Roman Times, Berichten ROB 23, 1973, 135ff.

Bodegraven: P.C. BEUNDER, Tussen Laurum (Woerden) en Nigrum Pullum (Zwammerdam?) lag nog een castellum, Westerheem 29, 1980, 2ff. – J.E. BOGAERS, Een afdeling Romeinse hulptroepen in Bodegraven?, Westerheem 29, 1980, 33ff.

Zwammerdam: J.K. HAALEBOS, Zwammerdam-Nigrum Pullum, Ein Auxiliarkastell am Niedergermanischen Limes (1977). – M.D. DE WEERD, Schepen voor Zwammerdam (1988).

Alphen aan de Rijn: J.E. BOGAERS/J.K. HAALEBOS, Opgravingen in Alphen aan de Rijn in 1985 en 1986, Westerheem 36, 1987, 40ff. – W.A.M. HESSING, Alphen aan de Rijn: Wilhelminalaan, Holland 24, 1992, 363f. – S. SPREY, Romeinse gebouwen en een waterleiding in Alphen aan de Rijn, Westerheem 43, 1994, 57ff. – A. WASSINK, Was er eigenlijk wel een Romeins castellum in Alphen aan de Rijn?, Westerheem 43, 1994, 83ff.

Leiden-Roomburg: B. KLOOSTER, Roomburgerpolder 1985: vervolg van het onderzoek in de vicus van Matilo, Bodemonderzoek in Leiden, Jaarverslag 1985 (1985); 1986 (1986).

Fossa Corbulonis: W.A.M. HESSING, Leidschendam: Rietvink, Holland 22, 1990, 342; 23, 1991, 344; 24, 1992, 366f.; 25, 1993, 336f.

Valkenburg ZH: J.H.F. BLOEMERS/H. SARFATIJ, A Roman settlement at De Woerd, Valkenburg (South-Holland): Report I: The Potters' Stamps, Berichten ROB 26, 1976, 133ff. – E.J. BULT/D.P. HALLEWAS (Hrsg.), Graven bij Valkenburg (1986). – DIES., Graven bij Valkenburg II (1987). – DIES., Graven bij Valkenburg III (1990). – R.M. VAN DIERENDONCK/D.P. HALLEWAS/K.E. WAUGH (Hrsg.), The Valkenburg Excavations 1985-1988 (1993). – W. GLASBERGEN/W. GROENMAN-VAN WAATERINGE, The Pre-Flavian Garrisons of Valkenburg ZH (1974). – W. GROENMAN-VAN WAATERINGE, The Horrea of Valkenburg (ZH), in: CHR. UNZ, Studien zu den Militärgrenzen Roms III (1986) 159ff. – DIES., The reconstruction of a wooden granary, in: H. VETTERS/M. KANDLER, Akten des 14. Internationalen Limeskongresses 1986 in Carnuntum (1990), 401ff. – W. GROENMAN-VAN WAATERINGE/B.L. VAN BEEK, De Romeinse castella te Valkenburg ZH: Zeventiende opgravingscampagne 1980, werkput VI 1, in: J.H.F. BLOEMERS (Hrsg.), Archeologie en Oecologie van Holland tussen Rijn en Vlie (1988), 1ff. – M.D. DE WEERD, The date of Valkenburg I reconsidered: the reduction of a multiple choice question, in: B.L. VAN BEEK u.a. (Hrsg.), Ex Horreo (1977) 255ff.

Katwijk-De Brittenburg: J.H.F. BLOEMERS/M.D. DE WEERD, Het Romeinse kampdorp van de Brittenburg, Leids Jaarboekje 75, 1983, 245ff. – H. DIJKSTRA/F.C.J. KETELAAR, Brittenburg, raadsels rond een verdronken ruïne (1965). – M.D. DE WEERD, Recent excavations near the Brittenburg; A rearrangement of old Evidence, in: CHR. UNZ, Studien zu den Militärgrenzen Roms III (1986) 284ff.

Oudenburg: J. MERTENS, De Romeinse legerbasis te Oudenburg, in: H. THOEN (Hrsg.), De Romeinen langs de Vlaamse kust (1987) 81ff.

Maldegem: H.THOEN, Le camp romain de Maldegem (Flandre orientale, Belgique) et les invasions des Chauques en 172-174 de notre ère, in: Liber Amicorum J.A.E. Nenquin (1991) 185ff.

Aardenburg: J.A. TRIMPE BURGER, Romeins Aardenburg, opgravingen en vondsten (1992).

's-Gravenhage: E.J. VAN GINKEL/J.A. WAASDORP, De archeologie van Den Haag, Deel 2 de Romeinse tijd (1992). – E. JAKOBS u.a., 's-Gravenhage: Ockenburg, Holland 26, 1994, ff.

Velsen: J. MOREL, De vroeg-Romeinse versterking te Velsen I, fort en haven (1988). – J. MOREL/W. GROENMAN-VAN WAATERINGE, Opkomst en ondergang van een Romeins havenfort bij Velsen NH, in: J.H.F. BLOEMERS u.a.(Hrsg), Voeten in de Aarde (1993) 45ff.

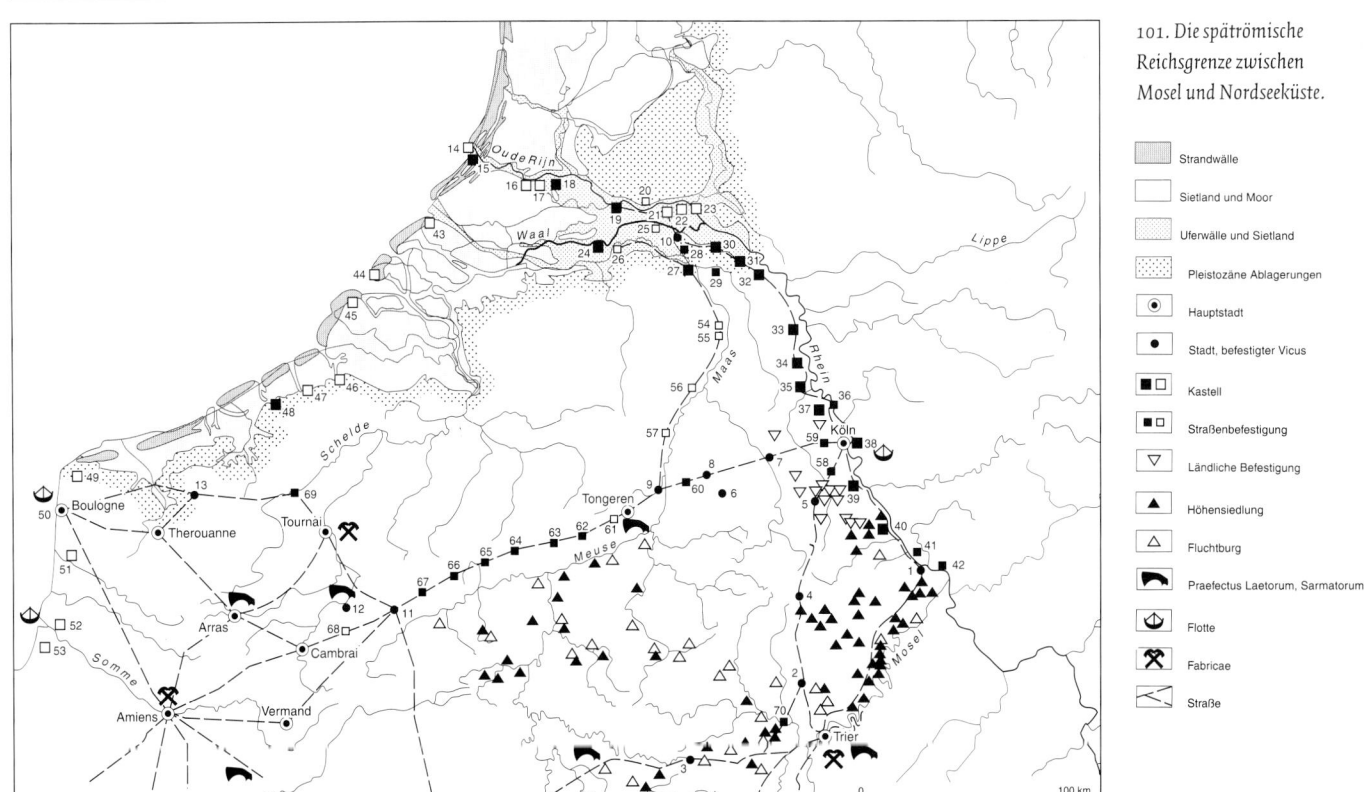

101. Das spätrömische Verteidigungssystem zwischen Mosel und Nordseeküste.

1 Spätrömische Befestigungen zwischen Mosel und Nordseeküste: 1 Andernach (Autunacum); 2 Bitburg (Beda); 3 Arlon (Orolaunum); 4 Jünkerath (Icorigium); 5 Zülpich (Tolbiacum); 6 Aachen (Aquae Granni); 7 Jülich (Iuliacum); 8 Heerlen (Coriovallum); 9 Maastricht (Traiectum); 10 Nijmegen-Valkhof (Noviomagus); 11 Bavay (Bagacum); 12 Famars (Fanum Martis); 13 Cassel; 14 Brittenburg; 15 Valkenburg; 16 Woerden (Laurum); 17 Vleuten-De Meern; 18 Utrecht (Traiectum); 19 Maurik (Mannaricium); 20 Rhenen; 21 Driel; 22 Meinerswijk (Castra Herculis); 23 Huissen; 24 Rossum; 25 Ewijk; 26 Kessel; 27 Cuijk (Ceuclum); 28 Heumensoord; 29 Asperden; 30 Qualburg (Quadriburgium); 31 Kalkar-Altkalkar (Burginatium); 32 Xanten (Tricesimae); 33 Moers-Asberg (Asciburgium); 34 Krefeld-Gellep (Gelduba); 35 Neuss (Novaesium); 36 Monheim-Haus Bürgel; 37 Dormagen (Durnomagus) 38 Deutz (Divitia); 39 Bonn (Bonna); 40 Remagen (Rigomagus); 41 Rheinbrohl; 42 Engers; 43 Oostvoorne; 44 Westerschouwen; 45 Domburg; 46 Aardenburg; 47 Brugge; 48 Oudenburg; 49 Marquise?; 50 Boulogne; 51 Etaples; 52 Le Crotoy; 53 Cap Hornu; 54 Lottum; 55 Blerick; 56 Heel; 57 Stokkem; 58 Brühl-Villenhaus; 59 Hüchelhoven; 60 Hulsberg; 61 Oreye-Bergilers; 62 Braives (Perniciacum ?); 63 Taviers; 64 Cortil-Noirmont; 65 Liberchies I und II (Geminiacum); 66 Morlanwelz I und II; 67 Givry; 68 Bermerain; 69 Courtrai (Cortoriacum); 70 Echternach.

RAYMOND BRULET

Das spätrömische Verteidigungssystem zwischen Mosel und Nordseeküste

Im Laufe des 3. Jahrhunderts beginnt das Gleichgewicht, das für das politische, militärische und wirtschaftliche System des Römischen Reiches kennzeichnend ist, nach und nach große Schwächen aufzuweisen. Vom Jahre 260 an, zur selben Zeit, als sich die Bedrohung durch die Barbaren entlang der Grenzen abzeichnet, weitet sich die Krise aus und erfaßt alle Bereiche: Die Aufteilung der Macht wird zur Regel, mehrere Separationsbestrebungen werden unternommen, von denen die bekannteste jene der Errichtung des Gallischen Sonderreiches ist. Der Westen erlebt einen gravierenden Bevölkerungsrückgang, die landwirtschaftliche Produktion erfährt noch nie dagewesene Einbußen.

In militärischer Hinsicht ist es vor allem der Zusammenbruch des Obergermanisch-rätischen Limes kurz nach der Mitte des 3. Jahrhunderts, der den Ernst der Lage bewußt werden läßt. Die allgemeine Unsicherheit wird vor allem durch die Angst vor immer häufigeren Überfällen der Barbaren verursacht, die von den Gebieten auf der anderen Rheinseite ausgehen. Aber sie wirkt sich auch im Inneren des Reiches aus, wo bewaffnete Banden das Land ausplündern.

Eine Reihe von Reformen erscheinen geeignet, die Krise zumindest teilweise zu überwinden, aber sie führen in der Folgezeit zu einer radikalen Umgestaltung des Reiches, das in mehrerlei Hinsicht, vor allem politisch und militärisch gesehen, ein völlig anderes Aussehen erhält.

Eine Stabilisierung der Lage beginnt sich mit der Regierungszeit des *Gallienus* (253-268) abzuzeichnen. Er ist besonders bekannt geworden durch seine militärischen Reformen. Seine Maßnahmen nehmen grundlegende Veränderungen voraus, die später für die Armee und die Militärstrategie des 4. Jahrhunderts charakteristisch werden.

Diocletianus (284-305) und *Constantinus I.* (307-337) markieren mit ihren Persönlichkeiten den Beginn der spätrömischen Epoche. Sie sind bedeutende Reformer, die bemüht sind, die Macht der Verwaltung zu stärken und die zivilen und militärischen Amtsbereiche voneinander zu trennen. Sie verstärken die Armee, bauen die Grenzverteidigung wieder auf und entwickeln eine neue Strategie, die vor allem den Schutz des Reichsinneren im Auge hat. Während ihrer Regierungszeit erlebt Gallien ein wirkliches Wiederaufblühen.

Leider findet diese Phase gegen Mitte des 4. Jahrhunderts ihr Ende, als Franken und Alemannen erneute politische Streitigkeiten zum Überschreiten der Grenzen nutzen. Im Jahre 355 wird die Lage im Norden immer unsicherer, vor allem mit der Einnahme Kölns durch die Franken. Trotz des energischen Einschreitens der Kaiser *Iulianus* (Cäsar seit 355, Kaiser 361-363), *Valentinianus I.* (364-375) und *Theodosius I.* (379-395) wird das Ende des 4. Jahrhunderts von drei Phänomenen bestimmt: dem ständigen Wiederaufleben äußerer Gefahren, der Barbarisierung der römischen Armee und der immer häufiger werdenden Ansiedlung germanischer Stämme und Stammesteile im Inneren des Reiches.

Die Militärstrategie

Aufgrund der Ereignisse wird die traditionelle Militärstrategie revidiert. Auf eine rein passiv orientierte Einrichtung und Verteidigung der Grenzen folgt eine von Grund auf aktive Abwehr- und Verteidigungsstrategie.

Kaiser *Gallienus*, ein wahrer Erneuerer, nimmt die

Entwicklung voraus, indem er eine mobile Reiterei schafft. Der Wiederaufbau des Limes wird nicht unmittelbar verwirklicht; Spuren neu errichteter Bauten an der Rheinfront aus der Zeit des letzten Viertels des 3. Jahrhunderts sind selten. Dafür entsteht ein neues Verteidigungssystem, bei dem die Verteilung der militärischen Kräfte im Inneren wie auch die Errichtung einer Reihe von Befestigungen, die entlang der wichtigsten Verbindungslinien aufgereiht sind, einen grundlegenden Schutz des Landes bewirken.

Zu Beginn des 4. Jahrhunderts, unter *Diocletianus*, ist die Nordgrenze Galliens wieder mit einem neuen Schutzwall versehen. *Constantinus I.* gestaltet die Armee um, indem er ein Reservekorps, die *comitatenses*, aufstellt, die er den Grenztruppen entnimmt. Er verlegt sie in das Innere des Landes und gilt damit als Schöpfer des Bewegungsheeres. Die militärische Ordnung Konstantins bleibt unter seinen Nachfolgern bis zur Mitte des 4. Jahrhunderts wirksam.

Die Schlacht von Mursa, auf die sich *Magnentius* 351 einläßt, und die Invasionen, die hierauf folgen, bringen das Reich um die Hälfte seines Bestandes und zerstören das konstantinische Werk. Von 369 an verwirklicht *Valentinianus I.* ein umfassendes Bau- und Restaurierungsprogramm an den Befestigungen des Limes an Rhein und Donau. Dagegen hat es den Anschein, als werde der weitere Ausbau der Verteidigung des Hinterlandes vernachlässigt – zumindest in den weiter von der Grenze entfernten Gebieten. Die Fürsten der theodosischen Dynastie scheinen dagegen wieder mehr Interesse an der Bewegungsarmee gehabt zu haben.

Die Verteidigungssektoren

Die besondere Beschaffenheit des nördlichen Gallien macht es notwendig, das Ausmaß der eingetretenen Veränderungen den Belangen der Militärstrategie anzupassen und diese gleichzeitig auf die unterschiedlichen geographischen Bereiche des Landes zu beziehen.

An der Küste erleben die Gebiete ein deutliches Vordringen des Meeres, das die Geographie von Küste und Flußdelta verändert und aus dieser Region ein ungastliches Land macht, das zu einer systematischen Verteidigung wenig geeignet ist. Der rheinische Grenzabschnitt wie auch das Küstengebiet erhalten selbständige Militärverbände. Die Küstenfront ist in der Tat dem immer stärker werdenden Druck der Sachsen ausgesetzt. Dies ist der Ursprung für die Bezeichnung *litus Saxonicum* für diese Zone.

Im Inneren des Landes richtet sich das Bemühen um eine effektive Verteidigung auf den Schutz der Siedlungen, die von Verteidigungsmauern umschlossen werden. Sie bekommen zur Verteidigung ein Truppenkontingent zugeteilt oder nehmen Truppenteile der Bewegungsarmee in ihre Mauern auf. Später werden einige von ihnen zum Sitz der Präfektur der Milizen aus *Laeti* und *Sarmati*.

Zur gleichen Zeit wird das Netz der Hauptstraßen durch den Bau einer Kette von kleinen Festungen ge-

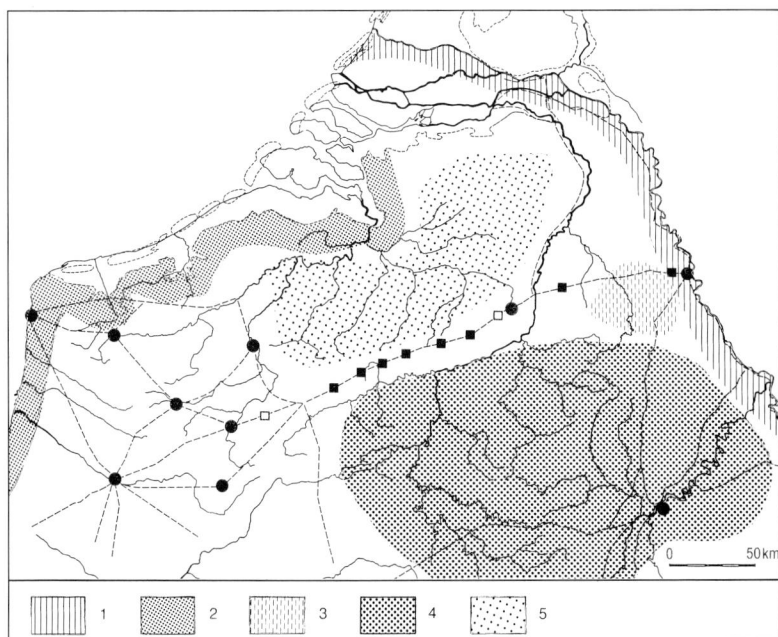

102. *Nordgallien in spätrömischer Zeit. Verteidigungssektoren.* 1 *Rheinlimes;* 2 *litus Saxonicum;* 3 *Ländliche Befestigungen;* 4 *Höhensiedlungen;* 5 *Toxandrien.*

schützt. Diese werden in regelmäßigen Abständen errichtet, um einerseits das Land hinter dem Limes zu sichern, aber auch um den Nachschub an die Grenze zu gewährleisten.

Zwei weitere Elemente vervollständigen die Gesamtkonzeption. Um der Gefahr von Einfällen aus dem Osten vorzubeugen, wird die Grenzsperre durch ein Netz von Befestigungen verstärkt, die auf felsigen Höhen errichtet werden. Aufgrund zahlreich vorhandener Höhenplätze stattet man die Hochlagen der Eifel, des Hunsrücks, der Ardennen und des Condroz mit einem System von auf dem Lande verstreuten Fortifikationen aus, die die Kräfteverteilung zur Verteidigung des Hinterlandes auf sinnvolle Weise ergänzen. Schließlich sind hier einige im Limesbereich, aber auch im Inneren des Reiches gelegene und vollständig von der Bevölkerung verlassene Zonen, wie etwa Toxandrien, zu berücksichtigen. Die römische Diplomatie verfolgte das Ziel, dort germanische Gruppen, die den Auftrag hatten, zur Verteidigung mit den Römern zusammenzuarbeiten, anzusiedeln.

Die Entwicklung des spätrömischen Heeres

Das wichtigste Dokument, das uns hilft, einen Teil der militärischen Organisation des spätrömischen Reiches zu verstehen, ist die *Notitia dignitatum*, ein offizielles Verzeichnis, das im wesentlichen den Zustand des Heeres unter der Herrschaft des Honorius (395-423) wiedergibt. Dieses Verzeichnis ist vor allem wichtig zur Lokalisierung der Truppen, der Führung des Bewegungsheeres und der in Garnisonen an der Nordseeküste stationierten Einheiten. Leider sind die Seiten, die sich auf die Rheinarmee von *Germania II* beziehen, verloren gegangen. Zudem sind verschiedene Veränderungen zu berücksichtigen, die während der spätrömischen Zeit in der militärischen Organisation stattfanden und die wir nur unzureichend kennen, weil einzelne Einheiten oft an ferne Bestimmungsorte versetzt worden sind.

Die Befehlsstrukturen, Mannschaftsstärken sowie Herkunft der Rekruten unterliegen ebenso wie die Militärstrategie tiefgreifenden Veränderungen im spätrömischen Reich.

Die erste wichtige Neuerung geht auf *Gallienus* zurück, der die Legion mit 726 Kavalleristen ausstattet, während sie zuvor nur 120 hatte. Im 3. Jahrhundert greift man mehr und mehr auf Spezialeinheiten fremden Ursprungs zurück, wie z. B. auf gepanzerte Reiter, die Katafraktarier, oder Bogen- und Wurfschützen. Dies ist durch ein Beispiel aus Amiens bezeugt, wo Inschriften speziell die Anwesenheit eines *Valerius Durio* belegen, der Unteroffizier eines *numerus catafractariorum* war.

Diocletianus verstärkt die Truppenkontingente, doch werden diese geteilt. Die alte Bezeichnung *legio* wird zwar bisweilen noch beibehalten, doch umfaßt sie jetzt nicht mehr als 1000 Mann. Die entscheidende Reform des 4. Jahrhunderts besteht darin, daß die Truppen in zwei getrennte Armeen unterteilt werden. Die eine, die am Limes verbleibt, besteht aus den *ripenses*, die im weiteren Verlauf als *limitanei* bezeichnet werden. Die andere ist eine Bewegungsarmee. Es sind mobile Reservetruppen, die *comitatenses*, die sehr schnell als Eliteeinheiten gelten. Wenn man den Angaben der *Notitia dignitatum* Glauben schenkt, besteht in Gallien ein großes Mißverhältnis zwischen den Truppeneinheiten der *limitanei* und der *comitatenses*, deren Entwicklung viel weiter fortgeschritten ist. Die *comitatenses* haben ihre Garnisonen im Inneren des Landes, in Städten und zeitweiligen Lagern. Die am Limes stationierten Truppen haben allerdings keinen Vorteil von der allgemeinen Truppenverstärkung. Vielmehr sind es, wenn die Grenzen angegriffen werden, jedesmal die Korps der *comitatenses*, die an die Front geschickt werden und dort so lange bleiben, wie es die Wiederherstellung der ursprünglichen Situation erfordert.

Der glückliche Fund von Deurne (NL) beleuchtet die besondere Rolle, die das mobile Heer bei seinem Einsatz im Grenzgebiet spielen konnte. Ein Offizier der *vexillatio comitatensis Stablesiana VI*, d. h. einer Kavallerieeinheit, fand um 320 seinen Tod im Moor und hat dort seinen Helm und sein Pferdegeschirr zurückgelassen.

Gegen Ende des 4. Jahrhunderts kommt es angesichts der Schwäche der Grenztruppen immer häufiger vor, daß die mobile Armee eigene Truppenabteilungen zurückläßt, um diesen Mangel an effektiver Stärke auszugleichen. In diesem Zusammenhang muß man vermutlich mehrere Grabinschriften sehen, die in Köln gefunden wurden, insbesondere die des *Viatorinus*, die von dem *vicarius* der Einheit der *Divitenses* gesetzt wurde.

Was die Armeeführung betrifft, erfährt sie ebenfalls Veränderungen. Es gibt jetzt territoriale Kommandos, die von *duces* geführt werden. Drei dieser Heerführer, d.h. jeder für eine Provinz, teilen sich künftig die Verteidigung der Rheinlinie. Ihre Hauptquartiere befinden sich in Besançon, Mainz und Köln. Hierbei ist ein vierter *dux* hinzuzufügen, der in der Provinz *Belgica II* tätig ist und die Verantwortung für die Verteidigung der Küstenzone trägt.

Dagegen bleiben die übrigen Militärkräfte unter dem direkten Befehl des obersten Armeeführers. Es handelt sich hierbei um die Feldtruppen der *comitatenses*, die Binnenflotten und die Milizen der *Laeti* und *Sarmati*, die ebenfalls im Landesinneren stehen.

Die Flußgrenze

Der Rheinlimes, der zwischen 254 und 260 unter dem Druck der Germanen stark in Mitleidenschaft gerät, wird nach altem Plan seit dem Ende des 3. Jahrhunderts wieder aufgebaut. Ein Platz wie Qualburg legt Zeugnis für die zeitweise Anwesenheit eines *numerus Ursariensium* ab, dessen Ziegelstempel sich auch anderswo an der nördlichen Rheingrenze finden.

Während der ersten Hälfte des 4. Jahrhunderts sind die alten, in Xanten und Bonn stationierten Legionen, die *legio XXX Ulpia victrix* und die *legio I Minervia*, obwohl stark vermindert, dort immer noch bezeugt. Sie bilden vermutlich den Kern der Truppen, die dem dortigen *dux* zugeordnet sind.

Constantinus I. sorgt für weitere Sicherheit durch die Errichtung neuer Festungen wie Haus Bürgel und *Divitia*, gegenüber von Köln. Hinsichtlich der valentinianischen und theodosischen Periode könnte das *castellum* in *Gelduba*/Krefeld-Gellep eine entscheidende Rolle gespielt haben. Leider verfügen wir hierzu nicht über die entsprechenden Informationen der *Notitia dignitatum*. Nichtsdestoweniger bezeugt die Archäologie die Existenz von kleineren Forts und Türmen, wie z.B. in Moers-Asberg.

Die Küstengrenze

Für das Ende des 4. und den Beginn des 5. Jahrhunderts belegt die *Notitia dignitatum* die Existenz eines weiteren Militärverbandes, der ebenfalls einem territorialen Kommando untersteht, das sich auf die Provinz *Belgica II* bezieht; dazu zählt sie drei oder vier Festungen auf, die an der Küste liegen.

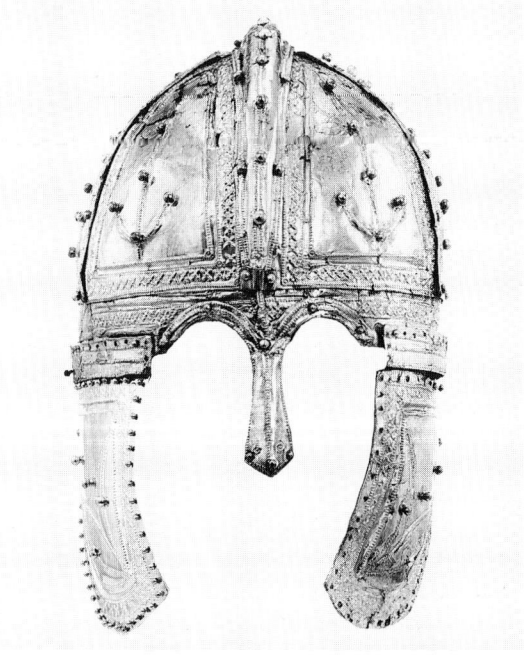

103. Deurne. Helm eines Reiters der mobilen Armee. Eisen mit Silberblech überzogen; vergoldet. Um 320. Leiden; Rijksmuseum van Oudheden.

104. Oudenburg. Plan des Kastells am litus Saxonicum (3. Periode). Nach J. Mertens.

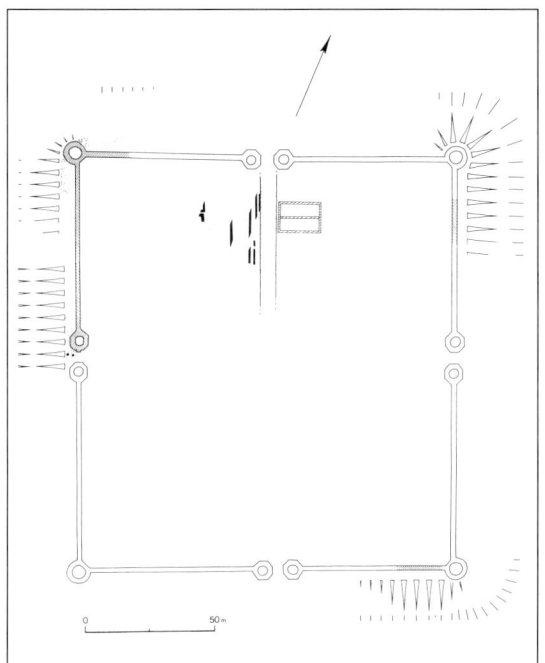

Das genaue Datum der Einrichtung dieses Systems, genannt litus Saxonicum, ist nicht bekannt, obwohl Carausius am Ende des 3. Jahrhunderts, gleichsam als Vorläufer, der eigentliche Urheber dieser Verteidigungseinrichtung gewesen zu sein scheint. Dieselbe Frage wie bei Carausius begegnet bei einem Kommando, das den Namen dux tractus Armoricani et Nervicani trägt und ein Problem bei der Interpretation darstellt. Tatsächlich wird das alte Kommando gegen Ende des 4. Jahrhunderts geteilt, aber das Territorium der Belgica II entspricht nicht dem der Nervier, nicht einmal dem Bereich, in welchem die Straßenforts an der Strecke Köln-Bavay errichtet werden.

Die Amtsgewalt des dux der Belgica II erstreckt sich auf folgende Einheiten: die equites Dalmatae, deren Standort mit Marcis angegeben wird, und die classis Sambricae, die in Quartensi sive Hornensi beheimatet war, womit zwei Anlegeplätze und der der nervischen mili-

tes in portus Aepatiaci gemeint sein können. Die Verbindung, die diese Garnisonen mit der See unterhalten, erscheint klar, zumindest in zwei Fällen. Daher ist es erstaunlich zu sehen, wie die classis Britannica und der Hafen von Boulogne mit Stillschweigen übergangen werden. Letzterer spielt auch weiterhin eine wichtige Rolle, da er bis zur Zeit seiner Aufgabe als Landeplatz für die Truppen der Bretagne dient.

Die Ausgrabungen des castellum von Oudenburg haben, wie in Boulogne, die bis in frührömische Zeit zurückreichende Vergangenheit aufgedeckt. Drei Bauperioden sind dort beobachtet worden: die erste Befestigung verfügt nur über einen schmalen Verteidigungsgraben, während das zweite Lager mit einem 3 m breiten Graben und einem Erdwall ausgestattet ist, der an der Außenseite durch eine Holzbefestigung verstärkt ist. Die letzte Festung ist deutlich größer und erreicht eine Fläche von 2,4 ha. Ihr fast quadratischer Grundriß erinnert an Befestigungen des gleichen Typs, die im 4. Jahrhundert an der britannischen Küste des litus Saxonicum errichtet werden. Der Graben ist 20 m breit, die Festung umgibt eine Steinmauer. Die Türme sind kreisrund an den Ecken und achteckig an den Toranlagen. Im Innenbereich wurden im wesentlichen die Spuren von Holzgebäuden ausgegraben. Der Friedhof mit 216 Körpergräbern, gleich neben dem Kastell, ist besonders interessant. Diese datieren in die 2. Hälfte des 4. Jahrhunderts und sind zum Teil reich ausgestattet. Einige von ihnen wiesen Militärgürtel germanischen Typs auf, während ein Großteil Zwiebelknopffibeln enthielt, deren Zahl annehmen läßt, daß es sich hierbei um militärische Ehrenabzeichen handelte.

Städte und befestigte Siedlungen

Für die spätrömische Zeit ist der Übergang von der offenen zur geschlossenen Stadt kennzeichnend. Geschützt durch eine Mauer, erfahren die Städte eine deutliche Reduzierung ihrer Grundfläche, die ihnen mehr und mehr das Aussehen einer Zitadelle oder eines Zufluchtsortes gibt.

Dies gilt nicht für Köln und Tongeren, die einzigen Städte, die wieder in die Liste der *Notitia Galliarum* für *Germania II* aufgenommen werden und den Rang von Hauptstädten einnehmen. Großen Städten wie Trier, Amiens und Tournai wird zudem eine nicht unwichtige militärische Rolle übertragen. Zusätzlich zu ihrer Einbindung in das allgemeine Verteidigungskonzept haben sie in mehrfacher Hinsicht Anteil an den gesamten Kriegsanstrengungen. Sie nehmen Einheiten der Reservearmee auf und können umgekehrt mit einem speziellen Kontingent zu ihrer Verteidigung ausgestattet werden. Sie können der Präfekturssitz der lätischen und sarmatischen Milizen sein. Sie haben kaiserliche Waffen- oder Militärbekleidungsfabriken in ihren Mauern. Ihre Rolle ist demnach von wesentlicher Bedeutung.

Andere kleine Städte, ebenfalls von Mauern umgeben, bereiten Interpretationsprobleme, so weit es ihre Funktion in ziviler bzw. militärischer Hinsicht betrifft. Eine zivile Besetzung ist hierbei nicht ausgeschlossen, doch werden sie aufgrund der Begrenztheit ihrer Grundfläche – für gewöhnlich 2 ha – häufig als *castella* betrachtet. Ihre Grundrisse unterscheiden sich beträchtlich. Im östlichen Teil der Provinz *Germania II* wie in Jülich und Jünkerath, in der Gegend um Trier wie in Bitburg und Arlon zeigt die Ummauerung einen kreisförmigen Grundriß, während in Richtung Osten das Viereck gebräuchlich ist wie in Maastricht und Famars.

Die Entwicklung von Maastricht ist ein recht spätes Phänomen; daher ist es nicht ausgeschlossen, daß die Stadtmauer, die in konstantinischer Zeit erbaut wurde, als militärisches Projekt geplant worden ist. In Jülich trägt ein merowingischer *triens* die Legende IVLICO CASTIL, was zeigt, daß der Befestigungscharakter dieser Stadt auch noch zu Beginn des frühen Mittelalters bestimmend ist.

Als sicher erscheint dagegen, daß die befestigten Siedlungen vom 5. Jahrhundert an als Ausgangspunkt für die Entstehung vieler wichtiger Städte dienen, wie es etwa die große Nekropole von Jülich zeigt.

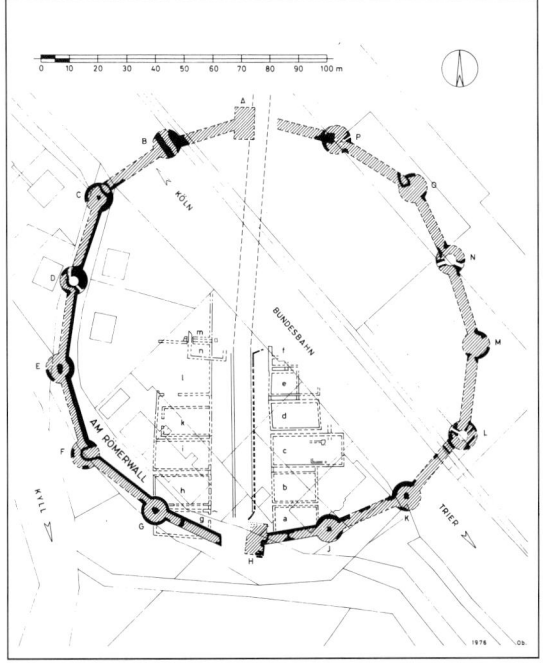

105. Jünkerath. Plan der befestigten spätrömischen Siedlung. Nach W. Binsfeld.

Die Straßenbefestigungen

Das Rückgrat des neuen und grundlegenden Verteidigungssystems bildet der Schutz des Straßennetzes. Nicht alle Straßen waren zwangsläufig geschützt, sondern nur die wichtigsten Verbindungsachsen. Zu unterscheiden sind die Querverbindungen zum *limes*, wie die Route von Maastricht nach Nijmegen, und die Aufmarschwege, die vom *limes* wegführen wie die Strecke Köln-Trier und Köln-Bavay.

Die Querverbindung Maastricht-Nijmegen wurde mit Befestigungen versehen: Heumensoord und Cuijk sind sicher, fraglich dagegen Grubbenvorst-Lottum, Blerick, Heel und Stokkem. Der Weg von Köln nach Trier ist ebenfalls gesichert worden. Der Straßenposten von Brühl-Villenhaus und die befestigten Siedlungen Zülpich, Jünkerath und Bitburg belegen dies. Am bekanntesten ist die Stationierung kleinerer Militäreinheiten entlang der Straße Köln-Bavay. Die Archäologie hat etwa zehn Befestigungen aufgedeckt, die an dieser Strecke angelegt wurden, insbesondere Hüchelhoven, Hulsberg, Braives, Taviers, Cortil-Noirmont und Liberchies in der Provinz *Germania II*, außerdem Morlanwelz und Givry in *Belgica II*.

Es war eine echte Militäreinrichtung, die von der 2. Hälfte des 3. Jahrhunderts an entlang dieser Straße geschaffen wurde und *burgi*, Wachttürme und *castella* einschloß. Sie wurde natürlich durch die befestigten Ansiedlungen von Jülich, Heerlen, Maastricht, Tongeren und Bavay ergänzt. Diese Linie hat man irrtümlicherweise als *limes Belgicus* bezeichnet.

Die Verteilung der kleinen Forts ist nach einem festen Plan im regelmäßigen Abstand von 16-17 km durchgeführt worden. Dieser Verteidigungszustand der Straße berührt in keiner Weise die bestehende Verwaltungsstruktur der Städte oder Provinzen: Die Straßenbefestigungen befinden sich vielmehr auf nervischem Territorium ebenso wie im Gebiet von Tongeren oder Köln und nehmen ihren Anfang in Deutz, gegenüber von Köln. Für das Gebiet jenseits von Bavay hat man die Hypothese aufgestellt, daß das Verteidigungssystem des sog. *limes Belgicus* in Richtung Boulogne entlang einer Ost-West-Achse weiterlief. Diese Vermutung basiert auf dem Nachweis von *milites Turnacenses et Cortoriacenses*, die wahrscheinlich in Tournai und Kortrijk in Garnison lagen. Dem Schweigen der archäologischen Quellen zufolge kann man sich fragen, ob nicht eine Verlängerung dieser Befestigungslinie entlang einer Nord-Süd-Achse in Richtung Amiens zu suchen ist.

Das Programm der gallischen Kaiser

Zwei Hauptperioden kennzeichnen die Entwicklung und Funktionsweise dieser Militäreinrichtung.

Kurz nach der Mitte des 3. Jahrhunderts, zwischen 260 und 275, wird die Straße mit einer Reihe von *burgi* versehen, die von Gräben und Palisaden umgeben sind. Dieses Bauprogramm muß entweder *Gallienus*, den gallischen Herrschern oder den Kaisern *Probus* und *Aurelianus* zugeschrieben werden.

Das Fort Liberchies I scheint spätestens 270 zu existieren; es zeigt zahlreiche Umbauten und ist möglicherweise bis zum Anfang des 4. Jahrhunderts besetzt. Demnach könnte man seine Errichtung in die Jahre 260-270, seine Aufgabe in die ersten Jahre des 4. Jahrhunderts datieren.

Das Sicherungssystem besteht aus Straßenposten und -befestigungen.

Zur ersten Kategorie gehören die Straßenstationen von Hüchelhoven und Morlanwelz I an der Straße Köln-Bavay, die Station von Brühl-Villenhaus an der Strecke Köln-Trier wie auch der Posten von Heumensoord zwischen Cuijk und Nijmegen. Gemeinsam ist ihnen ein quadratischer Grundriß von geringer Dimension, eine Innenfläche von 0,06-0,07 ha, ein Graben von etwa 10 m Breite, eine Holz-Erde-Umwehrung und Baracken, die daran angebaut sind.

Die Umwehrung zeigt sich in Morlanwelz und Brühl-Villenhaus als durchlaufender Fundamentgraben von 50 cm Breite, der zur Aufnahme vertikaler Holzpfosten bestimmt war, oder sie besteht wie in Hüchelhoven aus ziemlich eng gesetzten Pfosten. In den drei Befestigungen hat die Holzversteifung dem Erdwall als Stütze gedient. In allen drei Fällen kann man das Vorhandensein eines hölzernen Wachtturms in der Mitte der Anlage ausschließen.

Zur zweiten Kategorie gehören als erste Generation die Befestigungen von Braives, Taviers und Liberchies I.

Sie haben ebenfalls einen quadratischen Grundriß und zeigen ähnliche Verteidigungsanlagen aus Holz und Erde. Die Befestigung ist von einem 5 m breiten Graben mit trapezförmiger Form umgeben. Eine Erdmauer umschließt die Befestigung. In Taviers und vielleicht auch Cortil-Noirmont wird sie von starken Senkrechtpfosten gehalten, die in zwei Reihen von je 2 m Abstand angeordnet sind, während in Liberchies I und in Braives offenbar nur eine Pfostenreihe vorhanden war. Es ist aber vorstellbar, daß die Pfosten auf der Innenseite, die wenigger tief fundamentiert waren, keine Spuren hinterlassen haben.

DIE RÖMISCHE REICHSGRENZE

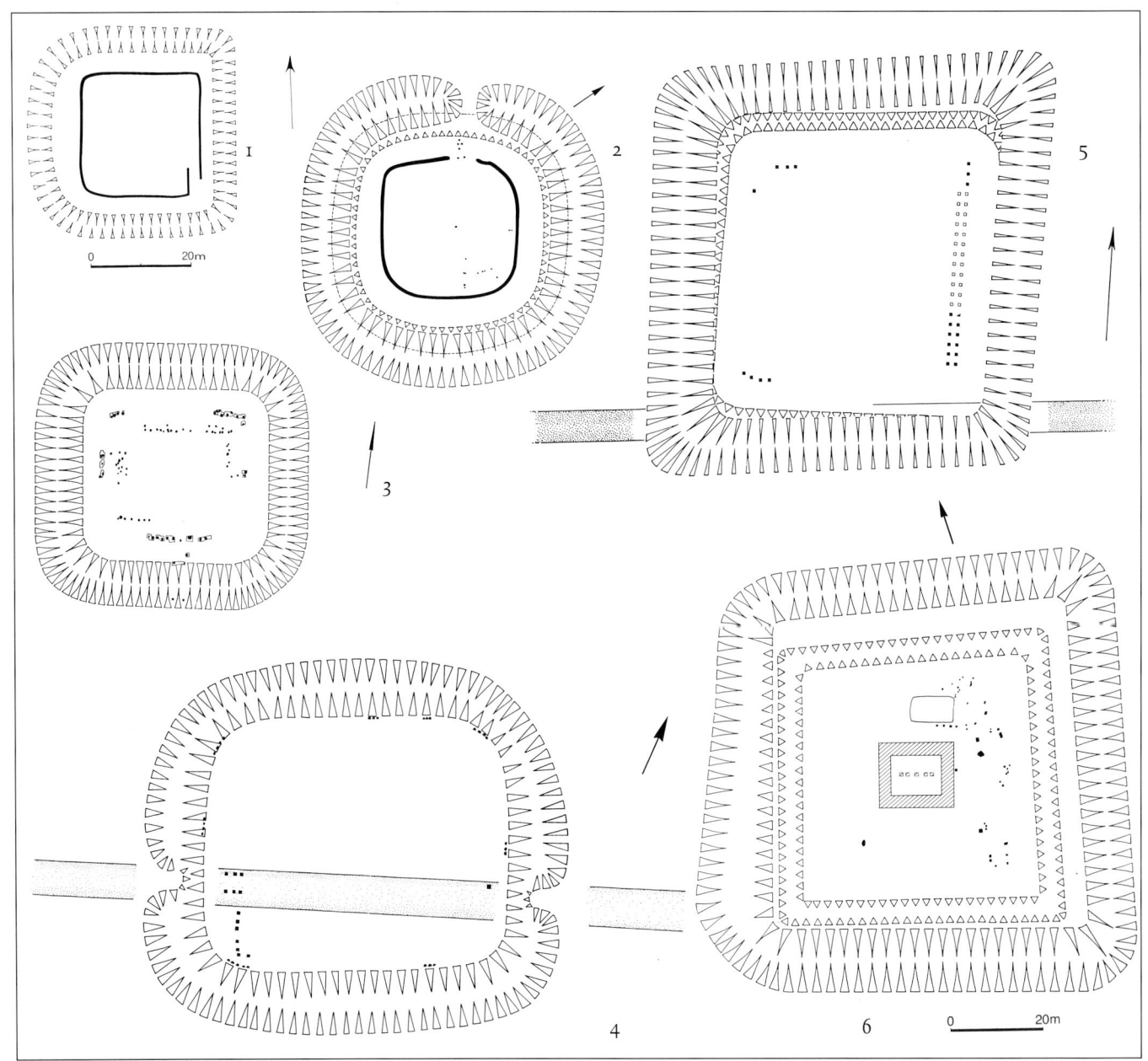

106. [Seite 110] Grundrisse von Straßenbefestigungen der zweiten Hälfte des 3. und des 4. Jahrhunderts. 1 Morlanwelz I; 2 Brühl-Villenhaus; 3 Hüchelhoven; 4 Liberchies I; 5 Taviers; 6 Braives.

107. Traiectum/Maastricht. Grundrißplan der konstantinischen Festung. Nach T.A.S.M. Panhuysen.

Der *agger* begrenzt eine Innenfläche von 0,16-0,24 ha. Bis heute kennt man den Charakter der Gebäude nicht, mit denen das Innere der Befestigungen ausgestattet war. Die Tore liegen in Taviers und Braives an der Südseite; zwei Tore öffnen sich auf der West- und Ostseite der Befestigung von Liberchies, die demnach von der römischen Straße durchquert wurde.

Das konstantinische Bauprogramm

Die Unterbrechung, die zu Beginn des 4. Jahrhunderts in der Besetzung der Befestigungen beobachtet werden kann, erklärt sich wahrscheinlich durch die von *Diocletianus* verfolgte Militärpolitik, mit der das Schutzsystem der Verbindungsachsen im Inneren des Landes aufgegeben wird.

Constantinus I., der diese Strategie wieder neu belebt, muß als Wiederhersteller der Befestigungen längs der Straße Köln-Bavay betrachtet werden. Das neue Militärkonzept, das er entwirft, umfaßt die beiden *castella* Maastricht und Liberchies II sowie eine Reihe von Wachttürmen: Hulsburg, Braives, Cortil-Noirmont, Morlanwelz II und Givry (?). Die *castella* von Deutz, Maastricht und Liberchies II liegen in nahezu gleichem Abstand. Die Türme haben eine Kontrollfunktion und dienen als Basis für die Straßenverteidigung und die Sicherung der Lebensmittelversorgung.

Maastricht zeigt einen rechteckigen Grundriß von ca. 2 ha, umgeben von einer Mauer, die mit zehn Rundtürmen versehen ist. Einer von ihnen ist auf Fundamentpfählen erbaut, die aus dem Jahre 333 stammen. Die Tore, die sich zur Straße Köln-Bavay hin öffnen, sind mit rechteckigen Türmen gesichert. Das Innere der Festung enthält vermutlich ein *horreum*. Die chronologische Abfolge des 4.-6. Jahrhunderts, die durch die Ausgrabungen aufgedeckt wurde, ist von besonderem Interesse und spricht für eine fortlaufende Dauer.

Das *castellum* Liberchies II wurde auf einer leichten Anhöhe unter Berücksichtigung einer sehr feuchten Niederung erbaut, die die Bodenerhebung zu einem Drittel umgab, wodurch sie dem Platz natürlichen Schutz gab. Das Anfangsvorhaben war ohne Zweifel sehr ehrgeizig. Das Vorhandensein eines kleinen, von Palisaden begleitenden Grabens mit einer Öffnung von 4 m in nordwestlicher Richtung sowie von Barakken gehört vielleicht zu einer ersten Besetzungsphase des Ortes zu Beginn des 4. Jahrhunderts. Zu diesem Zeitpunkt dürfte die Festung eine unregelmäßige Fläche von 1,5 ha bedeckt haben.

Dieselbe Grundfläche wird auch für den Neubau des Kastells in Stein beibehalten. Diesen nutzt man zur Errichtung einer Anzahl von Nebengebäuden und eines Apsisbaus, der insbesondere als Bad dient. Das *castellum* selbst entspricht einem sehr gebräuchlichen Grundriß, der an den Typ der *quadriburgia* erinnert. Es handelt sich um ein rautenförmiges Rechteck von

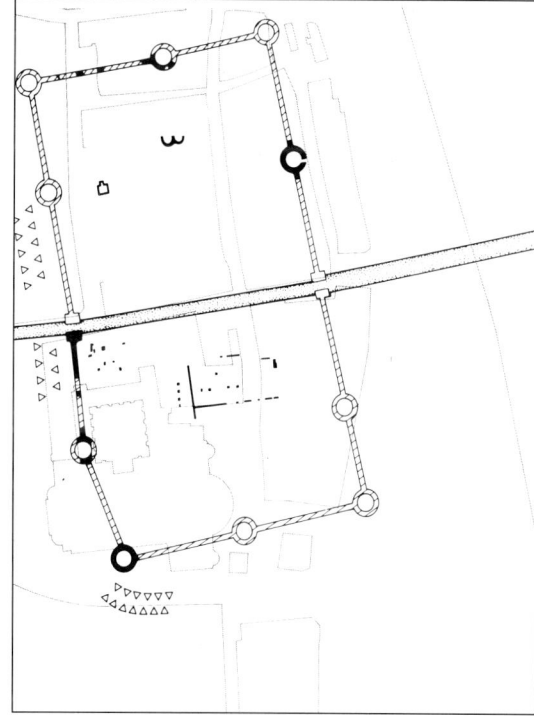

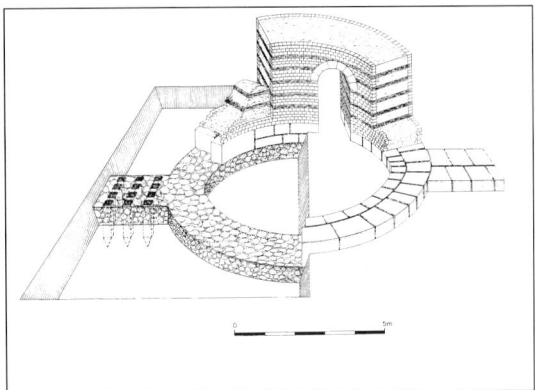

108. Traiectum/Maastricht. Rekonstruktion eines Turmes auf Holzpfählen. Nach T.A.S.M. Panhuysen.

45 × 56,6 m Größe, das von einer 2,7 m breiten Mauer umgrenzt ist und zu der vier kreisrunde Ecktürme gehören. Der Hauptgraben, der die Festung umgibt und eine Öffnung von 16 m Breite aufweist, enthält Einfüllungen aus verschiedenen Epochen, von denen die erste vermutlich auf die Zeit der vorläufigen Aufgabe des Platzes nach der Mitte des 4. Jahrhunderts zurückgeht.

Möglicherweise hat das Truppenkontingent der *Geminiacenses* während der konstantinischen Periode sein Quartier im Kastell Liberchies II gehabt.

Die Plätze von Hulsburg, Braives, Cortil-Noirmont und Morlanwelz II sind Standorte von steinernen Wachttürmen, die bis in das 4. Jahrhundert zurückgehen und vom gleichen Typ wie in Asperden und Moers-Asberg, dem man auch anderswo am Rhein und an der Donau begegnet.

Die Befestigungen sind durch quadratische oder häufiger noch durch rechteckige Türme gekennzeichnet (11,5 × 14 m; 8,8 × 12,2 m), mit Stützpfeilern im Innern, umgeben von einer Einfriedung und einem Graben, der ein begrenztes Areal umschließt. Ein Zugang besteht im Süden.

Der Wachtturm von Braives, anfangs der Standort einer kleinen Holz-Erde-Befestigung, gehört als wesentliches Element in die letzte Besetzungsphase dieses Platzes. Ein Turm steht im Zentrum eines befestigten Areals von 0,36 ha, was Platz auch für andere Gebäude läßt, insbesondere für einen Kornspeicher.

Die Konzeption der konstantinischen Zeit ist die ganze erste Hälfte des 4. Jahrhunderts über wirksam und gerät erst in valentinianischer und theodosischer Zeit außer Gebrauch, weil sich die Kaiser in dieser Epoche nicht mehr um die Verteidigung der Grenzen kümmern. Der Zusammenbruch des Systems ist in fast allen Einrichtungen entlang der Straßen nach der Mitte des 4. Jahrhunderts am Fehlen archäologischen Materials feststellbar, in Braives sogar ganz deutlich durch eine Brandschicht, die die Überreste des Wachtturms überdeckt, der nicht wieder aufgebaut worden ist.

Man hat vermutet, daß sich die Instandhaltung der kleinen Straßenforts als zu kostspielig erwiesen hat. Man kann deshalb annehmen, daß die dort stationierten Einheiten in einer Zeit, in der sie keinen praktischen Nutzen mehr hatten, wieder mit der mobilen Armee vereinigt wurden, um an dringenden Feldzügen teilzunehmen. Man könnte sich denken, daß die *Geminiacenses* an den Bürgerkriegsoperationen des *Magnentius* im Jahre 350 teilgenommen haben. Die kleinen Befestigungen an der Strecke Köln-Bavay sind nur noch sehr sporadisch besetzt worden, und zwar fortan

109. Geminiacum/Liberchies II. Apsis des Badegebäudes östlich des Kastells.

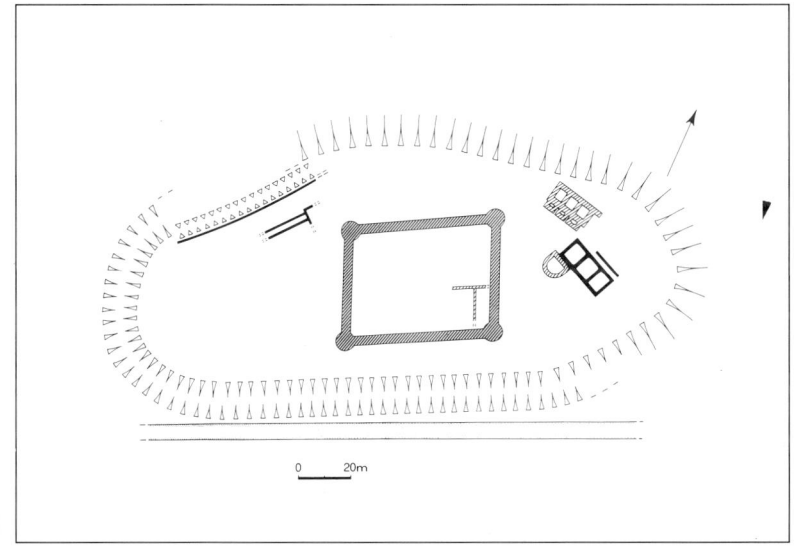

110. [L] Geminiacum/Liberchies II. Plan des Kastells nach J. Mertens und R. Brulet

111. [R] Traiectum/Maastricht. Westtor und Mauer während der Ausgrabung in den achtziger Jahren.

112. Braives. Rekonstruktion der Befestigung an der Straße Köln-Bavay.

durch mobile Einheiten. Es gab kein Programm mehr, das im Laufe der zweiten Hälfte des 4. Jahrhunderts zu einer Neugestaltung dieses Verteidigungssystems hätte führen können. Allein das castellum Liberchies II wird nach 380 regulär wiederbesetzt, während sich Maastricht mehr und mehr zur Stadt entwickelt.

Die Straße Köln-Bavay hat als Basis für eine wichtige Kontrolleinrichtung gedient, aber sie war nie ein limes im eigentlichen Sinne.

Die ländlichen Befestigungen

Der Schutz der ländlichen Gegenden ist eine Aufgabe von lebenswichtigem Interesse. Die Armee hat den Auftrag, im Rahmen der neuen Strategie den Schutz des offenen Landes zu gewährleisten, um so mehr als die Hilfseinheiten barbarischer Herkunft, die den Status von »Bauern-Soldaten« haben, an die Scholle gebunden sind. Die Verteilung ländlicher Befestigungen im Hinterland des limes vermag die Grenzverteidigung wirksam zu steigern. Schließlich müssen auch die Grundbesitzer Maßnahmen zum Schutz ihrer Ländereien ergreifen.

Die von einem Militärkontingent besetzten Plätze sind nicht leicht zu unterscheiden von denen, die ihrer spezifischen Funktion nach als Zuflucht und zum Schutz der Bevölkerung und der Ernten gedacht sind.

Die meisten ländlichen Befestigungen, die uns bekannt sind, gehören zur Kategorie der Höhenfestungen in den Berggebieten von Hunsrück, Eifel und Ardennen. Die genannten Regionen sind relativ weit von den Grenzen entfernt.

Näher zum limes hat man in neuerer Zeit südwestlich von Köln ein besonderes Phänomen aufgedeckt: eine flache Gegend mit ländlichen Niederlassungen, die mit kleinen Befestigungen versehen waren.

Befestigungen im Flachland

Neuere Entdeckungen geben eine Antwort auf die Frage nach dem Schutz der ländlichen Einrichtungen und der Ernten. Im Gebiet von Zülpich südwestlich von Köln findet sich eine größere Anzahl kleiner Holz-Erde-Befestigungen, die mit Hofanlagen in Zusammenhang stehen. Ihr Aussehen gleicht dem der kleinen Straßenbefestigungen, doch zeigt ihre Verbindung mit einem Landhaus deutlich, daß sie vor allem als Zufluchtsort gedient haben.

Einige Beispiele wie in Froitzheim, Rheinbach-Flerzheim, Rövenich und Titz-Rödingen verdeutlichen diese Funktion. In zwei Fällen ließ sich feststellen, daß die Befestigungen direkt an der Umgrenzung der villa rustica, einmal sogar unmittelbar darauf errichtet worden sind.

Die Bauten dieser Befestigungen haben einige gemeinsame Merkmale. Es sind kleine, annähernd rechteckige Anlagen von 0,2-0,3 ha, die von einer Palisade und ein oder zwei Gräben umgeben sind. Auch wenn die Grundrisse an die der Straßenforts erinnern, sind diese befestigten Anlagen viel kleiner und ihr Verteidigungswert sehr viel geringer. Es kommt vor wie in Froitzheim und Rheinbach-Flerzheim, daß ein Gebäude in der Mitte steht, das vermutlich als Kornspeicher zu interpretieren ist.

Diese Befestigungsbauten stammen vom Ende des 3. Jahrhunderts sowie aus dem 4. Jahrhundert, aber sie haben keine gleichlaufende Geschichte. An bestimmten Plätzen stellt man Neubauten fest, andere scheinen nur über einen begrenzten Zeitraum besetzt gewesen zu sein.

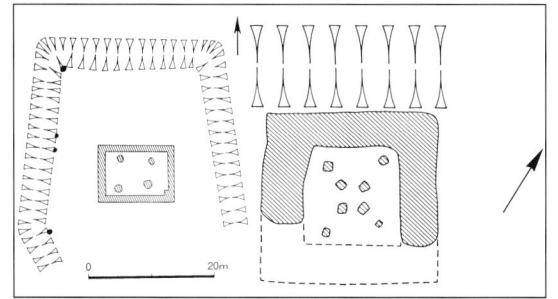

113. Steinerne Wachttürme an der Strecke Köln-Bavay. 1 Hulsberg; 2 Morlanwelz II.

Das bekannteste Beispiel ist der Befund aus Froitzheim, wo drei burgi gleichen Typs festgestellt wurden, von denen zwei auf der Ummauerung des Landgutes stehen. Nur ein burgus wurde vollständig ausgegraben (Abb. 11). Trotz der Einfachheit der Baustruktur lassen sich fünf Besetzungsphasen ablesen. Die erste Befestigung des 3. Jahrhunderts ist von zwei Gräben umgeben. Nach 275 wird der innere Graben zugeschüttet und der Platz mit einer Palisade aus Rundhölzern gesichert. Ein Turm mit doppeltem Steinsockel steht in der Mitte der Anlage, die Begrenzungsmauer des Gutshofes ist mit ihm verbunden. Der Turm, der mehr einem Tor ähnelt, dient zwangsläufig als Durchgang für jeden, der das Anwesen betritt. Nach einer Periode, in der er ungenutzt bleibt, wird der burgus zwischen 320/330 und dem Ende der valentinianischen Zeit wiederbenutzt.

Auch die Befestigung von Rheinbach-Flerzheim ist mit einem römischen Landhaus verbunden und steht auf den Begrenzungsgräben einer villa rustica. Die kleine Befestigung ist von einem Doppelgraben umschlossen. Eine Palisade umgibt ein quadratisches Steingebäude von etwa 8 m Seitenlänge.

Die Befestigung von Rövenich, ebenfalls mit einem Gutshof verbunden, hat einen stärkeren Bezug zum Straßennetz und liegt nur 1 km von der Straße Köln-Trier entfernt. Eine einzige Bauphase wurde hier beobachtet. Der Grundriß der Anlage ist annähernd quadratisch und hat eine Seitenlänge von 44 m. Auf den Graben folgt eine Palisade. Von einem Bau im Inneren gibt es keine Spur.

Ähnliche Beispiele finden sich in Palmersheim, Satzvey, Oberdrees, Weiler, Friesheim, Borr, Vernich, Lommersum, Eschweiler, Pulheim, Titz-Rödingen und Weisweiler.

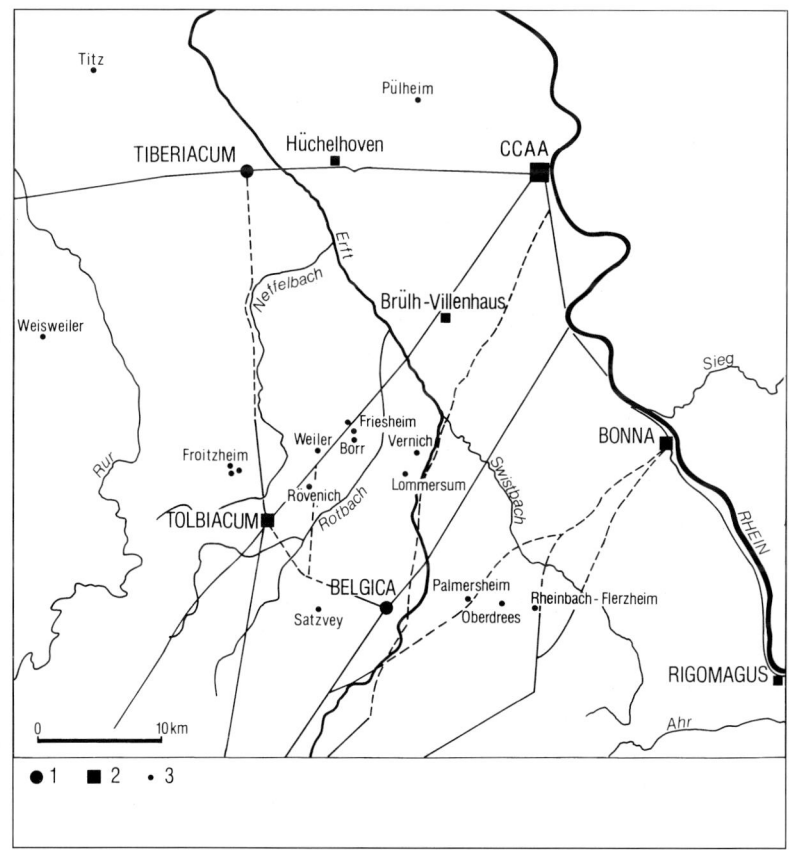

114. Übersicht der ländlichen Befestigungen südwestlich von Köln. Nach U. Heimberg. 1 Offene Siedlungen; 2 burgi und befestigte vici; 3 Ländliche Befestigungen

Höhensiedlungen

In den bergigen Regionen der Ardennen, des Hunsrücks und der Eifel ist eine große Anzahl von Niederlassungen entdeckt worden, die im wesentlichen dieselben Kennzeichen aufweisen. Sie werden als Höhensiedlungen bezeichnet, weil – im Sinne der Wortbedeutung – der Siedlungsaspekt ebenso betont werden soll wie der Aspekt der Verteidigung.

Man kann grundsätzlich die Zufluchtsorte, die keine Indizien für eine Besiedlung liefern, von anderen Plätzen unterscheiden, die im 4. Jahrhundert die Standorte bewaffneter Milizen gewesen zu sein scheinen, wie es uns nicht nur die Ausgrabung der Plätze selbst, sondern auch die der Friedhöfe ihrer Besatzungen zeigen.

In gleicher Weise hat man einen Unterschied zwischen den Befestigungen militärischen und paramilitärischen Typs gemacht, die auf Anhöhen nahe der Hauptstraßen lagen und denjenigen, die abseits der Verbindungsachsen auf Hügeln errichtet wurden und oft Zufluchtsorte waren, die sich im Besitz von Großgrundbesitzern befanden.

Die Befestigungen verteilen sich auf die Täler der Mosel und der Maas mit ihren Nebenflüssen, z. B. der Lesse.

An mehreren Plätzen wie Eprave, Dourbes und Vireux-Molhain zeigt sich, in Parallele mit den Befestigungen, eine merkliche Konzentration von Ansiedlungen und Friedhöfen der spätrömischen Zeit.

Die bedeutendsten Befestigungsanlagen sind die von »La Roche – Lomme« in Dourbes, »Tienne de la Roche« in Eprave, »Hauterecenne« in Furfooz, »Roche Trouée« in Nismes, »Al Rotche« in Pry, »Cheslain« in Ortho und »Mont-Vireux« in Vireux-Molhain.

Die Funktionen, die die Höhenbefestigungen zu erfüllen hatten, können von der Bauweise dieser Schanzen und vom archäologischen Material abgeleitet werden, das sie erbracht haben.

Die Grundrisse passen sich in der Regel der natürlichen Beschaffenheit des genutzten Geländes an. Hier-

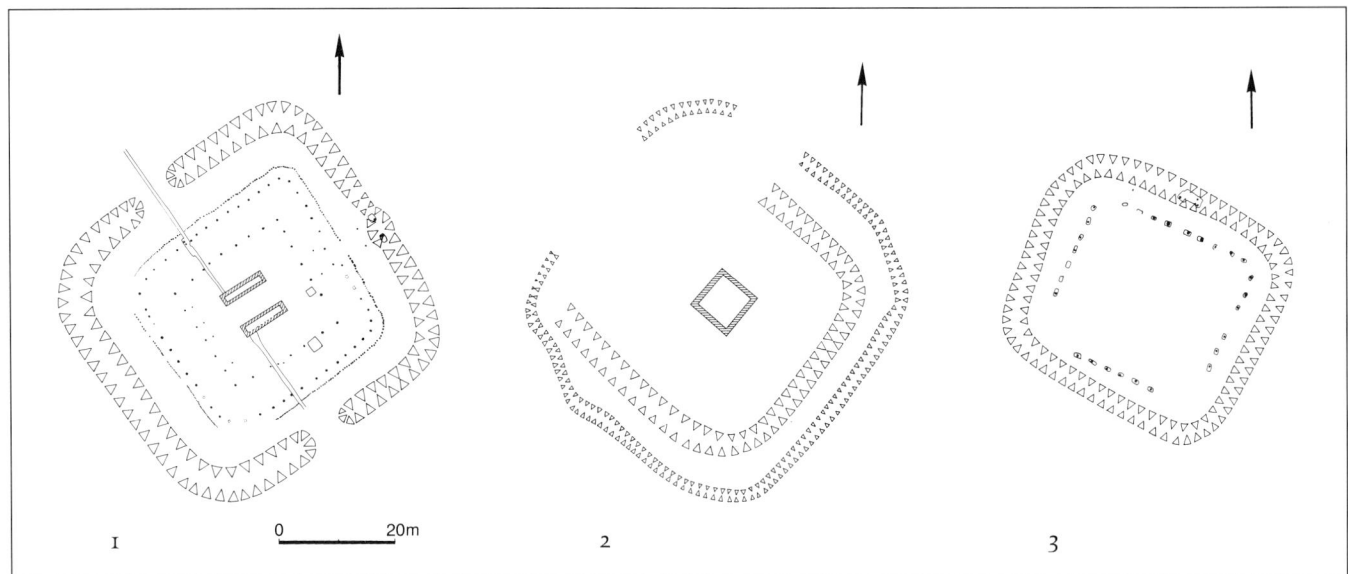

bei handelt es sich meistens um abgeriegelte Geländesporne wie in Furfooz. Man findet vereinzelte Hügel wie in Dourbes, umgekehrt aber auch befestigte Geländevorsprünge und Befestigungen am Rande einer Hochebene wie in Eprave. Sie weisen ansteigende Grundflächen zwischen 0,35 und 2 ha auf. In den Regionen von Hunsrück und Eifel können sie einen Flächeninhalt von 0,1 bis 1,2 ha haben; die Befestigungen mit geringer Grundfläche sind dort weit verbreitet.

Zu den Elementen der Verteidigung, wodurch die Befestigungen in Hochlage gekennzeichnet sind, gehören die Sperrmauer, die Umwallung, Türme oder Bastionen und die Verteidigungsgräben.

Die Mauern, die diese Schanzen schützen, sind selten in einer Technik nach römischer Tradition errichtet. Lediglich Eprave, Furfooz und Vireux-Molhain können als Beispiele für das Überleben typisch römischer Techniken angesehen werden.

Die Untersuchung des archäologischen Fundmaterials erlaubt es, drei Kategorien von Höhenbefestigungen zu unterscheiden.

Eine große Anzahl davon hat trotz geringer Grundfläche eine beträchtliche Auswahl an Fundobjekten, besonders Keramikscherben und im Falle von Dourbes bis zu 5000 Münzen, erbracht. Andere Befestigungen bieten Fundgegenstände in geringerer Zahl; dort fehlt insbesondere das Münzgeld. Eine dritte Kategorie von befestigten Plätzen ist durch das Fehlen archäologischen Materials gekennzeichnet.

Im allgemeinen gibt das in den kleinen Befestigungen der ersten Kategorie gefundene Material die Möglichkeit, die Dauer der Besetzung ziemlich genau einzuschätzen. Die Münzserien zeigen eine Häufigkeitskurve, die man mit manchen an den Straßen liegenden Militärstationen vergleichen kann. Dies ist ein zusätzliches Argument dafür, daß die Besatzungen dieser befestigten Plätze aus regulären Soldaten bestanden.

Die Befestigungen der zwei anderen Kategorien spielen offensichtlich die Rolle vorübergehender Zufluchtsorte. Ihre gelegentliche Schutzfunktion steht außer Zweifel und steht in direktem Zusammenhang

115. *Grundrisse ländlicher Befestigungen. 1 Froitzheim; 2 Rheinbach-Flerzheim; 3 Rövenich.*

116. Eprave. Plan der Höhensiedlung. Nach J. Mertens.

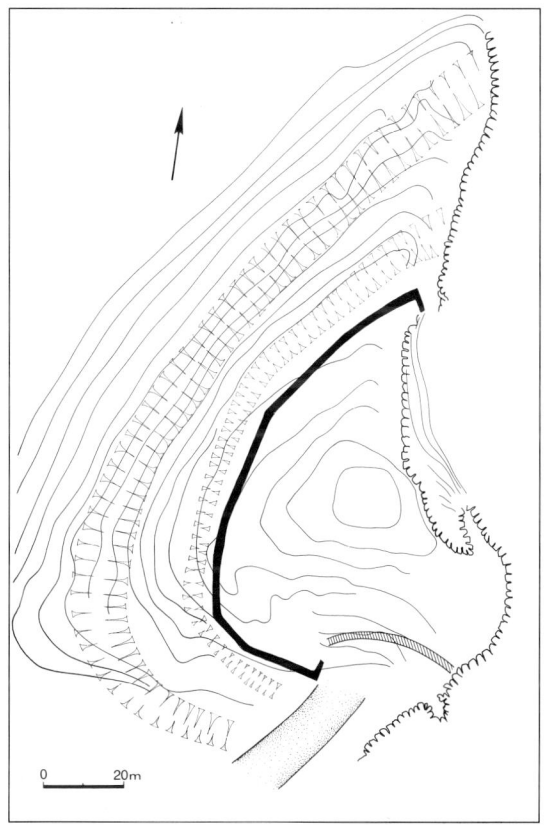

117. Dourbes. Ansicht der Höhensiedlung.

nen; sie beginnt im wesentlichen in der zweiten Hälfte des 4. Jahrhunderts und deckt einen großen Teil des 5. Jahrhunderts ab.

Der zeitliche Bruch um die Mitte des 4. Jahrhunderts ist sehr charakteristisch. Dieser läßt sich anhand des archäologischen Materials und durch das Studium der Baubefunde bestätigen, die zwei aufeinanderfolgende Perioden erkennen lassen. Einer der bekanntesten Fälle ist jener von Furfooz, wo sich an der Sperrmauer und dem seitlichen Tor zwei sehr unterschied- liche Bauphasen ablesen lassen. Der Bau des zweiten Tores aus solidem Material kann in die Zeit nach 350 datiert werden. Außerdem liegt die kleine Therme, die der ersten Hälfte des 4. Jahrhunderts zugeschrieben wird, später in Trümmern, während ihr Platz zu Begräbniszwecken für das Truppenkontingent, das die Befestigung etwa ab 380 besetzt hält, verwendet wird. Aus diesem Grunde verfügt man hier über ein ausgezeichnetes Argument hinsichtlich der relativen Chronologie.

Zu guter Letzt verfügen wir auch für einige Höhenbefestigungen wie in Eprave, Furfooz, Dourbes, Pry und Vireux-Molhain über eine indirekte sehr wichtige Auskunft, die uns die Friedhöfe, die sie umgeben, vermitteln. Dank des germanischen Fundmaterials, das dort vorhanden ist, helfen sie, den Charakter ihrer Besatzungen zu bestimmen. Sie verraten uns, daß sich die Besetzung dieser Plätze durch das ganze 4. Jahr-

mit der geringen Anzahl oder dem gänzlichen Fehlen von Funden.

Was die wichtigsten Höhenbefestigungen betrifft, können zeitlich gesehen drei unterschiedliche Besetzungsphasen aufgrund des Fundmaterials festgestellt werden. Für einige Anlagen dauert die Besetzungszeit, mit einer Unterbrechung im Anschluß an die Herrschaft des *Magnentius* (350-353), von der zweiten Hälfte des 3. Jahrhunderts bis zum Ende des spätrömischen Reiches. Für andere umfaßt sie die zweite Hälfte des 3. Jahrhunderts und die konstantinische Periode; danach scheinen diese Plätze verlassen worden zu sein. Die letzte Kategorie ist zeitlich später einzuord-

hundert bis zur merowingischen Periode hinzieht. Sie bilden damit das Bindeglied für die Kontinuität zwischen der Spätantike und dem frühen Mittelalter.

Die zweite Hälfte des 4. Jahrhunderts ist auch die Phase diplomatischer Übereinkommen zwischen dem Reich und verschiedenen Stämmen, die sich aus eigener Initiative oder gemäß einem Abkommen im Inneren des römischen Territoriums in Enklaven niederlassen. Gut bezeugt ist die Geschichte der Niederlassung fränkischer Verbündeter in Toxandrien unter der Herrschaft des *Iulianus* (361-363). Andererseits ist es sicher, daß es hiervon auch noch andere gab. Dadurch, daß germanische Verbände verlassene Regionen besetzen, übernehmen sie die Aufgabe, auf ihre Weise zur Verteidigung der nördlichen Bereiche des Imperiums beizutragen.

Literatur

L.H. BARFIELD u.a.: Ein Burgus in Froitzheim, Krs. Düren, Beiträge zur Archäologie des Römischen Rheinlands (1968). – T. BECHERT: Wachtturm oder Kornspeicher? Zur Bauweise spätrömischer Burgi im Rheinland, Archäologisches Korrespondenzblatt 8, 1978, 127 ff. – R. BRULET, La Roche – Lomme – Dourbes, Archaeologia Belgica 160 (1974). – DERS., La fortification de Hauterecenne – Furfooz, Publications d'Histoire de l'Art et d'Archéologie de l'Université de Louvain 13 (1978). – DERS., Les fortifications routières du Bas-Empire romain de Morlanwelz, Documents d'Archéologie Régionale de l'Université de Louvain 1, 1986, 70 ff. – DERS., La défense du territoire au Bas-Empire dans le nord-ouest de la Gaule, BAR International Series 401, 1988, 287 ff. – DERS., Le Litus Saxonicum continental, Roman Frontier Studies 1989, 1990, 155 ff. – DERS., La Gaule septentrionale au Bas-Empire. Occupation du sol et défense du territoire dans l'arrière-pays du Limes aux IVe et Ve siècles, Trierer Zeitschrift, Beiheft 11 (1990). – DERS., La chronologie des fortifications du Bas-Empire dans l'Hinterland de la Gaule septentrionale, Akten des 14. Internationalen Limeskongresses 1986 in Carnuntum, 1990, 301 ff. – DERS. u.a., Braives gallo-romain V. La fortification du Bas-Empire, Publications d'Histoire de l'Art et d'Archéologie de l'Université de Louvain 83 (1993). – DERS., Les dispositifs militaires du Bas-Empire en Gaule septentrionale. L'armée romaine et les barbares du IIIe au VIIe siècle, Mémoires de l'Association Francaise d'Archéologie Mérovingienne 5, 1993, 135 ff. – M. GECHTER, Der römische Gutshof der Secundinii bei Rheinbach-Flerzheim, Bericht aus der Arbeit des Rheinischen Landesmuseums Bonn 2, 1986 17 f. – K.J. GILLES, Spätrömische Höhensiedlungen in Eifel und Hunsrück, Trierer Zeitschrift, Beiheft 7 (1985). – U. HEIMBERG, Ein Burgus bei Zülpich, Kr. Euskirchen, Bonner Jahrb. 177, 1977, 580 ff. – E.N. LUTTWAK, The Grand Strategy of the Roman Empire (1976). – J. MERTENS, Recherches récentes sur le Limes en Gaule Belgique, BAR 71, 1980, 423 ff. – J. MERTENS/R. BRULET, Le castellum du Bas-Empire romain de Brunehaut-Liberchies, Archaeologia Belgica 163 (1974). – DERS./H. REMY. Un refuge du Bas-Empire – Eprave, Archaeologa Belgica 144 (1973). – DERS./L. VAN

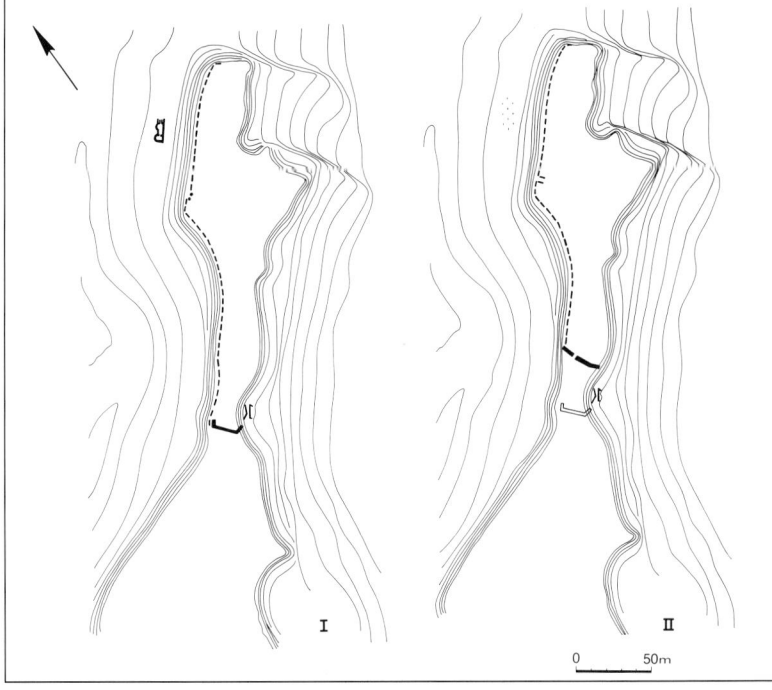

118. Furfooz. Plan der Höhensiedlung. I: Periode IV A; II: Periode IV B.

IMPE, Het laatromeins grafveld van Oudenburg, Archaeologia Belgica 135 (1971). – T. PANHUYSEN, Maastricht staat op zijn verleden (1984). – C.R. WHITTAKER, Les frontières de l'Empire romain, Annales littéraires de l'Université de Besancon (1989). – W.J.H. WILLEMS, Romans and Batavians. A Regional Study in the Dutch Eastern river Area (1986).

Bildnachweis: Albert Egges van Giffen Instituut voor Prae- en Protohistorie, Amsterdam: 1; T. Bechert, Duisburg: 28, 56; R. Brulet, Nouvain-la-Neuve: 102, 104-108, 111-118; Fotodienst Gemeente Utrecht: 6, 88; M. Gechter: 25, 31-33; Gemeente Maastricht: 109-110; Kulturgeschichtliches Museum Osnabrück: 54; Kultur- und Stadthistorisches Museum Duisburg: 4; Museumszentrum Burg Linn, Krefeld: 19, 41; Provinciaal Museum Kam, Nijmegen: 8, 12; Chr. Reichmann, Krefeld: 42-44; Rheinisches Bildarchiv Köln: 13; Rheinisches Landesmuseum Bonn: 3, 14-15, 34; Rijksdienst voor het Oudheidkundig Bodemonderzoek, Amersfoort: 2, 5, 17, 71-77, 79-87, 89-101; Rijksmuseum van Oudheden, Leiden: 103; Bert Stamkot, Cart. Bur. MAP, Amsterdam: 55, 57, 68; Westfälisches Museum für Archäologie, Münster: 60, 64; W.J.H. Willems, Amersfoort: 18; K. Wilson, Rotterdam: 78.

Ortsregister

Aardenburg 98
Ad Duodecimum 71
Albaniana 24, 91 ff.
Alpen-Veen 18
Alphen aan de Rijn 24, 91 ff.
Alphen-Zwammerdam 14, 15, 23, 89, 91
Alteburg Köln-Alteburg
Arenatium 64
Altkalkar Kalkar
Amerongen 80
Amiens 108
Anreppen Delbrück-Anreppen
Arlon 108
Arnhem-Meinerswijk 14, 24, 77 f.
Asciburgium 11, 13, 18, 25, 47 ff.
Asperden Goch-Asperden
Batavodurum 15, 17, 20, 25, 65 ff.
Bavay 109
Beckinghausen Lünen-Beckinghausen
Bedburg-Hau Qualburg
Belfeld 74
Bergkamen-Oberaden 24, 57 ff.
Bitburg 108, 109
Blariacum 73 f.
Blerick Venlo-Blerick
Bodegraven 90
Bonn 13, 20, 24, 26, 31 ff.
Bonna 13, 20, 24, 26, 31 ff.
Braives 109, 112
Brühl-Villenhaus 109

Bunnik-Vechten 13, 24, 81 ff.
Burginatium 13, 24, 63
Burungum 25, 37
Calo 25, 49
Carvium 24, 64 f.
Carvo 25, 79 f.
Castra Herculis 14, 24, 78
Ceuclum 14, 26, 72 f.
Colonia Claudia Ara Agrippinensium 35
Coriovallum 74
Cortil-Noirmont 109, 111, 112
Cuijk 14, 26, 27, 72 f., 108
De Meern Vleuten-De Meern
Delbrück-Anreppen 24, 60 f.
Deurne 105
Deutz Köln-Deutz
Divitia 19, 26, 35 f., 106
Dormagen 13, 26, 37 ff.
Dorsten-Holsterhausen 24, 53
Dourbes 115, 116
Driel 24, 78
Duisburg-Baerl 49
Duisburg-Rheinhausen 18, 25, 47, 49
Durnomagus 13, 26, 37 ff.
Eprave 115, 116
Ermelo 79
Famars 108
Fectio 24, 81 ff.
Feresnis 74
Flevum 14, 24, 99
Forum Hadriani 99
Froitzheim 20, 114
Furfooz 115, 116, 117 f.

Gelduba 13, 15, 25, 26, 44 ff., 106
Genooi 74
Givry 109, 111
Goch-Asperden 26, 73
Grinnes 71 f.
Grubbenvorst-Lottum 73, 108
Haelen-Melenborg 74
Haltern 24, 54 ff.
Harenatium 25, 64
Haus Bürgel 13, 19, 26, 40 f., 106
Heel 108
Heerlen 74, 109
Herwen en Aerdt 24, 64 f.
Herwen-De Bijland 64 f.
Heumensoord Malden-Heumensoord
Holsterhausen Dorsten-Holsterhausen
Hüchelhoven 109
Hulsberg 109, 112
Jülich 108, 109
Jünkerath 108, 109
Kalkar 13, 24, 63
Kalkriese 53 f.
Katwijk-De Brittenburg 23, 96 f.
Kessel Lith-Kessel
Kesteren 25, 79 f.
Kleve-Rindern 25, 64
Kneblinghausen Rüthen-Kneblinghausen
Köln 15, 20, 34 ff., 108
Köln-Alteburg 18, 20, 23, 34
Köln-Deutz 19, 26, 35 f., 106
Königswinter 23
Kortrijk 109
Krefeld-Gellep 15, 25, 26, 44 ff., 106
Laur(i)um 24, 86 f.
Leiden-Roomburg 23, 24, 93
Leidschendam 93 f.

Levefanum 81
Liberchies 109, 111, 112, 113
Lith-Kessel 27, 70 f.
Loowaard 24, 77
Lottum Grubbenvorst-Lottum
Lugdunum 23, 96 f.
Lünen-Beckinghausen 60
Maastricht 108, 109, 111, 113
Machenscheid 41
Maldegem 98
Malden-Heumensoord 27, 72, 108
Mannaricium 25, 80 f., 93
Matilo 23, 24, 93
Maurik 25, 80 f.
Meinerswijk Arnhem
Moers-Asberg 18, 25, 26, 47 ff., 106
Monheim Haus Bürgel
Morlanwelz 109, 111, 112
Neuss 15, 16, 17, 20, 24, 25, 41 ff.
Neuss-Grimlinghausen 18, 25
Nigrum Pullum 14, 15, 90 f.
Nijmegen 13, 14, 15, 17, 18, 20, 24, 25, 27, 65 ff.
Nismes 116
Novaesium 15, 16, 17, 20, 24, 25, 41 ff.
Noviomagus 15
Oberaden Bergkamen-Oberaden
Oudenburg 98, 107 f.
Pry 116
Quadriburgium 63 f., 106
Qualburg 63 f., 106
Remagen 24, 29 f.
Rheinbach-Flerzheim 114
Rheinhausen Duisburg-Rheinhausen
Rhenen 80
Rigomagus 24, 29 f.
Rijswijk 81
Rindern Kleve-Rindern

Roomburg Leiden-Roomburg
Rossum 27, 71 f.
Rövenich 114 f.
Rüthen-Kneblinghausen 61
Stokkem 108
Taviers 109, 111
Tegelen 74
Titz-Rödingen 114
Tongeren 108, 109
Tournai 108, 109
Traiectum 24, 85
Tricensimae 20, 26, 50 f.
Trier 108
Utrecht 14, 24, 85
Valkenburg 14, 18, 24, 26, 89, 94 ff.
Vechten Bunnik-Vechten
Velsen 14, 24, 99 f.
Venlo-Blerick 73 f., 108
Vetera 15, 17, 20, 24, 49 f.
Vireux-Molhain 115, 116
Vleuten-De Meern 24, 85 f.
Voorburg Arentsburg 99
Werthausen Duisburg-Rheinhausen
Wesseling 25, 34, 37
Woerd Valkenburg
Woerden 24, 86 f.
Worringen 37
Xanten 10, 13, 15, 20, 24, 26, 49 ff.
Zülpich 109
Zwammerdam Alphen-Zwammerdam